Russisch als zweite und dritte Fremdsprache

Конечно!

В движении

von
Ulf Borgwardt
Monika Brosch
Danuta Gentsch
Natalia Ossipova-Joos
Nadjeshda Pradel
Gisela Reichert-Borowsky
Evelyn Walach

Ernst Klett Verlag
Stuttgart · Leipzig

Конечно!
В движении

Autorinnen und Autoren: Dr. Ulf Borgwardt, Wackerow; Dr. Monika Brosch, Grimma; Danuta Gentsch, Erfurt; Natalia Ossipova-Joos, Affalterbach; Nadjeshda Pradel, Berlin; Gisela Reichert-Borowsky, Tübingen; Evelyn Walach, Berlin

Beratung: Dr. Rainer Berthelmann, Halle; Peter Jakubow, Dettenhausen

Unter Mitwirkung von: Ekaterina Danilevskaya, Dr. Elisabetta Nöldeke

Zusatzmaterialien für Schüler und Schülerinnen zu diesem Band:
Arbeitsheft plus 1 Audio-CD und virtuelle Vokabelkartei, Klett-Nr. 527511
Grammatisches Beiheft, Klett-Nr. 527505

1. Auflage 1 6 5 4 3 | 2018 17 16

Alle Drucke dieser Auflage sind unverändert und können im Unterricht nebeneinander verwendet werden. Die letzte Zahl bezeichnet das Jahr des Druckes.

Internetadresse: www.klett.de

Redaktion: Anatoly Kovtun, Simone Peichl
Gestaltung: Miriam Brusniak

Umschlaggestaltung: Know Idea GmbH, Freiburg
Illustrationen: Yaroslav Schwarzstein, Hannover
Reproduktion: Meyle + Müller GmbH & Co. KG, Pforzheim
Druck: PASSAVIA Druckservice GmbH & Co. KG, Passau

Printed in Germany.
ISBN 978-3-12-527499-0

9 783125 274990

Erläuterungen

S 12 ◎	**Schüler-CD (Аудирование)**	Hörverstehen: Der Text bzw. die Übung ist auf der Schüler-CD zu hören. Die Ziffer verweist auf die Track-Nummer.
L 27 ◎	**Lehrer-CD (Аудирование)**	Hörverstehen: Der Text bzw. die Übung ist nur auf der Lehrer-CD zu hören. Die Ziffer verweist auf die Track-Nummer.
	Partnerarbeit	Soziale Kompetenz: Hier arbeitet ihr zu zweit, entweder mit eurem Sitznachbarn oder mit einem anderen Klassenkameraden.
	Gruppenarbeit	Soziale Kompetenz: Hier arbeitet ihr in einer Gruppe von drei oder mehreren Schülern.
	Themenbezogene sprachliche Strukturen zum Selbstentdecken	Hier könnt ihr grammatische Inhalte selbstständig erarbeiten, in eure Hefte eintragen und ergänzen.
*	**Portfolio**	Besonders gelungene Arbeiten könnt ihr in einer eigens dafür angelegten Mappe (Portfolio-Ordner) abheften.
www	**Internet**	Hier könnt ihr im Internet auf Informationssuche gehen.
§ 18	**Verweis auf das Grammatische Beiheft**	Hier findet ihr einen Verweis auf das entsprechende Grammatikkapitel im Grammatischen Beiheft.
3	**Übung im Arbeitsheft (Рабочая тетрадь)**	An dieser Stelle findet ihr einen Verweis auf weitere Übungen in eurem Arbeitsheft (Рабочая тетрадь), die ihr nach der Arbeit mit dem Schülerbuch lösen könnt.
Z	**Kommunikative Ziele**	Hier erfahrt ihr, was ihr am Ende der Lektion auf Russisch ausdrücken könnt.
	Fakultative Übung	Übungen mit diesem Symbol sind fakultativ.
	Fakultative Seiten	Die gelb unterlegten Seiten sind fakultativ.

Um die Lesbarkeit zu erleichtern, haben wir in den Aufgaben nur die Lehrer, Schüler, Partner und Freunde erwähnt. Selbstverständlich sind damit auch alle Lehrerinnen und Schülerinnen, Partnerinnen und Freundinnen gemeint!

Die Angebote in Конечно! sind nicht obligatorisch abzuarbeiten. Die Auswahl der Texte und Übungen richtet sich nach den Schwerpunkten des schulinternen Curriculums.

Как живёшь, молодёжь?

Z Am Ende des Dossiers könnt ihr über Interessen, Werte, Lebenswelten und Probleme russischer Jugendlicher sprechen und sie mit euren Erfahrungen vergleichen. Außerdem lernt ihr, euch für ein Praktikum zu bewerben.

Тусо́вка в подъе́зде **А**

Б Молодая па́ра

1 В компа́нии

а) Скажите одни́м предложе́нием (mit einem Satz), что вы видите на фотографиях.

б) Переведите слова и словосочетания из словарика.

в) Опишите фотографии подро́бнее (genauer) с помощью словарика.

г) Какая из этих фотографий вам нравится больше всего? Почему?

д) •⊣ Какие фотографии сделали бы вы для темы «Как живёшь, молодёжь»? Опишите их и обоснуйте ваше мнение. ⊢•

Слова́рик

- тусо́вка
- тусова́ться
- проводить время в компа́нии
- стоять в подъе́зде
- кури́ть сигаре́ты
- выпива́ть
- он влюблён в де́вушку/она влюблена́ в па́рня
- 21 проце́нт/22 процента/25 процентов молодёжи/девушек/парней

Лучшая компания В

Г На дискотеке

2 Моё свободное время

1–3

а) Посмотрите на диагра́мму (Diagramm) и скажите, как молодые люди в России проводят свободное время.

б) Сколько процентов из них чем занимается? Какие факты вам интересны?

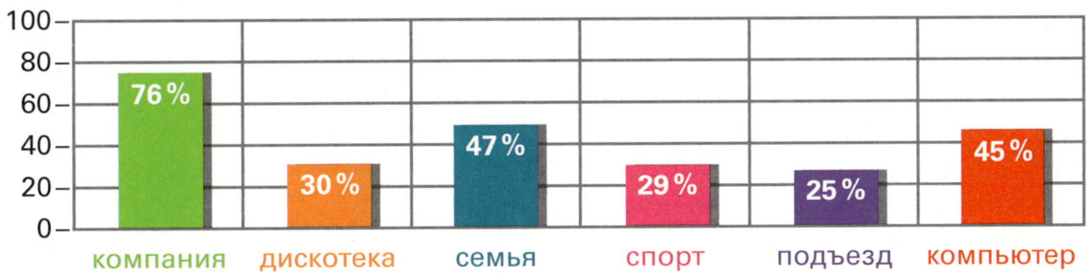

в) Составьте похожую стати́стику для вашего класса.
Сравните результаты обе́их (beider) статистик.

Перед чтением

а) Посмотрите на фотографию и опишите её.
Что, по-вашему, играет важную роль в жизни этих людей?
б) Прочитайте заглавие стихотворе́ния. Как вы думаете, о чём это стихотворение?

S1

На́ши пути́

Кто́-то лети́т в самолёте. Он вы́ше, чем облака́.
Кому́-то в тёмном подва́ле сни́тся[1] в не́бе звезда́.
Кто́-то счита́ет де́ньги и мечта́ет о прести́же.
Кто́-то кричи́т от бо́ли, но его́ никто́ не слы́шит.
Кто́-то на большо́м экра́не[2] говори́т краси́во слова́,
Кто́-то молчи́т[3] и смо́трит люби́мому челове́ку в глаза́.
Кто́-то живёт в друго́м ми́ре, в э́том лишь[4] ест и спит.
Кто́-то и́щет сча́стье, хотя́ оно́ ря́дом стои́т.
Кто́-то лети́т высоко́ в не́бе и поса́дку[5] ждёт.
Кто́-то выхо́дит из подва́ла и ви́дит, как па́дает самолёт …

Кристи́на Полтавчу́к, шко́ла № 22, г. Со́чи

1 К стихотворению 4

а) Послушайте и прочитайте стихотворение.
О чём оно? (→ стратегия, стр. 95)
б) Перепишите и дополните таблицу. Прочитайте стихотворение ещё раз. Найдите в тексте места, где речь идёт о позитивных и негативных ситуациях в жизни людей.
Stellt die Stichpunkte, wo möglich, einander gegenüber.

«Наши пути»	
позити́вные ситуации	негати́вные ситуации

в) Переда́йте (Gebt ... wieder) ситуации из б) свои́ми слова́ми (mit eigenen Worten).
г) Сравните начало (стро́чки 1/2) и конец (строчки 9/10) стихотворения.
д) Вам понравилось стихотворение? Обоснуйте ваше мнение.
е) Что, по-вашему, значит «счастье»?

1 (кому́) сни́ться träumen (von) – **2 экра́н** Bildschirm, Leinwand – **3 молча́ть** schweigen – **4 лишь** nur, bloß – **5 поса́дка** Landung

2 Це́нности

а) Посмотрите на фотографии и опишите их.
б) Кем эти люди, по-вашему, работают? Какие це́нности играют роль в их жизни? Сделайте себе заме́тки (Notizen).
–2 **в)** Послушайте CD. Что вы узнали о людях на фотографиях? Напишите главную информацию.
г) Сравните ваши ответы из а) и б) с информацией из в). Кого вы считаете более интересной ли́чностью?

1

2

3 Куда уходит дру́жба? 5

Сейчас мы часто говорим «тусовка» и мало используем слово «друзья». Почему это так? По-моему, мно́гие просто не верят в настоящую дружбу. Кого можно назва́ть другом? Того, с кем мы любим общаться, гулять и разговаривать по телефону? Или того, на кого можно всегда положи́ться? Если человек говорит, что у него много друзей, то это часто не так. Может быть, мы просто не умеем дружить? Даже если мы встречаемся с парнем, мы говорим, что «тусуемся с ним», а не что «ходим на свида́ние». И сегодня уже не спрашивают, какие у тебя друзья, а спрашивают, какая у тебя тусовка. По-моему, очень жаль, что слово «дружба» уходит из нашей жизни. Но я надеюсь, что мы ещё умеем дружить. Дружба, по-моему, то, без чего невозмо́жно жить. А друзья – это те, кто делает жизнь прекрасной.

Оля М.

а) Прочитайте статью Оли для школьной газеты и скажите, о чём идёт речь в этой статье.
б) Выпишите из текста три главных вопроса Оли. Как она на них отвечает?
в) Ответьте сами на эти вопросы.

4 По следам … §1 6

а) Прочитайте статью Оли (задание 3) ещё раз и дополните следующие предложения.
Другом можно назвать …
Дружба, по-моему, …
А друзья – это …
б) Переведите предложения из а). Achtet auf die Pronomen im Haupt- und Nebensatz.
In welchen Kasus werden sie verwendet? Warum?
в) Welche Besonderheit gibt es in Nebensätzen mit кто?

тот, кто – derjenige, der/welcher
та, кто – diejenige, die/welche
те, кто – diejenigen, die/welche
то, что – das, was

5 Для тех, кто верит в дружбу

Прочитайте темы фо́рума (Forum) и дополните их.

Не слушайте **того, кто** не верит в дружбу. Не слушайте **тех, кто** не верит в дружбу.

«О любви и дружбе»

Название темы

1. Где ■, с ■ можно дружить?
2. Как найти ■, с ■ быть вместе?
3. Как забыть ■, ■ любишь?
4. Помогите ■, у ■ несчастная любовь.
5. Поговорим о ■, ■ важно в жизни.
6. Как жить без ■, ■ любишь?
7. Что подарить ■, с ■ дружишь?
8. Как говорить с ■, ■ встречаешь в первый раз?

6 По-немецки

а) Вы разговариваете с бабушкой о том, что важно в жизни молодёжи и старшего поколе́ния. В вашем учебнике русского языка есть интересная информация на эту тему. К сожалению, ваша бабушка не понимает по-русски.
Объясните ей факты из да́нной (vorliegenden) статистики по следующему плану:

1. О чём идёт речь?
2. Назовите все ценности в статистике.
3. Сравните мнения молодёжи и старшего поколения.

Молодое поколение (%)	Ценности молодёжи и старшего поколения в России	Старшее поколение (%)
71	Свобо́да – то, без чего человек не может жить.	58
61	Быть сильной личностью лучше, чем быть как все.	46
50	Для успеха в жизни надо рискова́ть, это даёт шанс.	37
75	Главное в жизни – счастливая семья.	93
67	Человек должен получать только те деньги, которые он честно заработал.	82

© nach einer Studie des Russischen Unabhängigen Instituts für Soziale und Nationale Fragen, www.auportal.ru/jurisprudence/so_gu_d_07.php

б) С какими мнениями вы (не) согласны? Почему?

в) Спросите у людей старшего поколения, что важно для них.
Сделайте себе заметки и расскажите об этом перед классом.

Перед чтением

Прочитайте название текста. Что такое, по-вашему, «цифрово́й Маугли»?
Обсудите этот вопрос на немецком языке.

S2

«Цифровы́е Ма́угли»

Совреме́нные де́ти расту́т во вре́мя цифрово́го бу́ма, когда́ те́хника и Интерне́т о́чень бы́стро развива́ются. Ка́ждый ребёнок у́чится по́льзоваться но́вым компью́тером и́ли моби́льником быстре́е, чем его́ роди́тели. Психо́логи да́же говоря́т, что появи́лся «дигита́льный тип» дете́й, кото́рые ви́дят мир че́рез ци́фры, схе́мы, гра́фики.

По стати́стике большу́ю часть своего́ свобо́дного вре́мени тине́йджеры прово́дят за компью́тером. У мно́гих из них да́же развива́ется компью́терная зави́симость, и они́ ча́сто забыва́ют о реа́льности. 10 проце́нтов дете́й не выхо́дит на у́лицу, ма́ло обща́ется с роди́телями и друзья́ми, им стано́вится всё равно́, как они́ вы́глядят, как давно́ они́ мы́лись. Они́ забыва́ют убира́ть свою́ ко́мнату, де́лать уро́ки. У таки́х дете́й пробле́мы в шко́ле, потому́ что они́ по ноча́м сидя́т в Интерне́те, а на сле́дующий день не мо́гут концентри́рованно ду́мать и рабо́тать. Ча́сто таки́е тине́йджеры не уме́ют реша́ть пробле́мы. А е́сли они́ их реша́ют, то по пра́вилам игры́, а не реа́льной жи́зни. В компью́терных и́грах «одна́ жизнь» ничего́ не сто́ит. Всегда́ мо́жно нача́ть игру́ снача́ла. В результа́те де́ти не всегда́ понима́ют це́нность реа́льной жи́зни, а иногда́ да́же стано́вятся агресси́вными. К сожале́нию, в жи́зни нельзя́, как в компью́тере, одно́й кла́вишей стере́ть оши́бку[1].

Психо́логи счита́ют, что е́сли ребёнок в де́тстве не научи́лся игра́ть с други́ми детьми́, то со вре́менем у него́ появя́тся пробле́мы с коммуника́цией. В результа́те расту́т «цифровы́е Ма́угли», кото́рые не уме́ют обща́ться друг с дру́гом. У таки́х дете́й та́кже не развива́ется фанта́зия, потому́ что в компью́терных и́грах уже́ всё приду́мано за них.

Совреме́нных тине́йджеров ещё называ́ют «поколе́нием большо́го па́льца». Де́ло в том, что э́тот па́лец у них бо́лее си́льный и ло́вкий, потому́ что они́ ча́сто по́льзуются моби́льниками и пле́ерами. А как изве́стно, разви́тие руки́ челове́ка свя́зано с разви́тием его́ мо́зга. Как бу́дет развива́ться челове́к в бу́дущем, зави́сит от нас.

по материа́лам журна́ла «Ито́ги», № 37 (2008) © www.itogi.ru, „7Days" Publishing House

1 одно́й кла́вишей стере́ть оши́бку mit einem Tastendruck einen Fehler rückgängig machen

1 К тексту 7

Перепишите и дополните таблицу. В тексте четыре части.
Найдите к каждой из них заглавие и подходящие факты из текста.

часть	заглавие	факты
№ 1 (строчки 1-…)	Дигитальный бум	– быстрое развитие техники и Интернета – …
№ 2		

2 После чтения

а) Прочитайте высказывания из текста Б ещё раз. Объясните, почему автор так думает.

1. Дети видят мир через цифры, схемы, графики.

2. В жизни нельзя, как в компьютере, одной клавишей стереть ошибку.

3. В наше время появились «цифровые Маугли».

4. Современную молодёжь можно назвать «поколением большого пальца».

б) Вы согласны с этими высказываниями? Обоснуйте ваше мнение.

3 Слова, слова 8, 9

а) Wörter prägen sich leichter ein, wenn man sie in Wortfamilien lernt.
Übertragt die folgenden Wörter ins Heft und ergänzt sie um mindestens ein weiteres Beispiel der Wortfamilie. Übersetzt dann alle Wörter.
Wer hat die meisten Wörter gefunden?

1. цифровой
2. детство
3. ценность
4. зависимость
5. фантазия
6. пользоваться
7. развиваться
8. время

б) Einige Substantive werden mit den Suffixen -ость oder -ств-(о) gebildet.
Übersetzt die folgenden Wörter und erklärt, welche Bedeutung die Substantive durch diese Suffixe erhalten. Welche deutschen Suffixe können diese Bedeutung wiedergeben?
возможность, достопримечательность, зависимость, личность, новость, реальность, ценность, детство

в) Переведите следующие слова.
агресси́вность, изве́стность, че́стность, благода́рность, большинство́, челове́чество

4 По следам … §2

Einzelne neutrale Substantive auf -мя, z. B. время und имя, haben besondere Deklinationsformen. Перепишите и дополните таблицу.

	Singular	Plural
N.	время	времена
G.	■	времён
D.	■	■

Tipps:
- In Text Б findet ihr 3 Formen von время.
- Stammerweiterung auf -ен- in allen Kasus (außer Nom. und Akk. Sg.).
- 3 Kasus im Singular lauten auf -и aus.
- Die Pluralendungen sind regelmäßig und endbetont.

5 Интернет-журнал «Наше время» 10

а) Прочитайте заглавия статей в журнале «Наше время». Вставьте слова «время» (■) и «имя» (■) в нужной форме.

Новые ■, другие ■!	Конец старых ■
Выбери себе новое ■!	Со ■ появятся проблемы с коммуникацией
Узнайте значение Вашего ■!	Не так уж много свободного ■ у молодёжи!
Эх, старые ■!	Интерес к старым ■ растёт
Поговорим о ваших ■!	Правила нового ■

б) Придумайте другие заглавия со словами «время» и «имя» для этого журнала и напишите их.

6 «Поколение большого пальца» 11–13

а) Опишите карикату́ру.
(→ стратегия, стр. 96)

б) Найдите в Интернете другие карикатуры на тему «Молодёжь сегодня» и представьте одну из них в классе.

Стажиро́вка

1 Объявле́ние

Стажиро́вка в молодёжной организа́ции ЮНОС

О прое́кте «Молоды́е журнали́сты»:
Э́тот прое́кт для тех, кто интересу́ется Росси́ей и её регио́нами, кто хо́чет получи́ть журнали́стский о́пыт, писа́ть статьи́ на ра́зные те́мы и знако́миться с но́выми людьми́. Во вре́мя прое́кта вы посети́те радиоста́нцию, реда́кции газе́т, шко́лы и университе́ты.

На́ши кандида́ты:
шко́льники и студе́нты.

На́ши тре́бования:
Мы и́щем коммуника́бельных и креати́вных молоды́х люде́й, кото́рые уме́ют и лю́бят рабо́тать в кома́нде. О́пыт рабо́ты не ну́жен.
Зна́ние англи́йского и ру́сского языко́в обяза́тельно.

На́ши прое́кты:
★ Респу́блика Каре́лия, г. Петрозаво́дск (06.05.2012 – 11.05.2012)
★ г. Калинингра́д (20.05.2012 – 29.05.2012)
★ г. Краснода́р (06.10.2012 – 11.10.2012)

Мы ждём ва́ши резюме́ по а́дресу projekt-journalist@iunos.ru

1 К объявлению

14

а) Расставьте информацию объявления по порядку.

А кандидаты | **Б** место и время | **В** организация
Г тема проекта | **Д** требования | **Е** цель проекта

б) Что надо уметь или любить делать, чтобы участвовать в проекте?
Каким надо быть?

2 После чтения

а) Вы хотели бы участвовать в этом проекте? Обоснуйте ваше мнение.

б) Вы организовываете школьный проект. Напишите объявление для вашего проекта.

2 Резюме

Сара Мюллер	Berlin, Schöningstr. 10 телефон: 0049 (0)30-436 949 3 E-mail: sara.mueller@gmx.de
Цель	работа в проекте «Молодые журналисты» (Калининград)
Образова́ние	гимназия имени Иоганна Готфрида Гердера (10-й класс), Берлин, Германия
Профессиональные знания и ка́чества	Windows, MS-Office, Интернет пишу статьи для молодёжного интернет-журнала и нашей школьной газеты с 2007 года креативна, умею работать в команде
Знание языков	немецкий – родной язык английский – свободно русский – хорошо (второй иностранный язык)
Конкурсы	2-е место в «Олимпиаде русского языка» с репорта́жем о нашей школе
Зарубе́жные поездки	летний лагерь «Camp Beaumont», Англия два раза была в России по школьному обмену
Хобби	спорт, чтение, современные танцы

3 К резюме

а) Скажите, сколько частей в этом резюме.

б) Какие из этих частей, по-вашему, важные, а какие менее важные? О чём вы ещё написали бы?

в) Расскажите о Саре Мюллер своими словами.
» Сара Мюллер живёт в Берлине …

4 После чтения 15

а) Как вы думаете, почему Сара хочет участвовать в проекте?

б) Как вы думаете, она получит место в проекте? Обоснуйте ваше мнение.

* **в)** Составьте своё резюме для проекта «Молодые журналисты». Резюме Сары поможет вам.

5 По следам … §3 16

а) Прочитайте и переведите, что ребята говорят. Erklärt mithilfe des Merkzettels, wie Futur und Präteritum von „müssen“ gebildet werden.

Перед проектом
Даша: **Мне надо/нужно будет** часто говорить по-русски.
Женя и Лиза: **Нам надо/нужно будет** написать несколько статей.
Петя: **Всем ребятам надо/нужно будет** работать в команде.

После проекта
Даша: **Мне надо/нужно было** часто говорить по-русски.
Женя и Лиза: **Нам надо/нужно было** написать несколько статей.
Петя: **Всем ребятам надо/нужно было** работать в команде.

müssen =
кому?
+
надо/нужно
будет/было
+
Infinitiv

б) Сара думает о том, что ей надо/нужно будет делать, если она сможет участвовать в проекте. Напишите ещё 4 предложения.
» Мне надо будет говорить и на английском и на русском.

в) **О себе** Что вам надо/нужно будет сделать перед поездкой на каникулы в этом году? **или** Что вам надо/нужно было сделать перед поездкой на каникулы в прошлом году?

6 По следам … §4 17, 18

а) Das Präsens von нужен (brauchen) kennt ihr schon. Lest Sarahs Gedanken und leitet die Regel für die Bildung des Futurs und Präteritums ab.

б) Wie unterscheiden sich „brauchen“ und „müssen“ im Futur und Präteritum?

в) Скажите, что Саре нужно будет в России. Как вы думаете, что ей кроме этого ещё нужно будет на стажировке?

г) **О себе** Что вам было нужно на последней экскурсии с классом?

Перед чтением

Послушайте песню. Как вам нравятся музыка и го́лос певицы?

3 Хо́чешь?

Пожа́луйста, не умира́й,
И́ли мне придётся то́же.
Ты, коне́чно, сра́зу в рай,
А я не ду́маю, что то́же …

Хо́чешь сла́дких апельси́нов?
Хо́чешь вслух расска́зов дли́нных?
Хо́чешь, я взорву́[1] все звёзды,
Что[2] меша́ют спать?

Пожа́луйста, то́лько живи́,
Ты же ви́дишь – я живу́ тобо́ю[3].
Мое́й огро́мной любви́
Хва́тит нам двои́м с голово́ю[4].

Хо́чешь в мо́ре с паруса́ми[5]?
Хо́чешь му́зык но́вых са́мых?
Хо́чешь, я убью́ сосе́дей,
Что меша́ют спать?

Хо́чешь со́лнце вме́сто ла́мпы?
Хо́чешь за око́шком[6] А́льпы?
Хо́чешь, я отда́м все пе́сни,
Про тебя́[7] отда́м все пе́сни?

K/T: Zemfira Talgatovna Ramazanova
© First Music Publ. / Neue Welt Musikverlag GmbH & Co. KG

1 К песне

а) Прочитайте текст песни и скажите коротко на немецком языке, о чём идёт речь в ней.
б) Ответьте на вопросы.

1. Какой человек, по-вашему, автор этой песни?
2. Для кого певица её поёт? Что вы узнали о нём/о ней?
3. Как певица относится к этому человеку? Найдите подходящие выражения в тексте.
4. Что она предлага́ет этому человеку? Что вы думаете об этом?
5. Как вы считаете, почему певица делает такие предложения?

в) Вам нравится, как Земфира пишет о любви? Обоснуйте ваше мнение.
г) Подгото́вьте (Bereitet … vor) с помощью Интернета короткую презентацию о Земфире.

---

1 взорва́ть sprengen – **2 что** = кото́рые – **3 тобо́ю** = тобо́й – **4 хва́тит нам двои́м с голово́ю** reicht uns beiden vollkommen – **5 па́рус** Segel – **6 око́шко** = ма́ленькое окно́ – **7 про тебя́** = о тебе́

L4 2 Он мне так понравился!

а) Перед аудированием Выполните следующие задания.

1. Прочитайте название аудиотéкста (Hörtext). О чём в нём, по-вашему, идёт речь?
2. Как по-немецки социáльный рабóтник? Объясните по-русски, чем он занимается.

б) Послушайте текст и скажите,
– кто с кем разговаривает, – кто они – и зачем они встретились.

в) Послушайте текст ещё два раза и ответьте на вопросы.

1. С кем девушка познакомилась? Где это было?
2. Какую роль этот человек играл в её жизни?
3. Как они вместе проводили время?
4. Как родители девушки реагировали на эти встречи?
5. Что потом случилось с девушкой?

г) В конце разговора Наталья звонит родителям девушки.
Придумайте этот разговор и разыграйте его перед классом.

3 Мы лучше, чем вы думаете

Петербургская газета

Апрель

Пн	Вт	Ср	Чт	Пт	Сб	Вс
				1	2	3
4	5	6	7	8	9	10
11	12	13	14	15	16	17
18	19	20	21	22	23	24
25	26	27	28	29	30	

Четверг, 8-е апреля, 2011 **Мария Викторова** **19:36**

Часто мы, молодое поколение, слышим от старших не очень приятные слова в свой адрес. Они говорят, что нас интересуют алкогóль, курéние, что мы употребляéм наркóтики, что у нас в голове только вечеринки. Кроме того, они думают, что у нас нет планов на будущее, что мы не хотим учиться, работать, не хотим абсолютно ничего.
Говорят, что мы выпиваем! Да, согласна. Но не все. Курим! Да, но тоже не все. А планы на будущее есть у многих.
Просто молодые не всегда готовы рассказывать о своих планах старшему поколению. Может, мы думаем, что нас не поймут.
А что плохого в вечеринках? Наши родители тоже ходили на танцы! На тусовках всегда весело. Но мы не только тусуемся.
Вы, например, знаете, что есть много молодёжных организаций, которые заботятся о здорóвом óбразе жи́зни и о разных социальных проектах? Есть ещё другие примеры, о которых стоит поговорить. Мы живём не только для себя!

Прочитайте, что Мария написала в газете и ответьте на вопросы.

1. Что, по её мнению, старшее поколение в России думает о молодых людях?
2. Как реагирует Мария на эти высказывания? Какие у неё аргументы?
3. Вы согласны с мнением Марии? Скажите, почему.
4. А что, по-вашему, старшее поколение в Германии думает о немецкой молодёжи?

4 Правила здорового образа жизни 19–22

1 сигареты

2 наркотики

3 алкоголь

4 правильное пита́ние

5 све́жий воздух

6 спорт

а) Посмотрите на иллюстра́ции (Illustrationen) и скажите,
- что (не) нужно для здорового образа жизни.
- что надо (нельзя) делать, чтобы быть здоровым.

б) Скажите, какое (какие) из этих правил для вас важнее всех? Почему?

в) Расскажите, что для вас и вашей семьи значит «Здоровый образ жизни».

5 ## 5 Конфе́ты за сигареты

а) Послушайте отры́вок (Auszug) из новостей московской радиостанции и ответьте на вопросы.

1. О каком дне идёт речь в новостях?
2. Где и когда проходит этот день?
3. Что вы узнали об акции «Конфеты за сигареты»?
4. О каких акциях ещё можно было узнать?

б) Вы уже участвовали в похожей акции? Если да, расскажите об этом. Если нет, найдите в Интернете информацию о такой акции и расскажите о ней.

6 Итоговое задание

Выберите задание А или Б.

А – Акция «Жить здоро́во – это здо́рово!»	Б – Фоторепортаж «Это мы!»
Ученики вашей школы-партнёра в России у вас в гостях. Вы хотите вместе провести акцию на тему «Здоровье». Составьте программу этой акции (где, когда, кто участвует, кого пригласить, что будете делать …) и подготовьте рекламу для неё.	Подготовьте для вашей школы-партнёра фоторепортаж о том, чем занимаются ребята вашего города, региона или школы, что их интересует, что важно для них. Напишите под каждой фотографией маленький текст.

Как жить в огро́мной стране́?

Z Am Ende des Dossiers könnt ihr eure Meinung zum Stadt- und Landleben äußern. Ihr lernt eine weitere Region Russlands kennen und präsentiert eure Traumstadt bzw. -region.

А Про́бка в час пик

Б Дереве́нский дом

В Мост через Волгу

1 Где лучше? 1–2

а) Опишите одну из фотографий и скажите, почему вы её выбрали.

б) А теперь выберите две, по-вашему, противополо́жные (gegensätzliche) фотографии и сравните их.

в) Посмотрите на все фотографии и скажите, как вы представляете себе жизнь в России
1. в деревне. 2. в большом городе.

Слова́рик
- стоять в про́бке
- деревя́нный дом – многоэтажный дом
- молодые люди уходят – старые люди остаю́тся
- Многие жители переезжа́ют в город/в деревню.
- (Деревня/город/ландша́фт) мне нравится, потому что …
- с одно́й стороны́, … с друго́й (стороны́)

Г Многоэтажные дома

Д Магазин в деревне

Петропавловск-Камчатский

Е Столица Камчáтки

2 Страна и люди

а) Перед аудированием Переведите следующие слова с помощью словаря: часовóй пóяс – нарóд – населéние – рáзница

Словáрик
- Площадь Германии составля́ет 357 021 км².
- Расстоя́ние между … и … составляет …

б) Послушайте тексты. Какое заглавие подходит к какому тексту?

Часовые пояса | Разные народы | Террит́ория России

в) Послушайте тексты ещё раз. Сделайте себе заметки и ответьте на вопросы.

1. Сколько километров составляет расстояние в Российской Федерации с севера на юг и с запада на восток? [handwritten: Wie viele Kilometer beträgt die Entfernung in Russischer Federation übers Norden zum Süden und Westen und Osten]
2. Сколько часовых поясов было в России раньше, сколько их теперь? [handwritten: Wie viele Zeitzonen entstanden in Russland früher, wie viele jetzt]
3. Сколько народов живёт в Российской Федерации? [handwritten: Wie viele Völker wohnen]

г) Немного математики. Скажите, 1. во сколько раз Россия больше Германии.
2. который час в Петропавловске-Камчатском, если в Москве 16 часов.

Перед чтением

вулка́н

ге́йзер

водопа́д

вертолёт

рыба́к

охо́тник

доли́на

а) Schaut euch die Wörter eine Minute lang an. Schließt die Bücher und schreibt alle Wörter auf, die ihr euch gemerkt habt. Welche Wörter habt ihr euch gut merken können, welche nicht? Versucht zu begründen, warum.

б) Всё это вы найдёте на Камчатке. Как вы представляете себе этот регион?

S5

Полуо́стров на краю́ земли́

3–5

1 Немно́го геогра́фии

Э́тот необы́чный полуо́стров нахо́дится на се́веро-восто́ке Росси́и в 8 000 киломе́трах от Москвы́. Камча́тка по террито́рии така́я же больша́я, как А́нглия, Португа́лия, Бе́льгия и Люксембу́рг вме́сте взя́тые[1]. А живёт там всего́ 333 000 челове́к. В не́которых частя́х Камча́тки вы встре́тите бо́льше медве́дей, чем люде́й. Столи́ца Камча́тки – Петропа́вловск-Камча́тский.

2 Жи́тели Камча́тки

Коренны́е наро́ды, живу́щие на полуо́строве, – э́то коря́ки, ительме́ны, чу́кчи и мно́гие други́е. Они́ хоро́шие рыбаки́, охо́тники, оленево́ды[2].

3 Интере́сные фа́кты

Вулка́ны Камча́тки изве́стны на весь мир. На плане́те есть ма́ло мест, где мо́жно уви́деть 160 вулка́нов одновреме́нно. Из них 30 де́йствуют. Са́мому ста́рому вулка́ну 8 000 лет, а са́мому молодо́му всего́ 30. Здесь же располо́жена Доли́на ге́йзеров, кото́рую ещё называ́ют «восьмы́м чу́дом све́та». А ещё Камча́тка была́ ме́стом испыта́ний[3] сове́тских лунохо́да и марсохо́да[4].

---

1 вме́сте взя́тые zusammen(genommen) – **2 оленево́д** Rentierzüchter – **3 испыта́ние** Versuch, Erprobung – **4 лунохо́д/марсохо́д** Mond-/Marsfahrzeug

1 К тексту

а) Что вы узнали о Камчатке? Объясните следующие слова и словосочетания одним предложением.

коряки, ительмены, чукчи | вулканы Камчатки | Долина гейзеров | территория Камчатки | заня́тия коренных народов | Петропавловск-Камчатский

б) Напишите с помощью предложений из а) короткое резюме.

2 По следам … §5 6

а) Посмотрите на таблицу. Erklärt, zu welcher Deklination die Zahlwörter 5 und 8 gehören und woran ihr das erkannt habt. Welche Zahlen gehören noch zu dieser Deklination?

б) Was fällt euch bei der Deklination der Zahl 50 auf? Nennt die drei anderen Zahlen mit derselben Besonderheit (Tipp: Denkt an die Schreibung im Nominativ).

в) Прочитайте и сравните предложения. Worauf müsst ihr in einem Satz mit deklinierter Zahl achten?

	5	**8**	**50**
N.	пят**ь**	во́сем**ь**	пят**ь**деся́т
G.	пят**и́**	вос**ьми́**	пят**и́**десят**и**
D.	пят**и́**	вос**ьми́**	пят**и́**десят**и**
A.	пят**ь**	во́сем**ь**	пят**ь**деся́т
I.	пят**ью**	вос**ьмью**	пят**ью**десят**ью**
P.	(о) пят**и́**	(о) вос**ьми́**	(о) пят**и́**десят**и**

Расстояние между городом и вулканом составляет **двенадцать** километр**ов**.
Вулкан находится в **двенадцати** километр**ах** от города.

3 Рыбак, его сыновья и медведи

а) Прочитайте текст. Ersetzt die Zahlen und Zeichnungen durch Wörter.

б) Прочитайте текст ещё раз. Сколько рыб осталось у рыбаков?

Рыбак с 5  стоял на берегу реки Опалы и ловил рыбу. У каждого из 5  уже было 5 . А у отца, конечно, больше. У него уже было 12 . Вдруг отец увидел 8 , которые уже были в 50 

от них. Рыбаки спря́тались за 6  и смотрели, что делают 8 .
8  понравились рыбы, которые лежали на берегу. Они съели 17 , а самый маленький бро́сил 6  обратно в реку.

L9 ◎
4 Эрем

а) Послушайте текст и ответьте на вопросы.

1. Кто такой Эрем?
2. Где он учится?
3. Где он проводит лето?

б) Послушайте текст ещё раз. Используйте числа, которые вы услышали в тексте и напишите

1. о деревне.
2. об Ереме.
3. о Петропавловске.
4. об одноклассниках.
5. о братьях.
6. о каникулах.

5 По следам … § 6 7

а) Ihr lernt nun das Partizip Präsens Aktiv kennen. Sucht in den folgenden Sätzen die Partizipformen und ihr jeweiliges Bezugswort. Welche Gemeinsamkeiten stellt ihr fest?

1. Коренные народы, **живущие** на полуострове, – это коряки, ительмены и другие.
2. Эрем, **говорящий** дома только на языке ительменов, быстро выучил русский язык.
3. Он ре́дко видит друга, **живущего** в 30 км от него.

Partizip Präsens Aktiv
- Suffixe: -**ющ**-/-**ущ**- (игра́ющий/живу́щий)
  -**ящ**-/-**ащ**- (говоря́щий/крича́щий)
- **nur uv.** Verben: Handlung des Partizipialsatzes **gleichzeitig** zur Haupthandlung
- deutsch: Partizip I/Relativsatz im Aktiv

б) Переведите предложения из а). Der Merkzettel hilft euch dabei.

6 Настоящее приключение

а) Прочитайте флаер. Wandelt die Partizipialsätze in Relativsätze um und übersetzt sie dann.

1. Проводим походы с людьми, желающими познакомиться с жизнью коренных народов.
2. Приключение начинается уже на борту вертолёта, летящего до Авачинского вулкана.
3. Туристам, не умеющим ловить рыбу, ительме́нские рыбаки покажут, как это делать.
4. Туристы, любящие отдыхать и купаться, могут сделать это в озёрах и реках долины.
5. После похода, продолжающегося восемь часов, вас ждёт вкусный ужин в ительменской деревне.
6. А ночью участникам, сидящим у костра, расскажут о жизни и истории ительменов.

б) Представьте себе, что вы уча́стник этого похода. Напишите короткий текст о ваших приключениях.

7 Поедем на Камчатку?

а) Bildet Vierer-Gruppen. Zwei Schüler suchen im Internet nach weiteren Informationen über das Leben auf Камчатка, die zwei anderen über den Tourismus.

б) Tauscht euch in eurer Vierer-Gruppe über die Ergebnisse aus und notiert die wichtigsten Informationen. Gestaltet ein Plakat und hängt es im Klassenzimmer auf.

-8 ◎

SOS дере́вня!

8

Garik 19.12. 2012 17:31

SOS! Мои́ роди́тели хотя́т переéхать в дерéвню. Говоря́т, что они́ уста́ли от жи́зни в го́роде. А в дерéвне чи́стый во́здух, огоро́д, краси́вая приро́да и тишина́. Я их не понима́ю. Жить в четы́рнадцати киломéтрах от гла́вной доро́ги??!! Что я там бу́ду дéлать? Там да́же водопрово́да нет и туалéт на у́лице! А об Интернéте я вообщé не говорю́! Посмотри́те са́ми.

feja: Хорошо́ жить мо́жно то́лько в го́роде, а лу́чше в мегапо́лисе! Я сама́ живу́ в Москвé, люблю́ бы́струю и интерéсную жизнь. Здесь мо́жно ходи́ть на концéрты и в кино́ и́ли тусова́ться с друзья́ми в клу́бах. А куда́ пойти́ в дерéвне?

vampir: Ну, ду́маю, что здесь игра́ет большу́ю роль, в како́й странé ты живёшь! Я живу́ в цéнтре Волгогра́да и в дерéвне жить не хотéл бы. Про́шлым лéтом мы éздили в го́сти к моéй тёте в Герма́нию. Она́ живёт в ма́ленькой дерéвне в 23 киломéтрах от Штýттгарта. Там нет деревя́нных домо́в, вездé хоро́шие у́лицы, магази́ны, краси́вый парк. В тако́й дерéвне я бы то́же жил. Да и большо́й го́род недалеко́, 20 мину́т на электри́чке – и ты ужé в цéнтре.

kiska: В дерéвне лéтом хорошо́: лежи́шь, загора́ешь, клубни́ку ешь. Цéлый день мо́жно ничего́ не дéлать, ба́бушка гото́вит еду́ … класс! А в го́роде всё врéмя стресс. У́тром про́бки, пото́м рабо́та с девяти́ до шести́, вéчером опя́ть про́бки.

velikan: Я бы лу́чше на Ма́рсе жил. Там споко́йнее.

malysh: Я за го́род! Дерéвни - э́то у́жас! Там да́же нет норма́льных дискотéк. Я был два го́да наза́д в одно́й дерéвне. Предста́вьте себé, у них на дискотéке вмéсто DJ кассéтник[1] был!!! А ещё в дерéвне все обо всéх всё то́чно зна́ют. Пусть[2] прéдки[3] éдут, а ты остава́йся!

1 К тексту

а) Составьте mind map на тему «Жизнь в деревне» (транспорт, школа, природа, свободное время, работа родителей, животные, …).

б) Что думают ребята о жизни в деревне? Перепишите и дополните таблицу.

кто	аргументы за	аргументы против

1 кассéтник *ugs.* Kassettenrecorder – **2 пусть** mögen, sollen – **3 прéдки** *hier:* deine Alten *ugs.*

2 После чтения

а) Что лучше – город или деревня? Напишите своё мнение в этом блоге.

б) Придумайте и напишите разговор Гарика с родителями. Потом разыграйте эту сценку.

3 По следам … § 7 9

а) Прочитайте и сравните предложения. Welche Gemeinsamkeiten stellt ihr fest? Leitet die restlichen Formen von один, одно, одна, одни selbstständig ab.

б) Переведите предложения. Welche Übersetzungsmöglichkeiten gibt es für один?

Фея часто ходит на **эту** дискотеку.	Фея часто ходит на **однý** дискотеку.
В **этом** кафе она встречается с друзьями.	В **однóм** кафе она встречается с друзьями.
Вчера она познакомилась с **этим** парнем.	Вчера она познакомилась с **одни́м** парнем.

в) Составьте предложения.

» Я живу в одной деревне, а ты в другой.

покупать продукты в магазине | говорить с одноклассником | идти к другу | ходить на дискотеку | жить в городе | смотреть фильмы | пить из чашки | учиться в школе | любить писателя | выходить на станции

4 Самый лучший город на Земле

L 10 **а)** Послушайте песню группы Браво «Этот город». Скажите, как вам нравится музыка.

б) Прочитайте текст песни и объясните, как автор видит свой город.

в) Zeichnet die Stadt so, wie ihr sie euch nach dem Lied vorstellt. Hängt eure Zeichnungen in der Klasse auf und erläutert sie bei einem „Stadtrundgang" den anderen Gruppen.

г) Город на каком рисунке больше всего похож на город из песни? Обоснуйте ваше мнение.

Этот город – самый лучший город на Земле,
Он как бýдто нарисóван мéлом[1] на стене […]
Я не знаю, где ещё на этом свете есть такая
же весна.
Я, пожáлуй, отпущý попýтный вéтер[2] и
останусь навсегдá.
Голубые тротуáры, синие цветы,
Я́рко-жёлтые трамваи, розовые сны.
Он как будто нарисован мелом на стене,
Этот город – самый лучший город на Земле.

1 как бýдто нарисóван мéлом wie mit Kreide gezeichnet – **2 Я, пожáлуй, отпущý попýтный вéтер** Ich werde wohl den Rückenwind vorbeiziehen lassen

5 По следам … §8 10

а) Перепишите и дополните таблицу.
Die Zahlen 3 und 4 werden nach demselben Muster wie die Zahl 2 dekliniert. Leitet die fehlenden Formen ab.

	2	3	4
N.	два (две)	три	четы́ре
G.	двух	трёх	четырёх
D.	двум	■	■
A.	два (две)/двух	■	■
I.	двумя́	тремя́	четырьмя́
P.	(о) двух	(о) ■	(о) ■

б) Что делать в деревне? Прочитайте флаеры, которые Гарик нашёл в Интернете.

6 Спортом можно заниматься везде

1

а) **Перед аудированием** Переведите следующие слова с помощью словаря:
бег – бе́гать – хокке́й

б) Legt ein Hörraster mit folgenden Stichpunkten an:
кто, откуда, чем занимается, сколько времени

в) Послушайте высказывания ребят. Напишите, кто они и откуда.

г) Послушайте CD ещё раз. Напишите, чем они занимаются и как долго.

д) **О себе** Расскажите, какое хобби у вас есть, и сколько времени в день или в неделю вы им занимаетесь.

7 По следам … §9 11

Notiert mithilfe des Merkzettels die Deklination der Zahlen 40, 90 und 100.

40 (со́рок), 90 (девяно́сто), 100 (сто):
– Akkusativ = Nominativ
– Endung -a in allen anderen Kasus

8 Вечеринка с сюрпризом

а) Прочитайте текст о Гарике и вставьте цифры в нужной форме.
Erklärt, in welchem Kasus die Zahlen jeweils stehen.

В последний день в городе Гарик организовывает вечеринку для своих друзей.
Он пригласил больше 40 человек и решил заказать не меньше 100 бу́лочек и 40 сосисок.
Но в день вечеринки он получает только сосиски. И не 40, а даже больше 140!
Когда Гарик ещё думает о том, что делать со 140 сосисками, приходят гости.
У гостей сюрприз: у каждого есть маленький торт! К счастью, у 40 молодых людей огромный аппетит и они едят все 140 сосисок. И от 40 тортов тоже ничего не остаётся.
Вдруг звонят в дверь. Там стоит мужчина с 90 булочками …

б) Игра A schreibt eine Zahl zwischen 1 und 100 und einen Gegenstand im Nominativ auf ein Blatt (z. B. 5 + банан). Partner B würfelt und vervollständigt den „gewürfelten" Satzanfang mit der Vorgabe des Zettels. Tauscht dann die Rollen. Für jeden richtigen Satz gibt es einen Punkt. Wer gewinnt?

- ⚀ У тебя есть …?
- ⚁ Мне надо купить больше …
- ⚂ Я рад(а) …
- ⚃ Я вижу …
- ⚄ Что делать с …?
- ⚅ Я думаю о …

9 Где они живут? 12–14

а) Посмотрите на диаграмму и передайте её информацию. (→ Так говорят, стр. 97)
» По статистике 19 процентов населения России живёт в …

б) Правильно или неправильно? Исправьте ошибки.

1. Около 40 % населения России живёт в деревнях.
2. Почти 30 % живёт в маленьких и средних городах.
3. Меньше 30 % живёт в больших городах и мегаполисах.

в) Скажите, где живёт больше людей – в городах или в деревнях?
г) Найдите в Интернете похожую статистику о Германии и представьте её.

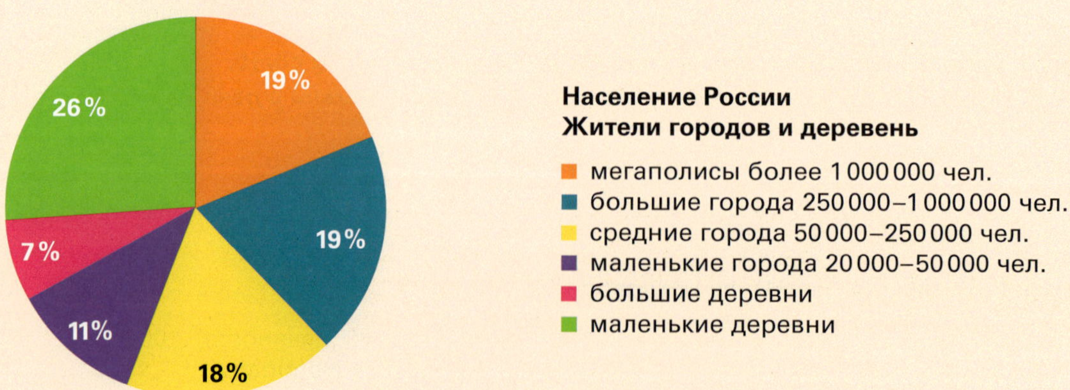

МЫ И ВРЕМЯ

10 ◎ Путеше́ствие в крыле́ самолёта 15

НИКОГДА́ ещё ма́ленькая дере́вня Во́лково, кото́рая нахо́дится в 90 км от Уфы́, не была́ в це́нтре тако́го внима́ния. Сюда́ прие́хали журнали́сты из всей страны́. И всё э́то из-за Серге́я Ушако́ва …

В э́тот день Серге́й был на дне рожде́ния, пра́зднуемом в до́ме одного́ хоро́шего дру́га, и поэ́тому по́здно пришёл домо́й. Оте́ц на́чал на него́ ужа́сно крича́ть. «Ну что я опя́ть не так сде́лал? О мла́дших бра́тьях и сёстрах я забо́чусь, в магази́н хожу́, в огоро́де рабо́таю, да́же с коро́вой помога́ю», – поду́мал Серге́й. «Почему́ мне нельзя́ хотя́ бы[1] оди́н раз прийти́ домо́й по́зже?! Ведь мы живём в тако́й ма́ленькой кварти́ре. Шесть челове́к на 20 квадра́тных ме́трах. У меня́ да́же нет ме́ста, где мо́жно де́лать уро́ки и игра́ть!» На сле́дующий день он пошёл к ба́бушке, но там никого́ не́ было. Серге́й взял 1 500 рубле́й у ба́бушки и реши́л: посмо́трим, как они́ без меня́ бу́дут жить …

Он пое́хал в Уфу́. Там он два дня гуля́л по го́роду, смотре́л на дороги́е витри́ны магази́нов и предлага́емые там това́ры, ката́лся на эскала́торе в суперма́ркете. У Серге́я была́ мечта́ уви́деть настоя́щий самолёт, поэ́тому он пое́хал в аэропо́рт. Там его́ никто́ не заме́тил и он зале́з[2] в крыло́ самолёта. Был уже́ ве́чер, а Серге́й не спал два дня. Просну́лся он, когда́ самолёт уже́ лете́л. А че́рез не́сколько мину́т па́рень потеря́л созна́ние: полёт проходи́л на высоте́ 10 000 ме́тров. Серге́й просну́лся уже́ в Москве́, в аэропорту́ «Вну́ково», и пошёл в зда́ние аэропо́рта. Там его́ уви́дели милиционе́ры. Снача́ла они́ не пове́рили в его́ исто́рию, но когда́ Серге́й показа́л им свои́ ру́ки, милиционе́ры по́няли, что па́рень говори́т пра́вду. К сча́стью, врачи́ в больни́це смогли́ спасти́ ру́ки Серге́я Ушако́ва от ампута́ции. И уже́ ско́ро Серге́й смо́жет пое́хать домо́й …

Александр Верник

1 К тексту

а) Действие (строчки 7–47) происходит в 6 местах. Назовите их.

б) Скажите, о каких проблемах в семье Сергея идёт речь в тексте.

в) Почему Сергей взял деньги у бабушки и убежа́л из дома?

г) Как вы думаете, убежать из дома – это правильное реше́ние? Обсудите это в классе.

---

1 хотя́ бы wenigstens – **2 зале́зть** hineinklettern

2 После чтения 16

Выберите а) или б).

а) Придумайте диалог между Сергеем и милиционером. Macht euch Stichwortkärtchen und spielt den Dialog vor.

б) Представьте себе, что вы на месте Сергея. Напишите письмо матери.

Дорогая мамочка!
Вот уже неделю лежу в больнице.
Мне очень жаль, что я …

3 По следам … § 10 17

а) Übersetzt mithilfe des Merkzettels zuerst die Wortgruppen der linken Spalte, dann die der rechten. In welchem Kasus steht der Urheber der Handlung?

1. читаемая газета	– читаемая отцом газета
2. любимый сын	– сын, любимый родителями
3. решаемые проблемы	– решаемые врачами проблемы

б) Sucht die zwei Formen des Partizips Präsens Passiv in Text B und übersetzt die Sätze.

в) Прочитайте и дополните предложения.

1. В Уфе Сергей видит товары, ■ в магазинах.
2. Интервью, ■ журналистом, очень интересное.
3. Сергей, ■ журналистом, чувствует себя уже лучше.
4. Вы можете прочитать о поездке, ■ нашей фирмой.

проводимое | фотографируемый | предлагаемой | продаваемые

Partizip Präsens Passiv
- **Suffixe:**
  -ем- (собира́емый)
  -им- (проводи́мый)
- **nur uv.** Verben: Handlung des Partizipialsatzes **gleichzeitig** zur Haupthandlung
- deutsch:
  ★ Partizip II
  ★ Relativsatz im Passiv

4 По следам … § 11 18

а) Посмотрите на таблицу. Die Deklination der russischen Familiennamen weist eine Besonderheit auf. Die Endungen welcher Wortarten erkennt ihr bei den männlichen und weiblichen Familiennamen wieder?

б) Leitet mithilfe von a) die Pluralformen selbst ab. Außer im Nominativ folgen sie durchgehend demselben Muster: Ушако́вы, Ушако́вых, …

Familiennamen auf -**ов**, -**ев**, -**ёв** und -**ин**, -**ын**

	maskulin	feminin
N.	Ушако́в	Ушако́в**а**
G.	Ушако́в**а**	Ушако́в**ой**
D.	Ушако́в**у**	Ушако́в**ой**
A.	Ушако́в**а**	Ушако́в**у**
I.	Ушако́в**ым**	Ушако́в**ой**
P.	(об) Ушако́в**е**	(об) Ушако́в**ой**

5 «Успешный» журналист

Перепишите текст и вставьте слова в нужной форме.

■ Павел Синицин ■ Сергей Ушаков ■ Валентина Воробьёва ■ Ушаковы

Московский журналист ■ очень хотел написать о ■. Он решил взять интервью у ■, врача ■, потом у мальчика, а потом поехать в деревню к ■. Сначала он попробовал найти ■, но в больнице ■ сказали, что ■ сегодня нет на работе. Тогда Павел пошёл в комнату № 345, чтобы поговорить с ■. Но и здесь ■ не ждал успех. Он узнал, что ■ уже нет в Москве. Павел решил поехать в Волково и там встретиться с ■. На вокзале он купил газету и не поверил своим глазам! С фотографии на первой странице на него смотрел Сергей и вся семья ■ …

6 По-русски и по-немецки

19

а) Немецкий журналист узнал о приключении Сергея и хочет взять у него интервью. Вы помогаете журналисту. (Tipp: Übersetzt nicht wörtlich.)

журналист:	ты	Сергей:
Hallo Sergej. Ich bin Peter Maier aus Berlin und habe von deinem Abenteuer gehört. Wie fühlst du dich?	…	Привет. Я чувствую себя хорошо. Руки ещё болят, но уже не так, как в первые дни.
Warum hast du überhaupt beschlossen, nach Ufa zu fahren?	…	Я уже давно мечтал увидеть большой город. А когда отец кричал на меня, я решил убежать из дома.
Woher hattest du denn das Geld, um nach Ufa zu fahren?	…	Я их взял у бабушки, но я обязательно отдам их.
Und wie willst du das Geld zurückgeben?	…	Я сам их заработаю.
Aber du gehst doch noch zur Schule?	…	Да, но после уроков и на каникулах я буду у нас в деревне где-нибудь работать.
Was sagen denn deine Eltern zu deinem Abenteuer?	…	Я их ещё не видел. Они не могут приехать сюда, потому что у них нет денег.
Warum bist du denn zum Flughafen gegangen?	…	Я всегда хотел увидеть аэропорт и самолёты.
Sergej, ich wünsche dir alles Gute.	…	Большое спасибо. До свидания.

б) Что ещё вы хотели бы узнать от Сергея? Напишите ваши вопросы.

7 Итоговое задание

Выберите задание А или Б.

А – Граффи́ти «Город моей мечты»	Б – Флаер «Регион моей мечты»
Нарисуйте граффити о городе, где вы хотели бы жить. Представьте их в классе.	Подготовьте флаер о месте, где вы хотели бы жить. Вы можете использовать структуру текста А и Интернет. Найдите подходящие фотографии.

«Секре́ты» ру́сских и не́мцев

Z In diesem Dossier setzt ihr euch kritisch mit Klischeevorstellungen über Deutsche und Russen auseinander und lernt, kulturelle Fettnäpfchen zu vermeiden. Ihr könnt eigene Eindrücke und Aussagen anderer wiedergeben. Am Ende gestaltet ihr einen „Verhaltenskatalog“ oder einen Comic.

А

Б

В

Г

1 Какая она – Россия?

а) Что вы представляете себе, когда вы думаете о России? Запиши́те ваши ассоциа́ции (Notiert eure Assoziationen) и сравните их с представлениями других групп.

б) Посморите на фотографии. Какие из них вы считаете самыми типичными для России? Обоснуйте свой выбор.

Слова́рик
- Это необычно/(особенно) типи́чно для России.
- стереоти́п
- это при́нято/не принято в России/у русских
- носить шу́бу/(мехову́ю) шапку/...
- бе́дный – богатый
- представле́ние о стране/людях/...
- одина́ковые представления/взгля́ды/...

Д

Е

Ж

З

2 Россия в стереотипах 1

а) Объясните слово «стереотип».
б) На каких фотографиях вы видите типичные для России стереотипы?
в) Откуда у людей появляются стереотипы?

3 Германия в стереотипах

✻ **Проект-коллаж** Найдите фотографии или иллюстрации с типичными для Германии стереотипами и составьте коллаж с короткими текстами. Представьте коллаж классу. Объясните, почему вы выбрали и́менно эти фотографии.

4 Это к счастью! 2

а) Опишите иллюстрации. Как вы думаете, что приносит счастье, а что несчастье?

L 12 б) Проверьте себя с помощью CD. Какие ситуации вы интерпретировали правильно, а какие нет?

в) Посмотрите ещё раз на иллюстрации. Во что верят также многие люди в Германии?

г) Вы знаете другие суеверия в Германии, России и других странах? Опишите их.

Слова́рик

- Э́то к сча́стью/несча́стью.
- дарить чётное/нечётное число цветов
- суеве́рие
- быть суеве́рным (человеком)
- приме́та
- сади́ться/сесть

1

2

3

4

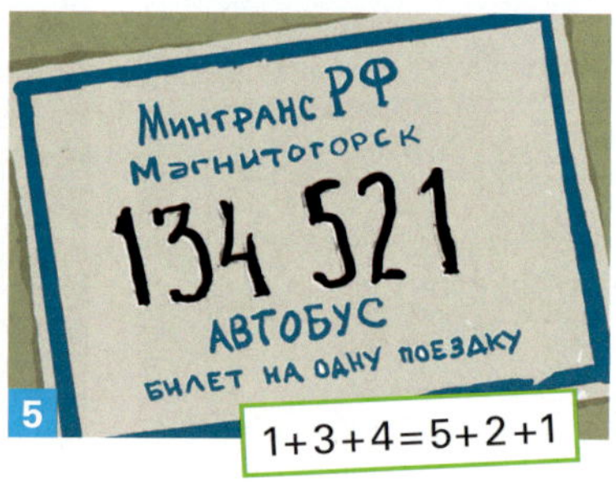

5

6

5 Пять или шесть роз? 3

Прочитайте следующие ситуации и ответьте на вопросы.

1. У Тани билет № 295 088. У Роберта билет № 374 525. У кого из них «счастливый билет»?
2. Катя пришла на вечеринку. За столом сидят Саша Л., Женя П. и Женя К. Куда хочет сесть Катя?
3. Франк идёт на день рождения Вики. Он хочет подарить ей цветы, но не знает, купить пять или шесть роз. Что вы ему посоветуете?
4. Перед поездкой в отпуск семья А убирает квартиру, а семья Б садится на несколько минут на диван. Какая семья ведёт себя как типично русская/немецкая семья?

6 Верить – не верить?

а) Как вы думаете, верить в приметы – это помогает или мешает в жизни?

б) Быть суеверным – это сегодня ещё акту́ально? Обоснуйте ваше мнение.

в) Прочитайте мнение русского ученика: «В приметы я не верю, но я их соблюдаю[1].» Объясните, как вы понимаете это высказывание.

---

1 **соблюда́ть** befolgen, einhalten

Перед аудированием

1 На дне рождения 4

Представьте себе, что у одного из вас день рождения.
Придумайте и разыграйте сценку по следующему плану:

1. гости приходят   2. дарят подарки   3. все садятся за стол   4. разговор за столом

2 Слова, слова

Переведите следующие слова и словосочетания с помощью иллюстраций.

поро́г

здоро́ваться

садиться на у́гол стола

выходи́ть за́муж

тост

вы́пить (за)

15 ## 3 Аудирование: Тысяча и одно правило 5

семья Воло́диных

семья Шольц

а) Прочитайте сначала вступле́ние (Einleitung) к аудиотексту.

> Семья Шольц уже четыре месяца живёт в Москве. Отец, Хольгер Шольц, работает в немецкой фирме. Его жену зовут Беттина. У них дво́е детей – Давид и Ханна. Сегодня их пригласил в гости коллега Хольгера Илья Володин, потому что у его жены Наташи день рождения. У Володиных тоже двое детей – Даша и Артём.

б) Послушайте CD два раза (⟶ стратегия, стр. 98). Перепишите и дополните таблицу.

в) Послушайте CD (треки 13–14) ещё раз и сделайте себе заметки. Скажите, что в России не принято делать, и объясните почему.

г) Наташе подарили ножи. Что ей надо было сделать? Почему?

часть	Название части	кто
1	Гости приходят	
…		
5		

4 За Наташу! 6

а) Послушайте последнюю часть текста А (трек 15) ещё раз. Перепишите и дополните тосты.

Аня (подруга Наташи): «Я хочу ■ тост. Я знаю Наташу уже ■ ■. И хочу ■ ■ мою самую умную, красивую и любимую ■! Наташа, ■ ■!»
Серёжа (муж Ани): «У меня тоже есть тост. ■, сколько всего она приготóвила. А как у них ■ ■ дома! Какие у них ■ дети! Наташа, мы тебя ■ ■! С днём рождения!»

Bei Trinksprüchen verwendet man die Präposition **за + *Akk*.**:
За тебя! За успех!
Я хочу выпить за моего друга Сашу/за наших родителей!

б) Как вам нравятся тосты из а)? Скажите, почему.

в) Сравните тосты из а) с тостами за праздничным столом в Германии или других странах, например, на дне рождения ваших родителей.

5 По следам … § 12 7

а) Ihr lernt jetzt die Sammelzahlwörter двóе, трóе, чéтверо, пя́теро, шéстеро, сéмеро. Ordnet die Beispielsätze den Regeln zum Gebrauch der Sammelzahlwörter zu und übersetzt die Sätze.

Sammelzahlwörter stehen
- mit einem Substantiv im Genitiv Plural
- ohne Bezugswort
- nach dem Genitiv der Personalpronomen:
  Нас четверо. Нас было/будет четверо.
  (= Wir sind Vier. Wir waren Vier./Wir werden Vier sein.)

Sammelzahlwörter verwendet man
1. vor maskulinen belebten Substantiven.
2. vor дети, люди, ребята.
3. vor Mehrzahlwörtern.
4. nach den Personalpronomen нас, вас, их.

а) У Володиных двое детей.
б) У Артёма в компании четверо парней.
в) На дне рождения было шестеро гостей.
г) Маме подарили солнечные очки. Сейчас у неё трое очков.
д) На даче нас будет пятеро.
е) У Ханны в шкафу семеро брюк.

б) Составьте правильные словосочетания. Выберите потом одно из них и напишите с ним маленький текст (5–7 предложений).

1. Двое (актрисы, джинсы, блюда, бананы)
2. Пятеро (люди, торты, подруги, ножи)
3. Трое (дома, правила, поезда, ребята)
4. Семеро (месяцы, фирмы, мужчины, подарки)

в) Прочитайте пословицы. Объясните, как вы их понимаете.

Семеро одного не ждут.

Трое пошли, пять рублей нашли – пятеро пойдут, много ли найдут?

Перед аудированием

1 Улы́бки 8

а) В каких странах люди, по-вашему, ча́ще улыба́ются ☺, а в каких не так часто ☹? Например, в Германии, России, Америке, Италии, Турции, …

б) Посмотрите на иллюстрацию и скажите, как вы понимаете слово «дежу́рная улыбка»?

в) Объясните своими словами, какие это люди, и скажите, для кого из них типична «дежу́рная улыбка».

» Весёлый таксист = Это человек, который много смеётся и рассказывает пассажирам весёлые истории. У него не «дежурная», а дружелю́бная улыбка.

вежливый продавец | стро́гий тренер | дружелю́бный полице́йский | серьёзный гид | честный журналист | довольный пассажир

2 За границей 9

а) Прочитайте блог «Впечатле́ния о России» Дженнифер. Findet heraus, mit welchen Wendungen Jennifer Wertungen (Positives, Negatives, Neutrales, Erstaunen) ausdrückt.

9-е марта, 2012 г. 21:23

Привет из Петербурга!!! Я уже две недели здесь, и в при́нципе, мне здесь всё нравится. От города я в восто́рге, и в школе № 122 у меня уже много друзей и знако́мых. Я ещё не всё понимаю по-русски, но это ничего́. А особенно мне здесь нравится, что магазины работают 24 часа и даже по воскресеньям. Вчера здесь праздновали Женский день. Утром мой «русский папа» поздравил меня и Оксану с 8-ым марта. В школе я даже получила маленький подарок от Павла! Всё это меня очень удиви́ло, ведь в Германии это не принято. А на уроке математики учительница вдруг вызвала меня к доске. Сначала я даже была рада, ведь я люблю математику. Но когда я посмотрела на задание, я была в шо́ке! Такой материал у нас в Германии учат только в 12-м классе! ☺

б) Напишите похожий блог о поездке в другую страну и о ваших впечатлениях там. Используйте выражения из а).

3 Слова, слова

Найдите значение следующих слов:
опа́сный = Тигр – опасное животное.
кра́ситься = Перед встречей с парнем многие девушки красятся.
каблу́к = часть туфель. Есть туфли на высоком и на низком каблуке.
наизу́сть = Если ты хорошо выучил стихи, тогда ты их знаешь наизусть.
ро́лики = Ты их надеваешь на ноги и на них катаешься.

S 16–17

4 Аудирование: Дежурная улыбка

а) Прочитайте вступление к аудиотексту. Потом послушайте CD и расставьте следующие темы по порядку. О чём не идёт речь в диалоге?

Семья Шольц всё ещё на дне рождения Наташи.
После ужина Даша, Артём, Ханна и Давид сидят в комнате Даши.

русские девушки | знание языков | школа в России | свободное время | транспорт в Москве | улыбки русских

б) Послушайте CD ещё раз. Найдите правильные ответы.

А	Б
1. Русские много улыбаются.	1. Русские мало улыбаются.
2. Ханне нравится, что метро очень чистое.	2. Ханне нравится, что люди в метро довольные.
3. Поезда метро ходят каждые 5 минут.	3. Поезда метро ходят каждые 2 минуты.
4. В Москве опасно ездить на метро.	4. В Москве опасно ездить на велосипеде.
5. Для многих русских девушек внешность играет большую роль.	5. Русские девушки мало красятся.
6. Русские любят отдыхать дома.	6. Русские любят отдыхать на природе.
7. Русские знают песни наизусть и часто поют их под гитару.	7. Многие русские любят петь песни под балалайку.

5 По следам … § 13 10, 11

а) Прочитайте предложения. Erklärt, wie Präteritum und Futur von должен gebildet werden.

Артём должен был/будет
Даша должна была/будет
Володины должны были/будут
} подготóвить вечеринку.

б) Скажите, что Шольцы должны были сделать перед вечеринкой, должны сделать на вечеринке и должны будут сделать после вечеринки.

поздрáвить Наташу | узнать, что любит Наташа | купить подарок | пригласить Володиных в Германию | больше узнать о русских суевериях | сказать спасибо | выпить за Наташу | сказать тост

в) **О себе** Скажите, что вы должны будете сделать перед поездкой за границу/перед контрольной работой/перед вечеринкой/перед экскурсией/…

6 Слушай, … – Это так?

Расскажите друг другу о своих впечатлениях и/или приключениях за границей.
Используйте в разговоре выражения на стр. 101.

Перед аудированием

1 Ско́лько вре́мени?

Дополните диалоги.

1. 14:10

★ Скажите, пожалуйста, сколько сейчас времени.
★ Сейчас десять минут третьего.
★ Извините, я не понял.
★ ■■■■.

2. 16:30

★ Давай встретимся в полпя́того у входа в кино.
★ Во сколько?
★ В ■■■■.

3. 07:50

★ Ты не знаешь, который час? Я забыла свои часы́.
★ Сейчас без десяти восемь.
★ Я не совсем поняла.
★ Сейчас ■■■■.

2 По следам … § 14 12, 13

а) Ihr kennt bereits die offizielle Uhrzeitangabe und lernt jetzt die umgangssprachliche Form. Erklärt anhand des Schemas und Übung 1
- wie die Uhrzeit für die erste und für die zweite Stundenhälfte angegeben wird und
- wie halbe und Viertelstunden angegeben werden.

че́тверть = пятна́дцать мину́т
полови́на = три́дцать мину́т

б) Составьте диалоги по образцу́ (nach dem Muster von) упражнения 1.
10:10, 20:30, 11:45, 16:25, 13:35, 00:30, 23:15, 15:20, 07:55, 12:05, 14:30, 18:45

в) **О себе** Partner A lässt seinen Zeigefinger auf der Scheibe kreisen. B sagt, ohne hinzuschauen „Stopp". A liest dann die Frage vor und B antwortet so schnell wie möglich. Wechselt euch ab.

3 Слова, слова

а) Переведите следующие интернационализмы:
пунктуа́льный – традицио́нный – диале́кт – паркова́ть

б) Найдите значение следующих слов:
Бава́рия = земля на юго-востоке Германии; бава́рец = житель Баварии; бава́рский;
шля́па = часть одежды, которую надевают на голову;
ко́жаные брю́ки = *здесь:* брюки, которые носят баварцы

S 18–20 ◎

4 Аудирование: Баварские «сюрпризы»

а) Прочитайте вступление к аудиотексту. Потом послушайте CD.
Запишите, о каких стереотипах идёт речь в аудиотексте.

Володины весь день гуляли по Мюнхену. В половине пятого они договори́лись встретиться со своими немецкими друзьями перед рестораном.

б) Сравните эти стереотипы о Германии с вашими стереотипами из упражнения 3, стр. 35.

в) Послушайте CD ещё раз. Перепишите и дополните высказывания.

1. Володиных удивляет, что Шольцы …
2. Для Даши и Наташи необычно, что …
3. Даше и Артёму было странно, что …
4. Артёма удивляет, что …

5 По следам … § 15 14

а) Vergleicht die Sätze der direkten und indirekten Rede. Welche Gemeinsamkeiten und Unterschiede stellt ihr fest? Um welche Besonderheit handelt es sich im Beispiel 2 und 3?

Где Беттина и Хольгер? Мы договорились в половине пятого!

А немцы всегда пунктуальны?

1. Наташа спросила, где Беттина и Хольгер. Она сказала, что они договорились в половине пятого.
2. Илья спросил, всегда ли немцы пунктуальны.

А где-нибудь можно купить баварскую одежду?

Мы потом пойдём в хороший магазин баварской одежды.

3. Наташа спросила, можно ли где-нибудь купить баварскую одежду.
4. Беттина сказала, что они потом пойдут в хороший магазин баварской одежды.

б) Formt folgende Fragen in die indirekte Rede um.

1. Турист (к кассиру): «Вы <u>говорите</u> по-русски?»
2. Хольгер (к Наташе): «<u>Все</u> русские суеверны?»
3. Турист (к полицейскому): «Здесь <u>можно</u> парковать машину?»
4. Давид (к Даше): «Русские <u>говорят</u> на диалектах?»

Achtung: **ли** (= ob) steht immer nach dem Wort, auf das die Antwort erwartet wird.
Таня: «Серёжа, ты <u>любишь</u> музыку?» → Таня спросила Серёжу, <u>любит</u> **ли** он музыку.

6 Суеверные ли мы?

Jeder notiert sich fünf Sätze oder Fragen und liest sie seinem Partner vor. Dieser vergewissert sich, dass er richtig verstanden hat, indem er diese als indirekte Rede wiedergibt.

» «Ты суеверный(-ая)?» – Ты спросил(а), суеверный(-ая) ли я.

7 По-русски

Familie Scholz möchte ihre Gäste zu einem Ausflug nach Murnau einladen. Ihr übernehmt die Rolle der Familie Scholz.

malen рисова́ть
Künstler худо́жник

Familie Scholz: Sagt, dass ihr heute zusammen einen Ausflug nach Murnau machen wollt.
Володины: В Мурнау? А что это такое?
Familie Scholz: Erklärt, dass es sich um eine schöne kleine Stadt ca. 70 km südlich von München handelt, die mit dem Auto in 45 Minuten gut erreichbar ist.
Володины: Это очень хорошо, но почему именно этот город?
Familie Scholz: Erzählt, dass dieses Städtchen am Ufer des Staffelsees liegt und dort früher ein weltberühmter russischer Künstler lebte, den sie bestimmt kennen.
Володины: Известный русский в Баварии! А кто это?
Familie Scholz: Erklärt, dass dieser Mann Bilder gemalt hat und dass eines seiner berühmten Bilder bei euch im Flur hängt.
Володины: Ах, это Василий Кандинский! Его картина у вас рядом с гостиной.
Familie Scholz: Bestätigt, dass es sich um Wassily Kandinsky handelt.
Володины: Мы уже слышали, что он жил и работал в Германии. А что там можно посмотреть?
Familie Scholz: Erklärt, dass sich in Murnau das sogenannte „Russenhaus“ befindet, in dem Kandinsky einige Jahre wohnte und in dem viele seiner berühmten Bilder entstanden sind. Heute ist das Haus ein Museum und man kann dort die Inneneinrichtung und viele Fotos und Gemälde des Künstlers anschauen.

8 Итоговое задание

игра

✻ Выберите задание А или Б.

А – Список «Как вести себя в России?»	Б – Комикс «Приключения за границей»
Ваш класс скоро поедет в Россию. Составьте список правил о том, что в России (не) принято и как (не) надо вести себя у русских.	Нарисуйте комикс о русском госте, который приезжает в Германию или другую страну, например, родину ваших родителей. Придумайте 1–2 весёлые сцены, которые произошли с ним из-за стереотипов.

За на́шу плане́ту!

Z Am Ende des Dossiers könnt ihr über Natur, Umweltschutz und Formen des Tourismus sprechen. In einem kurzen Aufsatz legt ihr eure Meinung dar oder entwerft eine Collage.

1 Один день из жизни Смирно́вых

1, 2

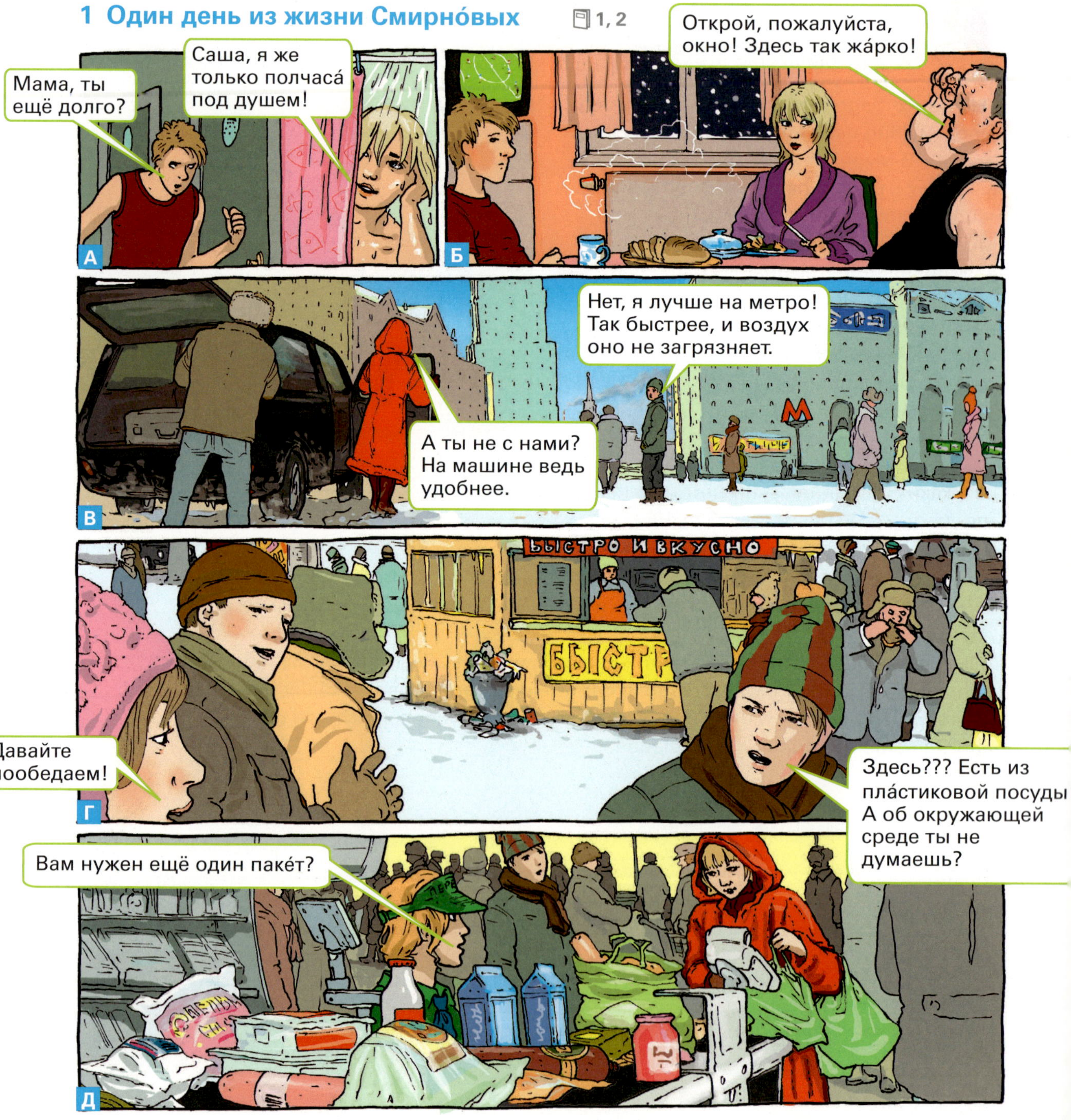

Е

Ж

а) Посмотрите на картинки комикса и коротко опишите их.

б) Скажите, о каких экологических проблемах здесь идёт речь.

в) Расскажите друг другу, в каких ситуациях вы узнаёте себя или свою семью. А в каких ситуациях вы ведёте себя по-другому? Объясните, почему.

Слова́рик

- экономить воду/эне́ргию/…
- использовать энергию ве́тра/…
- ездить на обще́ственном тра́нспорте
- пла́стик – пла́стиковый
- не пользоваться пластиковой упако́вкой
- покупать экологи́чески чи́стые продукты
- проблема измене́ния кли́мата
- та́ять: лёд та́ет

2 О природе – вчера и сегодня

а) Прочитайте высказывания знаменитых людей и сло́ганы из Интернета и скажите, как вы их понимаете.

б) Какое высказывание вам нравится больше всего? Обоснуйте ваше мнение.

Кто не любит природы, тот не любит человека […]. *(Ф.М. Достоевский)*

В морях, и в озёрах, и в реках рыбы из года в год всё меньше и меньше. […] а погоди[1] немного, так и совсем рыбы не будет. *(А.П. Чехов)*

В корабле-спутнике я увидел, как прекрасна наша планета. Люди, будем хранить[2] […] эту красоту́, а не разрушать её! *(Ю.А. Гагарин)*

Выключи свет, включи совесть[3].

Марс очень далеко. Защити Землю!

Лёд тает не только в твоём кокте́йле!

---

1 погоди́ *Imp.* warte – **2 храни́ть** bewahren – **3 со́весть** *f.* Gewissen

S21–23

Спасём на́шу приро́ду!

«Приро́да и молодёжь» – экологи́ческая организа́ция в Му́рманской о́бласти

Главная | Новости | ПиМ | Проекты | СМИ о ПиМ | Помочь ПиМ

1 **20 ию́ля 2008 го́да, Му́рманск**
Чей мех вы хоти́те купи́ть?

Пе́ред откры́тием я́рмарки мехово́й оде́жды на́ша организа́ция провела́ но́вую а́кцию проте́ста. У вхо́да посети́телей встреча́л активи́ст «ПиМ» в шу́бе. На его́ спине́ мо́жно бы́ло прочита́ть «Я – уби́йца». Други́е уча́стники держа́ли плака́ты «Их жизнь важне́е шу́бы» и «Мех – живо́тным!». «ПиМ» про́тив мехово́й оде́жды, ведь есть материа́лы бо́лее тёплые и ме́нее дороги́е. И поэ́тому совсе́м не ну́жно убива́ть живо́тных.

2 **30 ию́ня 2009 го́да, Му́рманск**
Опа́сность для регио́на

Администра́ция Му́рманской о́бласти не плани́рует остана́вливать са́мый ста́рый реа́ктор на а́томной электроста́нции (АЭС) в го́роде Поля́рные Зо́ри. Э́тому реа́ктору уже́ 37 лет! Активи́сты «ПиМ» вы́шли с плака́тами «Ста́рые реа́кторы – но́вые Черно́были!» и «Мы за чи́стую эне́ргию!» Ведь в Му́рманской о́бласти мо́жно испо́льзовать та́кже эне́ргию воды́ и ве́тра. Администра́цией уже́ гото́вится прое́кт по разви́тию эне́ргии ве́тра. К 2020 го́ду плани́руется получа́ть из неё 20% электри́чества.

3 **10 апре́ля 2010 го́да, Му́рманск**
В защи́ту Утриша́

Большо́й Утри́ш – э́то лес на берегу́ Чёрного мо́ря, где расту́т ре́дкие ви́ды дере́вьев. Но администра́ция о́бласти совсе́м не ду́мает о защи́те Большо́го Утриша́, у неё други́е це́ли. На террито́рии ле́са бу́дут стро́иться но́вые гости́ницы и доро́ги. Е́сли э́тот прое́кт бу́дет реализова́ться, то са́мых краси́вых часте́й ле́са ско́ро не оста́нется. Что́бы спасти́ э́то уника́льное ме́сто, 10-го и 11-го апре́ля в 44 города́х проводи́лись а́кции проте́ста.

1 К тексту 3, 4

а) О каких акциях идёт речь в тексте А?
б) Опишите акции ПиМ своими словами.
в) Прочитайте первую и вторую части текста А ещё раз и выпишите, что написано на плакатах. Что вы думаете об этих слоганах?
г) Придумайте свои слоганы для акций ПиМ.

2 По следам … § 16 5

а) Выпишите из текста А все предложения со словами **готовиться**, **планироваться**, **строиться**, **реализоваться**, **проводиться**.
Unterstreicht die Passivformen und erklärt mithilfe des Merkzettels ihre Bildung.
б) Переведите предложения из а).
Welche zwei Übersetzungsmöglichkeiten gibt es bei Sätzen ohne Urheber?
в) **О себе** Используйте глаголы из а) и расскажите об интересных проектах или событиях у вас в школе/городе.

Passiv auf -ся/-сь
= **uv. transitive** Verben + -**ся**/-**сь**
(transitiv sind Verben, die ein Akkusativobjekt haben können)

→ Гостиница строится. / строилась. / будет строиться.

Der **Urheber** der Handlung steht im **Instrumental**!

3 Акция «Ваш новый дом» 6–8

а) Прочитайте флаер и скажите, о какой акции идёт речь.
б) Ersetzt die fett gedruckten Wörter durch Passivkonstruktionen.

Помогите животным!

Проблема бездомных животных – это экологическая проблема №1 в нашем городе. Но администрация города не **решает** эту проблему. Мы, активисты организации «Наши братья», **планируем** акцию в защиту бездомных животных. Мы **будем собирать** пóдписи и деньги, чтобы спасти этих животных.
Эту акцию мы **будем проводить** 3-го октября перед зданием администрации города. Мы раньше говорили мэру, что **готовим** проект «Ваш новый дом». И мы уже **реализуем** эту идею. В следующем году мы **открываем** на улице Попова первый в городе дом для бездомных собак и кошек. Такие проекты уже успешно **организовывали** активисты в других городах. Но администрация города должна помочь нам в этом! Участвуйте и вы в нашей акции!

«Наши братья», г. Петрозаводск, ул. Ровио 20 А, телефон: 8142–766934

4 Ещё раз об экологии …

а) Перепишите и дополните mind map.

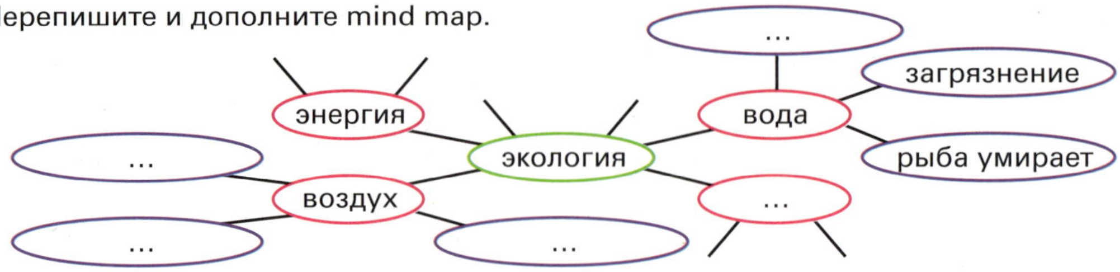

б) Расскажите партнёру о какой-нибудь экологической акции у вас в школе, городе или регионе. Используйте Интернет и слова из mind map.

L 13 5 «Зелёная вечеринка»

а) Перед аудированием Прочитайте следующие интернационализмы вслух и переведите их:
ди́ско-бар – А́рктика – рациона́льно – ресу́рсы – дидже́й – акти́вность – организа́тор

б) Послушайте репортаж и скажите, о чём в нём идёт речь.

в) Прочитайте вопросы. Послушайте текст ещё раз и сделайте себе заметки. Ответьте на вопросы.

1. Когда и где проходила вечеринка?
2. Назовите тему вечеринки и скажите, кто был её символом.
3. Что было на вечеринке необычно, и какие возможности были у гостей?
4. Что говорили гости об этой вечеринке?

г) А вы пошли бы на такую вечеринку? Скажите, почему да или нет.

6 По следам … § 17 9

а) Mit den Pronomen чей, чьё, чья, чьи (= wessen) fragt man nach der Zugehörigkeit von Personen oder Sachen. Прочитайте и переведите вопросы активиста.

б) Erklärt anhand der Beispiele aus a), worauf ihr beim Gebrauch von чей, чья … achten müsst.

чей, чьё, чья, чьи
- Deklination wie мой (ab Gen. mit -ь-: чьего, чьему, …).
- Gebrauch meist im Nominativ.
- Merkt euch die Satzstellung bei Wendungen mit это: Чья это книга?

7 После вечеринки

а) После «Зелёной вечеринки» в баре большой беспоря́док. Все ищут свои вещи. Составьте вопросы и ответьте на них. ≫ Чей/чья/… это …?

плакат | полотенце | школьная сумка | красное пальто | рисунки | ролики | гитара | ноты | фотоаппара́т

певица Нина | художник Попов | актриса Ольга | спортивная Вера | музыкант Пётр | девушка из 10 Б | активист Сергей | официантка Даша | журналист Иван

б) Выберите ведущего (Spielleiter). Каждый из вас даёт ему одну вещь. Ведущий спрашивает: «Что должен сделать тот, кто дал мне этот предмет?» Вы должны придумать задание (например: хотеть konjugieren). Потом ведущий спрашивает: «Чей это учебник?» Тот, кто дал ему учебник, отвечает («Это мой учебник».) и выполняет задание. Над ошибками работают все вместе.

8 Актуальные проблемы экологии

10

а) Прочитайте заглавия. О чём или о ком пишут газеты?

«Гринпис» работает в России

Нельзя купаться в реках нашего региона!

Нам нужны экологически чистые продукты!

б) Придумайте похожие заглавия для статей об экологии.

9 По-русски

Вы в международном летнем лагере недалеко от Ростока. Директор лагеря объясняет правила лагеря. Помогите вашим русским друзьям и объясните по-русски, о чём говорит директор.

Kopfhörer нау́шники *Pl.*
Container конте́йнер

„Willkommen in unserem Camp! Ich hoffe, dass es euch hier gut gefällt. Damit alles problemlos verläuft, möchte ich euch noch einige Hinweise geben:

Nach 22 Uhr dürft ihr nicht mehr laut sein und keine laute Musik einschalten. Wenn ihr Musik hören wollt, dann bitte nur mit Kopfhörern. Wir wollen in einem sauberen Camp leben. Werft den Müll bitte in die Container: der gelbe ist für Plastik, der blaue für Zeitungen und Zeitschriften, der schwarze für den Rest. Geht sparsam mit Wasser um, duscht nicht zu lange. Auch Rauchen und Alkohol sind hier nicht gestattet.

Ich denke, dass das alles für euch nicht schwierig ist. Ich wünsche euch eine schöne Zeit in unserem Camp."

Перед чтением

а) Опишите, что вы видите на фотографиях. (→ стратегия, стр. 96)

б) Посмотрите ещё раз на фотографии и прочитайте заглавие. Как вы думаете, о чём идёт речь в этом тексте?

в) Как называется такой вид текста?

МЫ И ВРЕМЯ

S 24–25

Опа́сно для жи́зни

9:00 Центра́льный вокза́л в Ки́еве. Холо́дное у́тро. Март. На́ша гру́ппа, в кото́рой два студе́нта из Герма́нии, оди́н америка́нский журнали́ст и ещё не́сколько украи́нцев и ру́сских, сади́тся в авто́бус. «До́брое у́тро!» – встреча́ет нас гид Па́вел. «А пое́здка действи́тельно не опа́сна?» – спра́шивает не́мец То́мас, кото́рый сиди́т ря́дом со мной. Но уже́ по́здно, мы е́дем в Черно́быль. Бо́льше двадцати́ лет прошло́ по́сле ава́рии на а́томной электроста́нции 26 апре́ля 1986 го́да. С тех пор в Черно́быль ка́ждый год приезжа́ет 7 000 – 9 000 тури́стов, среди́ них мно́го иностра́нцев. «Е́сли сюда́ мо́гут прие́хать учёные и специали́сты, почему бы не организова́ть пое́здки для тури́стов?» – объясня́ет Па́вел. То́мас, узна́вший об э́той экску́рсии из Интерне́та, говори́т: «Для меня́ э́то настоя́щее приключе́ние! Лежа́ть на пля́же – это ску́чно. Я не люблю́ ма́ссовый тури́зм».

10:30 Ди́тятки – грани́ца закры́той зо́ны. Мы пока́зываем на́ши паспорта́, и авто́бус е́дет да́льше.

11:00 Пе́рвая остано́вка – Черно́быль. Как в обы́чном го́роде здесь есть магази́ны, кио́ски, о́фисы, больни́ца. На а́томной электроста́нции рабо́тает приблизи́тельно 3 500 челове́к, но постоя́нно здесь никто́ не живёт. Нам расска́зывают об ава́рии, пока́зывают фотогра́фии и ка́рты, называ́ют чи́сла …

12:30 Черно́быльская АЭС. До знамени́того четвёртого реа́ктора всего́ 300 ме́тров. «Со дня катастро́фы на ме́сте ава́рии рабо́тало 600 000 челове́к, – говори́т Па́вел. – Мно́гие лю́ди, рискова́вшие свое́й жи́знью, не ду́мали об опа́сности. Ты́сячи у́мерли от после́дствий ава́рии. Среди́ них был и мой оте́ц». Тишина́. Мы смо́трим на огро́мный реа́ктор. Кто́-то фотографи́рует.

14:00 Сле́дующая остано́вка – го́род При́пять, постро́енный для рабо́тников АЭС и их семе́й в 1970 году́. В э́том го́роде, эвакуи́рованном на сле́дующий день по́сле ава́рии, уже́ мно́го лет никто́ не живёт. Всё здесь оста́лось как в про́шлом: в де́тском саду́ на полу́ лежа́т игру́шки, в шко́льной столо́вой виси́т план на 27 апре́ля 1986 го́да, а на сте́нах – плака́ты к Пе́рвому ма́я. Всё э́то похо́же на стра́шный сон. Но жизнь в э́том ме́сте продолжа́ется. На у́лицах го́рода появи́лись ди́кие живо́тные. Везде́ расту́т дере́вья, да́же в зда́ниях и из асфа́льта.

17:00 У́жин в Черно́быле. Хотя́ нам и говоря́т, что э́то экологи́чески чи́стые проду́кты, есть никому́ не хо́чется. То́мас пьёт чай и что́-то пи́шет …

Леони́д Метёлкин

1 К тексту 11, 12

а) Найдите правильные ответы. Bringt die Buchstaben der richtigen Antworten in die richtige Reihenfolge, dann ergibt sich das Lösungswort.

1. В группе есть
   (А) французские туристы.
   (В) немецкие туристы.
   (Г) английские туристы.

2. Авария произошла в
   (А) в 1986 году.
   (Б) в 1996 году.
   (Д) в 2006 году.

3. Третья остановка была
   (А) в Припяти.
   (Е) в Чернобыле.
   (И) на Чернобыльской АЭС.

4. Город Припять был построен
   (З) в XIX веке.
   (И) в XX веке.
   (К) в XXI веке.

5. В Чернобыле
   (У) живёт 3500 человек.
   (Ю) живёт 350 человек.
   (Я) нет жителей.

6. Сегодня на АЭС работает
   (М) 600 000 человек.
   (Р) больше 3000 человек.
   (С) никто не работает.

б) Составьте план поездки.

в) Перескажите текст с помощью вашего плана.

г) **О себе** Вы хотели бы участвовать в такой экскурсии? Объясните, почему.

09:00 Киев. Группа туристов встречается
10:30 …

2 По следам … § 18

Findet mithilfe des Merkzettels die Formen des Partizips Präteritum Aktiv in Text Б und übersetzt die Sätze. Welche bezeichnen die Gleichzeitigkeit, welche die Vorzeitigkeit?

Partizip Präteritum Aktiv
Suffixe: **-вш-** ([про]чита́вший)
-ш- ([с]мо́гший)
- **vo. Verben:** Handlung des Partizipialsatzes **vor** Haupthandlung
- **uv. Verben:** Handlung des Partizipialsatzes meist **gleichzeitig** zur Haupthandlung
- deutsch: Relativsatz im Aktiv

3 «Играть в Чернобыль» на компьютере?

Составьте предложения и переведите их.

1. Новая компьютерная игра, появившаяся в 2007 году, ...
2. Действие этой игры, ставшей известной во всём мире, ...
3. Программисты украи́нской фирмы, приду́мавшие эту игру, ...
4. Молодые люди, игравшие в эту игру в Интернете, ...

а) происходит в нереальном мире после аварии в Чернобыле.
б) даже организовали встречу в Киеве.
в) стала быстро очень популярной среди молодёжи.
г) работали над ней более 5 лет.

4 Слова, слова

а) Скажите, как называется:

1. территория, на которую нельзя входить.
2. житель Украины.
3. место, где люди ждут автобуса или трамвая.
4. результат какого-то события, часто негативный.

б) Объясните данные словосочетания:

1. страшная авария
2. американский журналист
3. дикое животное
4. редкие цветы

в) Придумайте другие выражения с этими словами.

5 По следам ... § 19 13

а) Ihr kennt schon die Kurzform des Partizips Präteritum Passiv. Nun lernt ihr die Langform kennen. Findet die zwei Sätze mit dem Partizip Präteritum Passiv in Text Б und übersetzt sie.

Partizip Präteritum Passiv
- **Suffixe:** -**нн**- (сде́ланный)
  -**енн**-/-**ённ**- (ку́пленный/решённый)
  -**т**- (закры́тый)
- **vo. Verben:** Handlung des Partizipialsatzes **vor** der Haupthandlung
- deutsch: ★ Partizip II
  ★ Relativsatz im Passiv

б) Дополните текст и переведите его.

загрязнённые | забытыми | потерянных | закрытая | построенных | разрушенных

Чернобыль сегодня – это территория, ■ для людей. ■ земля и вода ещё многие годы будут для них опасны. Но природа живёт и развивается в этих местах, ■ для человека. Рядом с собаками и кошками, ■ жителями, можно встретить много диких животных. В городах и деревнях, ■ когда-то для человека, сегодня можно увидеть волков и медведей. На улицах и в зданиях, ■ временем, растут деревья.

6 Туризм в опасные регионы

Напишите, что думаете вы об экстрема́льном тури́зме, например, в такие регионы, как Чернобыль. Сравните этот и другие виды туризма и найдите аргументы за и против. (→ стратегия, стр. 99)

7 Жители закрытой зоны

а) Прочитайте текст и ответьте на вопросы.

1. Почему в маленькой деревне ещё есть жители?
2. Как живёт бабушка Марфа?
3. Что она рассказывает о соседях?

Во время моей последней поездки в закрытую зону я встретился со старой женщиной, которая живёт здесь в маленькой деревне Кошо́вка.

После аварии в деревне всё измени́лось, и Марфа Ивановна с мужем уехала к дочери в Киев. Но у дочери маленькая квартира, места для всех было мало, и они опять приехали в свою деревню. Там уже никого не было, только кошки и собаки. Жизнь здесь сегодня совсем непростая. Электричества в деревне нет. Врач тоже далеко. Марфа Ивановна работает в своём огороде, собирает в лесу грибы и я́годы и даже ловит рыбу в реке Припять. У неё есть корова.

После Марфы Ивановны в деревню верну́лись и её соседи, тоже старые люди.

Они, как и Марфа Ивановна, не смогли начать жизнь на новом месте. На своей машине они иногда ездят в город, чтобы купить продукты. У них тоже большой огород и сад, есть домашние животные. В городе они продают цветы, поэтому у них много денег.

Последствий аварии старые люди не боятся и своей жизнью в деревне они довольны.

Игорь Корягин

4 **б)** Послушайте рассказ старой женщины и сравните его со статьёй. Findet heraus, was die Zeitungsredaktion weggelassen, hinzugefügt oder falsch wiedergegeben hat.

✻ 8 Итоговое задание

Выберите задание А или Б.

А – Сочинение «Природа и человек»	Б – Коллаж «Чернобыль сегодня»
Прочитайте ещё раз в упражнении 2 на стр. 45 высказывания Достоевского и Чехова, которые жили в XIX веке. Напишите, актуальны ли их слова сегодня. Обоснуйте ваше мнение. (→ стратегия, стр. 99)	Найдите ещё больше информации (тексты и фотографии) о том, как сегодня выглядит природа на месте аварии в Чернобыле. Составьте коллаж с названием «Чернобыль сегодня» и представьте его в классе.

«Свида́ние» с ру́сским иску́сством

Z Am Ende des Dossiers habt ihr Einblicke in die Literatur, Malerei und Musik Russlands erhalten und könnt euch zu verschiedenen Aspekten der russischen Kultur äußern. Ihr wählt einen Bereich aus und erstellt zu diesem eine Präsentation.

А Литература

«Чте́ние – вот лучшее учение[1]!»

А. С. Пушкин, из письма брату (1822)

«В человеке всё должно быть прекрасно: и лицо, и одежда, и душа́, и мы́сли.»

А. П. Чехов, «Дядя Ваня» (1897)

Б Жи́вопись

1

2

1 уче́ние Lehre, Studium

В Классическая музыка

1

2

1 Давайте познакомимся

А 1. Прочитайте и переведите высказывания А. С. Пушкина и А. П. Чехова. Какое из них вам больше нравится? Обоснуйте ваше мнение.
2. Посмотрите на почто́вые ма́рки. Что можно узнать из них об этом известном русском писателе?

Б 1. Посмотрите на картины и скажите коротко, что вы видите на них. Как вы назвали бы эти картины? Сравните ваши ответы с оригинальными названиями на стр. 115.
2. Скажите, какая картина вам больше нравится и почему.

6 **В** 1. О чём вы думаете, когда вы смотрите на эти фотографии?
2. Послушайте CD с отрывками из произведе́ний Чайковского и Стравинского. Что вы ответите, если вас пригласят на концерт одного из этих компози́торов?

2 Что вы предпочита́ете? 1

а) Что вы предпочитаете – литературу, живопись или музыку? Обоснуйте ваше мнение.
б) Как вы относитесь к классической и современной литературе/музыке/живописи?
в) Каких русских писателей, художников или композиторов вы ещё знаете? Как вам нравятся их произведения?

Слова́рик

- Я увлекаюсь литературой/живописью/…
- Мне нравятся произведения писателя …/поэ́та (поэте́ссы) …/ композитора …/художника (художницы) …
- Меня интересует тво́рчество/жизнь писателя …
- Я предпочитаю читать/слушать …
- Я предпочитаю классические/современные картины/…
- ходить в театр/в кино/в галере́и/на спекта́кли/на балет/на выставки
- Пре́жде всего́ я …

3 По следам … §§ 20, 21

а) Findet und bestimmt mithilfe der Merkzettel die Adverbialpartizipien in den Beispielsätzen.

1 Андрей осма́тривает картины, гуляя по залам Третьяковской галереи.

2 Андрей смотрит на картину, слушая объясне́ния аудиоги́да.

3 Погуляв по всем залам, Андрей выключает аудиогид.

4 Купив книгу о галерее, он выходит из магазина.

Adverbialpartizip der Gleichzeitigkeit
- **Suffixe: -я-/-а-** (игра́я/ уча́сь)
- **uv.** Verben: Handlung des Partizips **gleichzeitig** zur Haupthandlung
- deutsch:
  - ★ Partizip I
  - ★ Adverbialsatz („während"/„als"/„indem"/…)
  - ★ „beim"/„während" + Substantiv
  - ★ 2 Prädikate („und")

Adverbialpartizip der Vorzeitigkeit
- **Suffixe: -в-/-вш-** (написа́в/встре́тившись)
- **vo.** Verben: Handlung des Partizips **vor** Haupthandlung
- deutsch:
  - ★ Partizip II
  - ★ Adverbialsatz („nachdem"/„als"/…)
  - ★ „nach" + Substantiv
  - ★ 2 Prädikate („und dann"/„anschließend")

б) Bestimmt in den Sätzen aus a) Haupt- und Nebenhandlung.
Перепишите и дополните таблицу.

Haupthandlung	Nebenhandlung
Андрей осматривает картины → Andrej …	гуляя по залам Третьяковской галереи → während er …

Alle Adverbialpartizipien sind **unveränderlich** und beziehen sich immer auf das Subjekt des Satzes!

в) Erzählt von Andrej, ohne Adverbialpartizipien zu verwenden.
» Андрей осматривает картины …

4 Чехов и студенты

Прочитайте текст. Findet die Sätze mit Adverbialpartizipien und übersetzt sie.

Антон Павлович Чехов ехал на поезде в Москву. Рядом с ним сидели студенты. Один из них смеялся, читая «Рассказы Чехова». Прочитав один рассказ, студент сказал, что Чехов – его любимый писатель, что его рассказы короткие, но очень интересные и весёлые. Потом, посмотрев на Антона Павловича, студент спросил, читал ли он рассказы Чехова. Антон Павлович не знал, что ответить. Решив, что этот пассажир не знает Чехова, второй студент начал убеждать[1] его в том, что он обязательно должен прочитать рассказы этого писателя. Антон Павлович сидел, слушая и улыбаясь, но не говоря им, кто он. На следующей станции студенты вышли, так и не узнав, что они ехали вместе с великим писателем.

5 Знаете ли вы, что … 2

а) Прочитайте следующую информацию. Что вам было интересно узнать и почему?
б) Расскажите друг другу факты из жизни известных людей. » Знаешь ли ты, что …?

… знаменитая карти́нная галерея в Москве носит имя Павла Михайловича Третьякова? Он собирал и покупал картины русских художников. В 1898 году он подарил свою колле́кцию городу, собрав более 1 500 картин.

… известная русская балери́на Майя Плисецкая за 30 лет (с 1947 по 1977 год) 800 раз выступала в балете «Лебединое озеро», исполня́я роль Одетты-Одиллии? Это замечательный рекорд!

… самая маленькая книга с рассказом Чехова «Хамелеон»[2] в 18 раз меньше, чем монетка в 1 цент? В этой книге 30 страниц и три иллюстрации. Её автор Анатолий Коненко был занесён[3] в 2002 году в книгу рекордов Гиннесса.

Работа с досье

Работая в группах, выберите тему, которая вас интересует.
- Прочитайте текст А, Б или В и выпишите важную информацию из него.
- Прочитайте задания к текстам и выберите одно из них для вашей презентации.
- Подготовьте презентацию. Не забудьте составить список важных новых слов для ваших одноклассников! (→ стратегия, стр. 100)
- Придумайте для других групп задания (кроссворд, викторину, …) к вашей презентации.

1 убежда́ть überzeugen – **2 «Хамелео́н»** „Das Chamäleon“ – **3 был занесён** wurde eingetragen

Перед чтением

Переведите следующие слова на немецкий язык:
ра́дость – ра́достный – гимнази́ст – мама́ша – папа́ша – поли́ция – вы́бежать.

S27–29

Ра́дость

3, 4

Бы́ло двена́дцать часо́в но́чи.
Ми́тя Кулда́ров, о́чень возбуждённый[1], влете́л в кварти́ру свои́х роди́телей и на́чал бы́стро ходи́ть по всем ко́мнатам. Роди́тели уже́ ложи́лись спа́ть. Сестра́ лежа́ла в крова́ти, чита́я рома́н. Бра́тья-гимнази́сты спа́ли.
– Отку́да ты? – удиви́лись роди́тели. – Что с тобо́й?
– Ох, не спра́шивайте! Я ника́к не ожида́л! Нет, я ника́к не ожида́л! Э́то … э́то да́же невероя́тно!
Ми́тя на́чал смея́ться и сел в кре́сло. От сча́стья он не мог бо́льше стоя́ть на нога́х.
– Э́то невероя́тно! Вы не мо́жете себе́ предста́вить! Вы посмотри́те!
Сестра́ вста́ла с крова́ти и подошла́ к бра́ту. Гимнази́сты просну́лись.
– Что с тобо́й? Ты на себя́ не похо́ж!
– Э́то я от ра́дости, мама́ша! Ведь тепе́рь меня́ зна́ет вся Росси́я! Вся! Ра́ньше то́лько вы одни́ зна́ли, что на э́том све́те есть Дми́трий Кулда́ров, а тепе́рь вся Росси́я зна́ет об э́том! Мама́ша!
Бы́стро встав, Ми́тя побе́гал[2] по всем ко́мнатам и опя́ть сел.
– Да что тако́е случи́лось? Ну, говори́ же!
– Вы живёте, как ди́кие зве́ри[3], газе́т не чита́ете, а в газе́тах так мно́го замеча́тельного! Е́сли что́-то случи́тся, сра́зу же всё изве́стно! Как я сча́стлив! Ведь то́лько о знамени́тых лю́дях в газе́тах пи́шут, а тут вдруг обо мне́ написа́ли!
– Что ты? Где?
Папа́ша побледне́л[4]. Мама́ша, посмотре́в на ико́ну, перекрести́лась[5]. Гимнази́сты подошли́ к ста́ршему бра́ту.
– Да! Обо мне́ написа́ли! Тепе́рь обо мне́ вся Росси́я зна́ет! Вы, мама́ша, возьми́те э́тот но́мер себе́! Бу́дем чита́ть иногда́. Посмотри́те!
Ми́тя взял из карма́на газе́ту и дал её отцу́, пока́зывая па́льцем на статью́.
– Чита́йте!
Оте́ц наде́л очки́.
– Чита́йте же!
Мама́ша опя́ть посмотре́ла на ико́ну и перекрести́лась. Папа́ша на́чал чита́ть:

1 возбуждённый erregt, aufgedreht – **2 побе́гать** eine Weile herumlaufen – **3 зверь** *m.* (wildes) Tier – **4 побледне́ть** = стать белым (в лице) – **5 перекрести́ться** sich bekreuzigen

«29-го декабря́, в оди́ннадцать часо́в ве́чера, Дми́трий Кулда́ров …»
– Ви́дите, ви́дите? Да́льше!
«… Дми́трий Кулда́ров, выходя́ из рестора́на на у́лице Ма́лая Бро́нная и находя́сь в нетре́звом состоя́нии[1] …»
– Э́то я с Семёном Петро́вичем … Продолжа́йте! Да́льше! Слу́шайте!
«… и находя́сь в нетре́звом состоя́нии, упа́л под ло́шадь крестья́нина Ива́на Дро́това. Испу́ганная ло́шадь побежа́ла по у́лице, но была́ остано́влена. Кулда́рова, кото́рый снача́ла потеря́л созна́ние, отвели́[2] в поли́цию, где его́ осмотре́л[3] врач. Уда́р[4], кото́рый он получи́л по голове́, был лёгким».
– Чита́ли тепе́рь? А? Тепе́рь меня́ во всей Росси́и зна́ют! Да́йте сюда́!
Ми́тя взял газе́ту и положи́л её в карма́н:
– Побегу́ к Мака́ровым, им покажу́ … На́до ещё Ивани́цким показа́ть, Ната́лии Ива́новне, Ани́симу Васи́льичу … Побегу́! До свида́ния!
Ми́тя ра́достный и счастли́вый вы́бежал на у́лицу.

по расска́зу Анто́на Па́вловича Че́хова (1883 г.)

Задания для презентации

Выберите задание а) или б).

а) Напишите сценку по рассказу Чехова и инсцени́руйте (inszeniert) её в классе.

б) Представьте себе, что действие рассказа происходит сегодня. Подготовьте для телевидения ток-шоу с героями рассказа. Разыграйте его в классе.

---

1 в нетре́звом состоя́нии in alkoholisiertem Zustand – **2 отвести́** (hin)bringen – **3 осмотре́ть** *hier:* untersuchen – **4 уда́р** Schlag

Приглаша́ем на вы́ставку!

Юрий Пименов «Новая Москва» (1937)

Марк Шагал «День рождения» (1915)

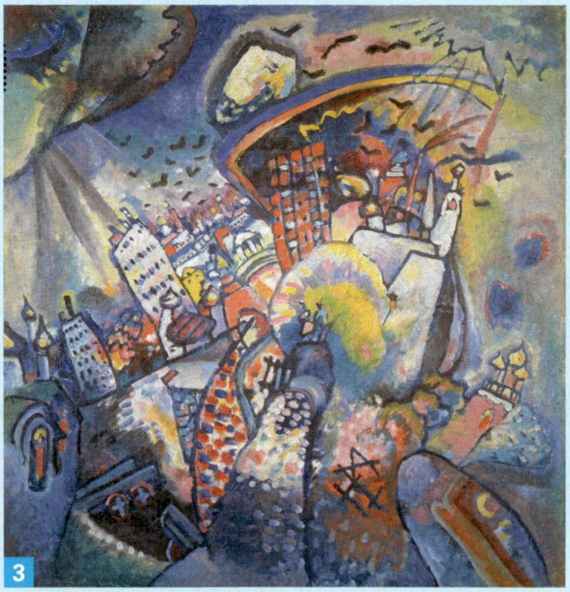

Василий Кандинский
«Москва. Красная площадь» (1916)

Зинаида Серебрякова «За завтраком» (1914)

30 Исаа́к Левита́н «Золота́я о́сень» 5, 6

Исаак Левитан
«Золотая осень» (1895)

Ру́сский худо́жник Исаа́к Ильи́ч Левита́н стал изве́стен, пре́жде всего́, свои́ми реалисти́ческими пейза́жами. Он уме́л прекра́сно изобража́ть ра́зные настрое́ния ру́сской приро́ды. Да́же в просты́х моти́вах Левита́н находи́л осо́бенную красоту́. О́сень была́ са́мым люби́мым вре́менем го́да для худо́жника, и он нарисова́л бо́лее ста карти́н на э́ту те́му. Одна́ из са́мых знамени́тых его́ карти́н – «Золота́я о́сень». Худо́жник написа́л её в 1895 году́. Те́ма карти́ны – тёплый осе́нний день, кото́рый он изобрази́л в я́рких осе́нних цвета́х. На пере́днем пла́не мы ви́дим неширо́кую ре́ку. На её ле́вом берегу́ стоя́т жёлтые молоды́е берёзы, а на пра́вом берегу́ – ряд ещё зелёных дере́вьев. На за́днем пла́не, за ле́сом, мо́жно уви́деть ма́ленькую дере́вню. Ря́дом с ней нахо́дятся поля́. Золоты́е ли́стья на дере́вьях и на земле́ вы́глядят о́чень краси́во на фо́не голубо́го не́ба. В реке́ отража́ются бе́лые облака́, поэ́тому она́ ка́жется голубо́й. Но на пере́днем пла́не мы ви́дим, что цвет реки́ си́ний, а вода́ в ней, наве́рное, уже́ холо́дная. Мне нра́вится э́та карти́на Левита́на, потому́ что в ней мно́го све́та. Ка́жется, что приро́да ра́да, мо́жет быть, после́днему тёплому дню. По-мо́ему, худо́жник о́чень хорошо́ переда́л э́то настрое́ние. Когда́ смо́тришь на э́тот пейза́ж, то не ду́маешь о холо́дной пого́де, о дожде́ и о ско́рой зиме́. Действи́тельно ка́жется, что о́сень – э́то са́мое прекра́сное вре́мя го́да.

Мари́на Ивано́ва, 10 Б

Задания для презентации

Выберите задание а) или б).

а) Выберите одну из картин на стр. 60. Опишите её подро́бно (genau) и представьте ваш результат в классе. (→ стратегия, стр. 96)

б) На стр. 60–61 вы познакомились с произведениями разных русских художников. Выберите одного художника/одну художницу и подготовьте для своих одноклассников презентацию о его/её жизни и творчестве (например репортаж, плакат, презентацию в PowerPoint, ...).

S31 ## Жи́знь для му́зыки

П. И. Чайко́вский (1840–1893)

«Ах, Пе́тя, Пе́тя, како́й позо́р[1]!» – руга́л Чайко́вского его́ дя́дя, услы́шав, что тот поступи́л в Петербу́ргскую консервато́рию. Путь к му́зыке бу́дущего компози́тора был до́лгим и непросты́м. По жела́нию роди́телей Чайко́вский изуча́л снача́ла пра́во и не́сколько лет рабо́тал юри́стом. Но э́та профе́ссия ему́ совсе́м не нра́вилась. «… я хочу́ де́лать то, к чему́ меня́ влечёт призва́ние[2] …» – говори́л Чайко́вский свое́й сестре́. Уже́ ско́ро он писа́л му́зыку почти́ во всех жа́нрах. Что́бы зарабо́тать де́ньги, он дава́л уро́ки му́зыки, а поздне́е стал преподава́телем Моско́вской консервато́рии.

Успе́х пришёл к Чайко́вскому не сра́зу. Так наприме́р, о́чень плоху́ю кри́тику получи́л снача́ла его́ знамени́тый «Конце́рт №1 для фортепиа́но», а свою́ пе́рвую о́перу «Воево́да[3]» недово́льный компози́тор да́же сжёг[4].

Кро́ме того́, у него́ бы́ли фина́нсовые пробле́мы и он ча́сто чу́вствовал себя́ одино́ким. Мо́жет быть поэ́тому Чайко́вский жени́лся на свое́й студе́нтке, но они́ не́ были сча́стливы вме́сте.

S32 Ва́жную роль в жи́зни компози́тора сыгра́ла Наде́жда фон Мекк, кото́рая была́ в восто́рге от его́ произведе́ний. Она́ присыла́ла Чайко́вскому 6000 рубле́й в год, поэ́тому он смог занима́ться то́лько свои́м люби́мым де́лом – му́зыкой. Их дру́жба была́ о́чень необы́чной. За 13 лет они́ написа́ли друг дру́гу приблизи́тельно 1200 пи́сем, но никогда́ не встреча́лись.

Хотя́ Чайко́вский то́лько в 21 год на́чал серьёзно занима́ться му́зыкой, он стал одни́м из са́мых изве́стных компози́торов в ми́ре. Его́ о́перы «Евге́ний Оне́гин», «Пи́ковая да́ма[5]», бале́ты «Лебеди́ное о́зеро», «Спя́щая краса́вица[6]», «Щелку́нчик[7]» и мно́гие други́е произведе́ния популя́рны и сего́дня.

---

1 позо́р Schande – **2 к чему́ меня́ влечёт призва́ние** wozu ich mich berufen fühle – **3 «Воево́да»** „Der Wojewode“ (Heerführer) – **4 сжечь** verbrennen – **5 «Пи́ковая да́ма»** „Pique Dame“ – **6 «Спя́щая краса́вица»** „Dornröschen“ – **7 «Щелку́нчик»** „Der Nussknacker“

И. Ф. Страви́нский (1882–1971) 7, 8

Му́зыку XX ве́ка невозмо́жно предста́вить себе́ без И́горя Страви́нского. Компози́тор роди́лся недалеко́ от Санкт-Петербу́рга. Его́ оте́ц был изве́стным о́перным певцо́м, поэ́тому ма́льчик ча́сто был на репети́циях и спекта́клях, иногда́ да́же пять раз в неде́лю! По жела́нию роди́телей Страви́нский поступи́л в Санкт-Петербу́ргский университе́т на юриди́ческий факульте́т. Одновреме́нно он продолжа́л занима́ться му́зыкой и не́сколько лет учи́лся у знамени́того ру́сского компози́тора Ри́мского-Ко́рсакова.
В э́то вре́мя тала́нтливый учени́к написа́л свои́ пе́рвые музыка́льные произведе́ния. Услы́шав одно́ из них, Серге́й Дя́гилев, кото́рый организо́вывал гастро́ли ру́сских арти́стов за грани́цей, предложи́л Страви́нскому написа́ть му́зыку к бале́ту.

Рабо́тая с Дя́гилевым, Страви́нский написа́л три бале́та: «Жар-пти́ца[1]», «Петру́шка» и «Весна́ свяще́нная[2]». Пе́рвый и второ́й име́ли огро́мный успе́х, а во вре́мя премье́ры «Весны́ свяще́нной» в Пари́же произошёл сканда́л. «Лю́ди свисте́ли[3], руга́ли арти́стов и компози́тора, крича́ли, смея́лись», – вспомина́ла одна́ из балери́н. Бале́т был сли́шком совреме́нным для пу́блики!
Живя́ в Швейца́рии, Фра́нции, а поздне́е в Аме́рике, Страви́нский писа́л му́зыку в ра́зных музыка́льных жа́нрах, акти́вно выступа́л во всём ми́ре как дирижёр и пиани́ст. В 1971 году́ он у́мер в Нью-Йо́рке.

НОВОСТИ МУЗЫКИ

«Ру́сский Страви́нский» в Нью-Йо́рке

Фестива́ль «Ру́сский Страви́нский» стал одни́м из са́мых успе́шных прое́ктов Нью-Йо́ркской филармо́нии за после́дние го́ды. И хотя́ здесь исполня́ли произведе́ния, кото́рые бы́ли напи́саны в ра́зных стра́нах, где жил компози́тор, фестива́ль назва́ли «Ру́сский Страви́нский». Кто же был Страви́нский по национа́льности? Росси́йское гражда́нство[4] компози́тор потеря́л в 1918 году́, но в душе́ он всегда́ остава́лся ру́сским. В своём тво́рчестве он ча́сто возвраща́лся к ру́сскому фолькло́ру. А в одно́м интервью́ Страви́нский да́же сказа́л: «Я всю жизнь по-ру́сски говорю́, по-ру́сски ду́маю … Мо́жет быть, в мое́й му́зыке э́то не сра́зу ви́дно, но э́то зало́жено[5] в ней …»

Татья́на Майо́рова

Выберите задание а) или б).

а) Подготовьте фиктивное интервью с одним из композиторов и разыграйте его в классе.

б) Вы хотите организовать в школе вечер русской музыки. Подготовьте для этого рекламный плакат с интересными фактами о жизни и творчестве Чайковского и Стравинского.

---

1 «Жар-пти́ца» „Der Feuervogel" – **2 «Весна́ свяще́нная»** „Die Frühlingsweihe" (Le sacre du printemps) – **3 свисте́ть** pfeifen – **4 гражда́нство** Staatsbürgerschaft – **5 зало́жено** *hier:* liegt zugrunde

Перед чтением

а) Опишите фотографию. Как вы думаете, о чём девушка и парень думают в этот момент?
б) Переведите название рассказа на немецкий язык.
в) Как вы считаете, в жизни есть «любовь с первого взгляда»? Обоснуйте ваше мнение.

Любо́вь с пе́рвого взгля́да[1]

Мари́нка и Ди́ма давно́ дру́жат друг с дру́гом. Они́ у́чатся в ра́зных шко́лах, но по́сле шко́лы прово́дят мно́го вре́мени вме́сте: вме́сте де́лают уро́ки, гуля́ют, целу́ются[2]. Ди́ма – хоро́ший певе́ц, а Мари́нка – тала́нтливый а́втор стихо́в. Она́ пи́шет слова́ к его́ пе́сням. А пи́шет она́ их не про́сто руко́й, а се́рдцем, ведь она́ давно́ лю́бит Ди́му. И вот наконе́ц к ним с Ди́мой пришёл успе́х. На фестива́ле «Объясне́ние[3] в любви́» их пе́сня получи́ла приз! Ди́ме по́сле ко́нкурса да́же предложи́ли записа́ть[4] его́ пе́сни на диск. Его́ пригласи́ли на телеви́дение, где он спел свои́ лу́чшие пе́сни. Все – на слова́ Мари́ны. Её стихи́ то́же всем о́чень понра́вились. Ди́ма вы́шел из телесту́дии[5] счастли́вым и сра́зу побежа́л[6] к Мари́нке в шко́лу, что́бы сказа́ть ей, что её то́же пригласи́ли на телеви́дение.

Ди́ма влете́л в класс в конце́ переме́ны[7]. Учи́теля в кла́ссе ещё не́ было. Глаза́ми он на́чал иска́ть Мари́нку, но вдру́г его́ взгля́д упа́л на де́вушку, кото́рая сиде́ла у окна́ и смотре́ла на не́бо. Вот она́ посмотре́ла на Ди́му – и он уви́дел глаза́ си́него небе́сного[8] цве́та. В кла́ссе ста́ло ти́хо. Ди́ме показа́лось, что он стои́т под ку́полом[9], а в це́нтре ку́пола нахо́дится де́вушка с небе́сными глаза́ми. Зву́ков под ку́полом Ди́ма почти́ не слы́шал. Он про́сто стоя́л, смотре́л и жда́л, когда́ она́ опя́ть посмо́трит на него́. Но вдруг Ди́ма услы́шал: «Вы́йди из кла́сса, уро́к уже́ начался́!»

Он вы́летел из кла́сса и в коридо́ре столкну́лся[10] с ма́льчиком лет двена́дцати.
– Стой! – сказа́л Ди́ма и стро́го спроси́л его́. – Ви́дишь, что́ это?
– Де́сять рубле́й, – отве́тил ма́льчик.
– Хо́чешь?
– Ещё бы![11] А что на́до?
– Де́вушка с си́ними глаза́ми из оди́ннадцатого «А». Бы́стро отвеча́й: кто она́, как её зову́т, где живёт, с кем дру́жит. Скажи́ мне всё, что зна́ешь, и де́ньги твои́.

---

1 взгляд Blick – **2 целова́ться** sich küssen – **3 объясне́ние** *сравните:* объясни́ть – **4 записа́ть** *hier:* aufnehmen – **5 телесту́дия** Fernsehstudio – **6 побежа́ть** losrennen – **7 переме́на** Pause – **8 небе́сный** Himmels-, himmlisch – **9 ку́пол** Kuppel – **10 столкну́ться** zusammenstoßen – **11 Ещё бы!** Und ob!

– Зову́т Ле́на, фами́лия Джане́лия-Туржа́нская. Дру́жит с Мари́нкой Башка́товой и живёт с ней в одно́м до́ме. Ря́дом с ней сиди́т Ге́на – челове́к Ле́ны. Он таки́х, как ты, к Ле́не не подпуска́ет[1]. Не наде́йся!
– Э́то не твоё де́ло! Получа́й де́ньги и мно́го не болта́й[2]! Е́сли узна́ешь её телефо́н, полу́чишь ещё де́сять.
– Э́то для меня́ не пробле́ма. Приходи́ к концу́ уро́ка.
– А не зна́ешь, кто её роди́тели? – ещё спроси́л Ди́ма.
– Зна́ю. Отца́ у неё нет, а мать – профе́ссор в Полите́хе[3]. Ле́нка о́чень у́мная, все го́ды у́чится на отли́чно. Но до́брая – всем помога́ет. В шко́ле нет па́рня, кото́рый бы в неё не влюби́лся. То́лько э́то бесполе́зно[4]. И тебе́ не сове́тую.
– А я тебя́ не спра́шиваю. Зна́чит, че́рез со́рок мину́т во дворе́. И никому́ ни сло́ва!

Ди́ма вы́шел из зда́ния шко́лы и стал ждать конца́ уро́ка. Сейча́с он всё вре́мя ду́мал то́лько о Ле́не. Живёт она́ в одно́м до́ме с Мари́ной. Подру́ги! Никогда́ Мари́на не говори́ла, что у неё есть така́я подру́га! И э́тот тип ря́дом с ней – Ге́на. Где́-то он его́ уже́ ви́дел. Ага́, зна́чит, э́то с ней, Ле́ной, он тогда́ целова́лся в па́рке. Ну и что? Он, Ди́ма, то́же целова́лся. И с Мари́нкой, и с други́ми де́вушками. Как они́ все тепе́рь от него́ далеки́! Тепе́рь ему́ важна́ то́лько она́ – де́вушка с си́ними глаза́ми. Она́ вошла́ в его́ се́рдце сра́зу и навсегда́[5].

«Гори́т[6] во мне твоё лицо́», – как то́чно[7] Мари́на написа́ла об э́том в их пе́сне. Э́то то, что он чу́вствует сейча́с. Лицо́ Ле́ны гори́т в нём. Гори́т и всегда́ бу́дет горе́ть. Да, тепе́рь ему́ всё поня́тно. Мари́на боя́лась знако́мить[8] его́ с Ле́ной. И пра́вильно боя́лась. Но от судьбы́[9] не уйдёшь.

Ди́ма совсе́м забы́л, заче́м он приходи́л в э́ту шко́лу. То́ есть[10], как заче́м? Коне́чно, что́бы уви́деть её – Ле́ну. Что́бы встре́тить, наконе́ц, свою́ судьбу́ …

по рома́ну Ири́ны Каса́ткиной «Одино́кая звезда́»

1 К тексту

а) Расскажите, зачем Дима пошёл из телестудии в школу Маринки.
б) Что случилось, когда он вошёл в её класс?
в) Что он узнал от мальчика о Лене?
г) Как вы понимаете слова мальчика: «Гена – человек Лены»?
д) Опишите, как Дима чувствовал себя после разговора с мальчиком.

2 После чтения

Выберите задание а) или б).
а) Придумайте и напишите продолже́ние (Fortsetzung) рассказа.
б) Опишите этот день в своём дневнике от лица́ (aus der Sicht von) Лены, Марины или Гены.

---

1 подпуска́ть heranlassen – **2 болта́ть** (aus)plaudern – **3 Полите́х** = Политехни́ческий институ́т Polytechnikum *(technische Fachhochschule)* – **4 бесполе́зно** sinnlos – **5 навсегда́** für immer – **6 горе́ть** brennen – **7 то́чно** genau – **8 знако́мить** bekanntmachen – **9 судьба́** Schicksal – **10 то́ есть** das heißt

Перед чтением

а) Объясни, кто такой идеалист, а кто такой материалист.

б) Как ты думаешь о себе: ты скорее[1] идеалист или материалист? Почему ты так считаешь?

Ответь на вопросы теста. Выбери одну из альтернатив.

Ты идеали́ст и́ли материали́ст?

1. Как ча́сто ты хо́дишь по магази́нам?

а) О́чень ре́дко[2]. Мне жаль для э́того своего́ вре́мени!

б) Иногда́, но я не всегда́ что́-нибудь покупа́ю.

в) О́чень ча́сто и да́же тогда́, когда́ у меня́ нет де́нег.

2. Тебе́ ва́жно, кака́я на челове́ке оде́жда?

а) Нет, я счита́ю, что гла́вное – хара́ктер, а не вне́шность.

б) Я понима́ю, что в челове́ке важне́е хара́ктер, но снача́ла смотрю́ на оде́жду.

в) Коне́чно. Я не хочу́ обща́ться с людьми́, кото́рые но́сят немо́дную оде́жду.

3. Что ты сде́лаешь, е́сли вдруг полу́чишь миллио́н рубле́й?

а) Я отда́м его́ лю́дям, кото́рым нужна́ по́мощь.

б) Одну́ часть я отда́м свое́й семье́, а на другу́ю куплю́ что́-нибудь себе́.

в) Коне́чно же я сра́зу пойду́ по магази́нам. Тако́го ша́нса бо́льше не бу́дет!

4. Ты берёшь фла́еры на у́лицах?

а) Нет, ну́жно эконо́мить бума́гу[3].

б) Да, е́сли ви́жу что́-то для себя́ интере́сное.

в) Обы́чно да, ведь супера́кции – э́то здо́рово!

5. О како́м челове́ке мо́жно сказа́ть: «У него́ есть всё»?

а) О том, кто име́ет люби́мого и бли́зкого[4] челове́ка. Не в де́ньгах сча́стье!

б) О том, кто дово́лен свое́й жи́знью.

в) О тех, кого́ пока́зывают по телеви́зору и у кого́ мно́го де́нег.

6. Как ты отно́сишься к лю́дям, кото́рые плани́руют[5] свои́ расхо́ды[6]?

а) Они́ пра́вильно де́лают.

б) Я и сам про́бую плани́ровать, но мне э́то не всегда́ удаётся[7].

в) У́жас! Э́то так ску́чно! Така́я жизнь не для меня́!

7. Како́й пода́рок для тебя́ са́мый лу́чший?

а) Любо́й[8], гла́вное, что́бы он был сде́лан от души́[9].

б) Что́-нибудь, что мне действи́тельно ну́жно.

в) Де́ньги, де́ньги и ещё раз де́ньги! А что мне ну́жно – я и сам могу́ реши́ть!

Теперь посчита́й свои ба́ллы (Zähle deine Punkte). За каждый ответ а) ты получаешь один балл, за б) – два, за в) – три. Результаты теста ты найдёшь на стр. 115.

25

1 скоре́е eher – **2 ре́дко** selten – **3 бума́га** Papier – **4 бли́зкий** nah(estehend) – **5 плани́ровать** planen – **6 расхо́ды** Ausgaben – **7 удава́ться** gelingen – **8 любо́й** jeder (beliebige) – **9 от души́** *hier:* von Herzen

Перед чтением

а) Скажите, какая картинка подходит к какому слову, и переведите эти слова.

сеть | кла́виша | часы́ | комп

1

2

3

4

б) Опишите карикатуру. На что, по-вашему, художник хочет обрати́ть внима́ние (aufmerksam machen)?

34 Ночь в сети́

Ночь. Компью́тер. Интерне́т.
Два часа́ – а сна[1] всё нет.
И́гры, бло́ги, фо́рум, чат.
Бы́стро кла́виши стуча́т[2].
Зна́ют все меня́ в сети́.
Не ну́жно никуда́ идти́.
Е́сли что́-нибудь не зна́ю,
Сра́зу Гугл я включа́ю.
Сло́во. По́иск[3] и сове́т[4].
Был вопро́с – и есть отве́т.
Три! Пора́ уже́ в крова́ть,
Но ну́жно фильм ещё скача́ть.
Са́йты, ли́нки, копира́йт,
Па́мять[5] в со́тни[6] гигаба́йт.
На часа́х четы́ре? Спать!
В Ска́йпе мне звоня́т опя́ть:
«До́брой но́чи! Что не спишь?»
«До́брой но́чи говори́шь?
На часа́х уже́ четы́ре.
Спят давно́ все в э́том ми́ре.
Да и мне пора́ идти́.
За́втра встре́тимся в сети́!»
О́кна все я закрыва́ю
И компью́тер выключа́ю …
Упс! Уж шесть, пора́ встава́ть.
Ах, как хо́чется мне спать!
Но бы́стро комп опя́ть включа́ю,
И так свой день я начина́ю.

Макси́м Дроздо́в, шко́ла № 42, г. Сама́ра

К тексту

а) Перескажите стихотворение своими словами.

б) Охарактеризу́йте (Charakterisiert) героя стихотворения. Что вы думаете о нём?

✻ **в)** Напишите похожие стихи на тему «Стресс в школе».

---

1 сон Schlaf – **2 стуча́ть** *hier:* klappern – **3 по́иск** Suche – **4 сове́т** Tipp – **5 па́мять** *hier:* Speicher – **6 со́тни** Hunderte

Перед чтением

а) Посмотрите на фотографию и опишите её.

б) Выясните значение следующих слов: 13-летний, пожить, аллергия, гармония, опытный. Erklärt, wie ihr sie erschlossen habt.

S35 Жи́ть в дере́вне?!

Э́та необы́чная дере́вня с краси́вым назва́нием Ковче́г[1] нахо́дится в 140 км от Москвы́. Ещё 8 лет наза́д на э́том ме́сте бы́ло по́ле[2], а сейча́с здесь стоя́т деревя́нные дома́ с огоро́дами и сада́ми. Ря́дом есть лес, река́ и доро́га, по кото́рой в плоху́ю пого́ду добра́ться сюда́ невозмо́жно. В Ковче́ге нет ни магази́нов, ни шко́лы, ни кино́, а до сле́дующего го́рода 30 км.

– Почему́ же вы перее́хали сюда́ из го́рода?

– э́тот вопро́с на́шего журнали́ста жи́тели Ковче́га слы́шат не в пе́рвый раз.

– В де́тстве я ча́сто боле́ла[3], – расска́зывает 13-ле́тняя Ли́за.

– Да, у неё появи́лась аллерги́я на проду́кты из магази́на, и мы реши́ли пожи́ть немно́го в дере́вне … – расска́зывает её ма́ма, кото́рая ра́ньше рабо́тала стюарде́ссой.

– А пото́м, как и все в Ковче́ге, оста́лись здесь, – улыба́ется Фёдор Лазу́тин, пе́рвый жи́тель Ковче́га. – Все мы лю́ди ра́зных профе́ссий: программи́сты и врачи́, учителя́ и бизнесме́ны. В го́роде у мно́гих была́ хоро́шая рабо́та и кварти́ра. Понима́ете, в го́роде жить ле́гче[4], а у нас лу́чше. Быть свобо́дным, рабо́тать на свое́й земле́, забо́титься о семье́, жить в гармо́нии с приро́дой – вот, наве́рное, почему́ лю́ди е́дут в на́шу экодере́вню. Посмотри́те на на́ших дете́й, каки́е они́ здоро́вые и счастли́вые!

S36 Сейча́с в Ковче́ге живёт 120 челове́к, из них 40 дете́й. Ли́за, Артём и На́стя прие́хали в Ковче́г со свои́ми роди́телями, когда́ бы́ли совсе́м ма́ленькими, а Кири́лл да́же роди́лся здесь.

– Ребя́та, здесь нет шко́лы, зна́чит, вам ну́жно е́здить в го́род?

– Нет, на́ши роди́тели и други́е жи́тели Ковче́га занима́ются с на́ми литерату́рой, англи́йским, матема́тикой и му́зыкой. У нас есть кружки́ та́нцев, рисова́ния и хор, – объясня́ет 15-ле́тняя На́стя.

– А чем вы занима́етесь по́сле уро́ков? Вам, наве́рное, ску́чно, ведь здесь нет ни кино́, ни дискоте́к, ни Интерне́та?

– Нет, совсе́м не ску́чно! – отвеча́ют ребя́та все вме́сте. – По́сле обе́да мы занима́емся спо́ртом, а сейча́с гото́вимся к пра́зднику Ива́на Купа́лы[5].

– Да и роди́телям помога́ть на́до, – говори́т 14-ле́тний Артём. – У ка́ждой семьи́ здесь есть свой сад и огоро́д. Кро́ме того́, мы собира́ем в лесу́ я́годы[6] и грибы́ …

1 **Ковче́г** Arche – 2 **по́ле** Feld – 3 **боле́ть** krank sein – 4 **ле́гче** leichter – 5 **Ива́н Купа́ла** = праздник лета, который проходит 7-го июля – 6 **я́года** Beere

– И ло́вим ры́бу в на́шей реке́! – го́лосом о́пытного рыбака́ говори́т 8-ле́тний Кири́лл.
– А вы не хоте́ли бы жить в го́роде?
– Мой брат уе́хал в го́род и у́чится там в университе́те, – расска́зывает На́стя. – А я не хочу́. У нас есть ло́шади, я их о́чень люблю́ и в бу́дущем хочу́ откры́ть свою́ ко́нную шко́лу[1].

Артём, Ли́за и Кири́лл улыба́ются, у ка́ждого из них, наве́рное, то́же есть своя́ мечта́. Кем они́ ста́нут, где бу́дут жить – пока́жет бу́дущее.
Но уже́ сейча́с всё бо́льше и бо́льше люде́й хотя́т перее́хать в экодере́вню. В Росси́и их уже́ о́коло 200. Жить в дере́вне? Почему́ бы и нет. С удово́льствием!

1 К тексту

а) Выпишите из текста все факты о деревне Ковчег (где она находится, что там есть, сколько жителей, …). Сравните свои ответы с ответами соседа.
б) Правильно или неправильно? Исправьте ошибки.

1. Люди приехали жить в экодеревню Ковчег, потому что в городе у них нет квартиры.
2. От Ковчега до следующего города 30 км.
3. Мама Лизы раньше работала врачом.
4. Сейчас в Ковчеге живёт 160 человек.
5. В Ковчеге есть большая новая школа.
6. Настя мечтает в будущем открыть в экодеревне школу танцев.

в) Как вы думаете, какие проблемы есть у жителей экодеревни?
г) Что ещё вы хотели бы узнать от жителей Ковчега? Напишите 4–5 вопросов.

2 Это значит, что …

Дополните предложения. ➤ Жить в гармонии с природой – это значит, что нужно заботиться об окружающей среде.
1. У Лизы появилась аллергия – это значит …
2. В деревне нет школы – …
3. Жизнь без Интернета – …
4. У каждой семьи есть свой сад и огород – …

3 После чтения

Выберите задание а), б) или в).
а) Напишите, как, по-вашему, проходит день кого-то из ребят. О чём они мечтают?
б) Найдите в Интернете информацию о других экодеревнях в России или в Германии. Представьте в классе результаты вашей работы.
в) Как вы понимаете слова Фёдора Лазутина «В городе жить легче, а у нас лучше»? Вы согласны с ним? Обсудите это в группе.

---

1 ко́нная шко́ла Reitschule

S37 Блонди́нки[1] из Сиби́ри и́ли стереоти́пы о Росси́и

Меня́ зову́т Да́ша, я из Ирку́ртска. Ле́том про́шлого го́да наш класс был три неде́ли по обме́ну в Герма́нии. Бы́ло о́чень кла́ссно. Я познако́милась с хоро́шими и симпати́чными ребя́тами. Но почти́ ка́ждый разгово́р начина́лся приблизи́тельно одина́ково:

– Приве́т! Ты отку́да?
– Приве́т! Из Росси́и.
– Из Росси́и?! А я ду́мал, что там все де́вушки – блонди́нки с голубы́ми глаза́ми.
– Сра́зу ви́дно[2], что ты никогда́ не был в Росси́и …
– Нет, ещё не был, но о́чень хочу́ туда́ пое́хать. А ты отку́да? Из Москвы́?
– Нет.
– Из Санкт-Петербу́рга?
– Нет.
– А отку́да?
– Из Ирку́тска.
– Отку́да? Ику́ск???
– Нет, Ирку́тск. Э́то в Сиби́ри.
– В Сиби́ри? Там же всегда́ хо́лодно!!!
– Да нет же! У нас хо́лодно то́лько зимо́й! А ле́том тепло́.
– Тепло́? Но ведь у вас и ле́том снег лежи́т! Здесь тебе́, наве́рное, о́чень жа́рко?
– Нет, в ию́ле ча́сто быва́ет +35. Сейча́с у нас да́же тепле́е, чем в Герма́нии.
– Не мо́жет быть! А Ирку́тск далеко́ от Москвы́?
– Нет, не о́чень, 5 000 киломе́тров.
– Ско́лько? Э́то же да́льше, чем от Москвы́ до Берли́на!

– Ну да, 6 часо́в на самолёте. И́ли мо́жно пое́хать на по́езде. 3 дня – и ты в Москве́!
– Невероя́тно[3]! Для нас 3 часа на по́езде – э́то уже́ далеко́, а три дня – вообще́ тру́дно себе́ предста́вить! Э́то же так до́лго!
– У нас в Росси́и говоря́т: «Ти́ше е́дешь – да́льше бу́дешь[4]!» А ты приезжа́й к нам в го́сти и сам всё уви́дишь!

К тексту

а) О каких стереотипах идёт речь в тексте? А как выглядит реальность? Перепишите и дополните таблицу.

стереотипы	реальность

б) Что ещё удивило немцев? А что было новым для вас?

в) Разыграйте разговор Даши с немецкими ребятами.

г) Придумайте похожий весёлый диалог со стереотипами о Германии.

1 блонди́нка Blondine – **2 сра́зу ви́дно** man merkt gleich – **3 невероя́тно** unglaublich – **4 Ти́ше е́дешь – да́льше бу́дешь.** Eile mit Weile.

Перед аудированием

а) Переведите следующие слова и выражения. Объяснения помогут вам.
жил да был – обычно так начинаются сказки; ненави́деть = очень сильно не любить; мне не везёт = со мной случается несчастье; перейти́ доро́гу = идти через дорогу; охо́титься = то, что делает охотник; чернота́ = что-то очень чёрное; пе́сенка – *сравните:* песня

б) Какую примету о чёрном коте вы знаете?

в) Посмотрите на иллюстрацию. О чём, по-вашему, идёт речь в песне?

17 Чёрный кот

Жил да был чёрный кот за угло́м[1].
И кота́ ненави́дел весь дом.
То́лько пе́сня совсе́м не о том,
Как не ла́дили[2] лю́ди с кото́м.

Припе́в:
Говоря́т, не повезёт[3],
Е́сли чёрный кот доро́гу перейдёт.
А пока́ наоборо́т[4]:
То́лько чёрному коту́ и не везёт!

Це́лый день во дворе́ сует́а[5] –
Прогоня́ют[6] с доро́ги кота́.
То́лько пе́сня совсе́м не о том,
Как охо́тился двор за кото́м.

Припе́в

Да́же с ко́шкой свое́й за версту́[7]
Приходи́лось встреча́ться коту́.
То́лько пе́сня совсе́м не о том,
Как мурлы́кала[8] ко́шка с кото́м.

Припе́в

Э́тот кот от уше́й до хвоста́
Был черне́е, чем сама́ чернота́.
Да и пе́сенка, в о́бщем[9], о том,
Как оби́дно[10] быть чёрным кото́м.

К песне

а) Послушайте песню и скажите, как она вам понравилась. (→ стратегия, стр. 95)

б) Кому не везёт в песне? Объясните, почему.

в) Как автор относится к чёрному коту и к людям из песни?

г) Какой видеоклип вы сняли бы к этой песне? Придумайте 2–3 ситуации и опишите их. Вы можете также нарисовать иллюстрации.

1 за угло́м um die Ecke, nebenan – **2 ла́дить** sich vertragen, auskommen – **3 повезёт** *vo. zu* везёт – **4 наоборо́т** umgekehrt – **5 сует́а** Hektik, Trubel – **6 прогоня́ть** fortjagen – **7 за версту́** von weitem – **8 мурлы́кать** schnurren – **9 в о́бщем** *hier:* eigentlich – **10 оби́дно** ärgerlich

S 38 Война́ с Днепро́м

Челове́к сказа́л Днепру́:
– Я стено́й тебя́ запру́[1].
Ты с верши́ны[2]
Бу́дешь
Пры́гать[3],
Ты
Маши́ны
Бу́дешь
Дви́гать[4]!

– Нет, – отве́тила вода́. –
Ни за что[5] и никогда́!

И вот в реке́ поста́влена[6]
Желе́зная[7] стена́.

И вот реке́ объя́влена[8]
Война́, война́, война́!
[…]

Челове́к сказа́л Днепру́:
– Я стено́й тебя́ запру́,
Что́бы,
Па́дая[9]
С верши́ны,
Побеждённая[10]
Вода́
Бы́стро
Дви́гала
Маши́ны
И толка́ла[11]
Поезда́.
[…]

С. Я. Марша́к (1931 г.)
© http://s-marshak.ru/books/v/v18/v18_01.htm

S 39 Зи́мнее у́тро

[…]
Под голубы́ми небеса́ми[12]
Великоле́пными[13] ковра́ми,
Блестя́[14] на со́лнце, снег лежи́т;
Прозра́чный[15] лес оди́н черне́ет[16],
И ель[17] сквозь[18] и́ней[19] зелене́ет[20],
И ре́чка подо льдо́м блести́т.
[…]

А. С. Пу́шкин (1829 г.)

К стихотворениям

а) Послушайте и прочитайте стихотворения.
Расскажите своими словами, о чём в них идёт речь.

б) Найдите в стихотворениях слова, которые показывают, как авторы относятся к природе.

в) Скажите, какое стихотворение вам понравилось больше и объясните, почему.

г) Придумайте немецкий вариант одного стихотворения.

---

1 запере́ть absperren – **2 верши́на** *hier:* Höhe – **3 пры́гать** springen – **4 дви́гать** bewegen – **5 ни за что** auf keinen Fall – **6 поста́влена** errichtet – **7 желе́зный** Eisen- – **8 объя́влена** *hier:* erklärt – **9 па́дая** fallend – **10 побеждённый** besiegt – **11 толка́ть** vorantreiben – **12 небеса́** *Nom. Pl. von* не́бо – **13 великоле́пный** prächtig – **14 блестя́** (*Inf.* блесте́ть) glänzend – **15 прозра́чный** durchsichtig – **16 черне́ть** schwarz schimmern – **17 ель** *f.* = ёлка Tanne – **18 сквозь** (hin)durch – **19 и́ней** Raureif – **20 зелене́ть** grün schimmern

Перед чтением

Переведите следующие слова и выражения. Объяснения и рисунки помогут вам.
сва́лка – место, где собирают весь мусор
противога́з – его надевают на голову, и он чистит загрязнённый воздух
ню́хать/поню́хать – то, что мы делаем нашим носом, чтобы почувствовать запах
стекло́ – то, из чего делают окна
туристи́ческое бюро́ – место, где можно заказать поездку в отпуск

Будущее в наших руках!

1

2

3

Пожалуйста, куда-нибудь, где есть лёд ... Много льда!

1 К карикатурам

а) Посмотрите на карикатуры. Скажите, о каких экологических проблемах здесь идёт речь.
б) Придумайте подходящее заглавие для каждого рисунка.
в) Выберите одну из карикатур и опишите её. (→ стратегия, стр. 96)

2 Проблемы экологии

Выберите задание а) или б).
а) Что сегодня нужно сделать, чтобы ситуация стала лучше?
Напишите об этом короткое сочинение.
б) Обсудите с вашим соседом, какие экологические проблемы важны сегодня.
Придумайте и нарисуйте свою карикатуру. Представьте вашу работу в классе.

По-русски Während eines Schüleraustauschs schreibst du für die Website deiner Partnerschule einen Artikel über Computersucht bei Jugendlichen in Deutschland. Fasse dafür den Bericht der Journalistin Lisa Zeuner auf Russisch zusammen.

die Schule absolvieren/ abschließen закóнчить *vo.* шкóлу

Nur ein Spiel?

Daniel P. ist 16, als ich ihn zum ersten Mal zu Hause besuche. Er sitzt am Computer und spielt ein beliebtes Online-Spiel – mindestens sechs Stunden täglich, manchmal auch sieben oder acht. Am Wochenende kann es auch mal vorkommen, dass er die ganze Nacht vor dem PC verbringt. Anfangs war es „nur ein Spiel" für ihn – doch er ist süchtig dabei geworden, mit jedem Tag etwas mehr.

Das Gymnasium hat Daniel längst geschmissen, er war nicht mehr in der Lage, den Anforderungen dort zu entsprechen. Er geht jetzt in die Realschule.

Ein halbes Jahr später treffe ich ihn wieder. Die Schule hat er inzwischen mit Ach und Krach geschafft. Er sei nicht fähig konzentriert zu arbeiten und es falle ihm schwer Probleme zu lösen – sagen die Lehrer. Eine Einschätzung, die sich Daniel auch heute immer wieder anhören muss.

Seine Leidenschaft für Computerspiele ist nach wie vor ungebrochen. Im Spiel fühlt er sich als Held, da ist er unschlagbar. Dabei vergisst er alles: selbst das Essen.

Inzwischen ist Daniel klar, dass er etwas gegen seine Spielsucht tun muss. Auf seine Familie kann er sich verlassen; sie hilft, wo sie kann. Oft vergebens, aber sie gibt nicht auf.

So wie jetzt, wenn er einen Ausbildungsplatz sucht. Eigentlich wollte Daniel in einem Restaurant arbeiten, er kocht gern und gut. Manchmal bereitet er für seine Familie ein leckeres Mittagessen zu. Er freut sich, wenn es allen schmeckt. Dann ist er ein „Held" – nicht in der virtuellen Welt der Computerspiele, sondern in der richtigen.

Lisa Zeuner, 21.06.2011

По-немецки Dein(e) russische(r) Freund(in) hat dir geschrieben, dass er/sie an dem Wettbewerb «Смотри на меня!» teilnehmen will, und im Anhang die Ausschreibung mitgeschickt. Erkläre deinen deutschen Freunden, um was für einen Wettbewerb es sich handelt.

О канале | Телепрограмма | Форум | Телечат | Программы

Смотри на меня

- **Мы уверены в том, что в нашей стране растут самые талантливые и творческие[1] ребята.**
- **Мы хотим найти новых героев с помощью молодёжного фестиваля.**
- **Мы думаем, что ты – один из этих героев.**

СМОТРИ НА МЕНЯ

С апреля по июнь съёмочная группа[2] канала «Teen-TV» будет искать талантливых танцоров, музыкантов и певцов в больших городах России.
В каждом городе нам будет помогать компетентное жюри.

Съёмочная группа телеканала сначала едет в Самару!
Конкурс – 03 апреля с 10:00 до 18:00.
Финальный гала-концерт – 04 апреля в 15:00.
Вход для зрителей свободный!

Всё, что тебе нужно, чтобы участвовать в фестивале:
- быть в возрасте[3] от 12 до 17 лет
- рассказать о твоих талантах в нашей анкете
- прийти на конкурс в твоём городе
- выйти на сцену и показать, что ты умеешь

В конкурсе ты можешь участвовать один или в группе.
- Мы не гарантируем тебе мировую известность, но гарантируем хорошие призы:
- I место – 50 тысяч рублей на твои новые творческие проекты.
- II место – видеокамера для записи[4] твоих будущих выступлений.
- III место – музыкальный центр для репетиций.

Готов участвовать?
- Заполни анкету[5], чтобы мы узнали о тебе, и жди нас в твоём городе.

Что-то ещё непонятно?
- Отвечаем на вопросы здесь:
- Отправить[6] сообщение
- телефон: (812) 325-28-78

1 тво́рческий kreativ – **2 съёмочная гру́ппа** Filmteam – **3 во́зраст** Alter – **4 за́пись** *f.* Aufnahme – **5 запо́лнить анке́ту** einen Fragebogen ausfüllen – **6 отпра́вить** abschicken

По-русски Твой русский гость нашёл в Интернете статьи о том, как живёт немецкая молодёжь в городе и в деревне. К сожалению, он не всё понимает. Ответь на его вопросы.

1. Где и как живут Роберт и Анне?
2. Как обычно проходит их день? Чем они занимаются?
3. Почему и Роберт и Анне считают, что там, где они живут, лучше?

Verkehr движе́ние
Privat- ча́стный
arabisch ара́бский
jdn. fahren вози́ть *unbest.*; везти́ *best.* (на маши́не)
Kosmetiksalon сало́н красоты́
skaten ката́ться на ро́ликах

„Die Stadt bietet einfach mehr"

Robert wohnt mit seiner Familie in einer Altbauwohnung mitten im Herzen von Berlin. Zentraler geht's kaum – aber das fordert auch seinen Tribut: Sechs Spuren Innenstadtverkehr rauschen vor den Fenstern vorbei. An Schlafen mit offenem Fenster ist hier nicht zu denken.
Roberts Tag ist ausgefüllt: Täglich geht's in die Schule nach Karlshorst. Mit der S-Bahn und der Straßenbahn braucht er rund 45 Minuten bis dorthin. Robert besucht eine Privatschule, die auf Kreativität und Förderung zielt. Außerhalb des Unterrichts lernt er Arabisch und einmal pro Woche hat er Flöten- und Keyboard-Unterricht. Sein Französisch-Zusatzkurs ist am Nollendorfplatz – wieder viel Fahrerei. Und auch seine Freunde wohnen quer übers Stadtgebiet verteilt. So zentral Robert wohnt, so viel muss er trotzdem umherfahren. Meist ist er erst am späten Nachmittag gegen 17 Uhr zu Hause. Doch Robert fühlt sich wohl in der lauten Großstadt. „Die Stadt bietet einfach mehr", sagt er. Und wenn die Familie genug vom Großstadtlärm hat, fährt sie zum Ausspannen weg.

„Ich hab's hier besser als in der Stadt"

Zugegeben, ein Kino oder gar ein großes Einkaufszentrum gibt es in Annes 1000-Seelen-Dorf nicht. Zum Shoppen oder Schwimmen muss man in die nächste größere Stadt fahren. Aber sonst gibt es alles, was man braucht: Kita, Schule, Bank, Friseur, Bäcker, Arzt und Zahnarzt. „In anderen Dörfern gibt's das ja meist alles gar nicht mehr", sagt Anne.
Anne ist eine Leseratte. Das Bücherregal ist prall gefüllt und biegt sich langsam durch unter der Last. Dienstags und donnerstags fährt sie zum Tanzen in die Stadt. Das sind jedes Mal über 20 Kilometer hin und wieder zurück. Klar, dass das organisiert werden muss. Die Großeltern wohnen dort und kommen jedes Mal extra mit dem Auto, um ihre Enkelin abzuholen. Das klappt reibungslos – Planung ist alles, sagt Annes Mutter.
Seit sieben Jahren wohnt die Familie hier im eigenen, selbstgebauten Traumhaus: sechs Zimmer auf rund 110 Quadratmetern, Fußbodenheizung, hochmoderne Küche. Dazu tausend Quadratmeter Grundstück drumherum.
Im Erdgeschoss führt Annes Mutter ihren eigenen Kosmetiksalon. Mittagessen gibt es also jeden Tag zu Hause. Wenn Anne nach den Hausaufgaben etwas unternehmen will, trifft sie sich mit ihren Freundinnen, und manchmal gehen sie zusammen skaten.
Anne vermisst nichts und ist glücklich in ihrem Dorf. Vom Großstadttrubel hält sie nicht so viel. „Ich glaube, ich hab's hier besser als in der Stadt", sagt sie und schaut begeistert aus dem Wohnzimmerfenster in den grünen Garten.

По-немецки Dein(e) Freund(in) hat in einer deutschen Zeitung die Schlagzeile „Sibirien – Straflager für deutsche Jugendliche" entdeckt und möchte von dir wissen, ob es so etwas tatsächlich gibt. Erkläre ihm/ihr mithilfe des folgenden Artikels, was sich dahinter verbirgt.

Шо́ковая терапи́я

Зима́, ди́кая тайга́, деревя́нные дома́ в снегу́. Э́то дере́вня Ива́новка, кото́рая нахо́дится в 378 км на се́вере от О́мска. Сиби́рь, как её мно́гие себе́ представля́ют. Сейча́с в Ива́новке живёт 16-ле́тний Ште́фан Га́йер из Берли́на. Он уже́ 43-й неме́цкий па́рень, кото́рый прие́хал в Сиби́рь на 9 ме́сяцев. До́ма Ште́фан вёл себя́[1] агресси́вно, не ходи́л в шко́лу и да́же не́сколько раз убега́л из до́ма. Роди́тели, учителя́ и психо́логи реши́ли, что ему́ мо́жет помо́чь то́лько «шо́ковая терапи́я».

В Ива́новке Ште́фан живёт вме́сте со свои́м воспита́телем[2], ру́сским не́мцем Ви́ктором Кро́нбергом, в обы́чном деревенском до́ме.

– Живём мы о́чень про́сто. Компью́тера, телефо́на, Интерне́та и телеви́зора у нас в до́ме нет. Есть то́лько ра́дио, холоди́льник и пе́чка[3]. А вме́сто ду́ша – ру́сская ба́ня[4]. Туале́т во дворе́. Хорошо́, что медве́ди по у́лице не хо́дят, и настоя́щие моро́зы[5] ещё не начали́сь! – смеётся Ви́ктор.

Ка́ждый день Ште́фан убира́ет снег во дворе́ до́ма, ко́лет дрова́[6], гото́вит у́жин. Вме́сте с други́ми ребя́тами он хо́дит пешко́м в шко́лу. Це́лых три киломе́тра! За четы́ре ме́сяца он уже́ непло́хо научи́лся говори́ть по-ру́сски. А ведь в Герма́нии по иностра́нным языка́м у него́ всегда́ бы́ли плохи́е оце́нки.

В Ива́новке все зна́ют Ште́фана. Жи́тели дере́вни удивля́ются и не понима́ют, почему́ его́ отпра́вили[7] в Сиби́рь. Он ведь хоро́ший па́рень, тако́й же, как и други́е ребя́та в дере́вне.

– Я о́чень измени́лся[8] за э́то вре́мя, – счита́ет сам Ште́фан. – Здесь совсе́м друга́я жизнь, о́чень споко́йная. Домо́й уезжа́ть не хо́чется. У меня́ здесь мно́го хоро́ших друзе́й. Ду́маю, что когда́-нибудь я обяза́тельно опя́ть прие́ду в Сиби́рь.

Как ни стра́нно, 40 проце́нтов ребя́т, кото́рых отпра́вили в Росси́ю, начина́ют но́вую жизнь. По мне́нию психо́логов э́то о́чень хоро́ший результа́т.

Жи́тели Ива́новки ра́ды, что мо́гут помо́чь Ште́фану и други́м «тру́дным» неме́цким ребя́там. Мно́гие из них и сего́дня присыла́ют пи́сьма свои́м друзья́м в Росси́и и с благода́рностью вспомина́ют их гостеприи́мство[9] и по́мощь.

Ната́лья Бори́сова

---

1 вести́ себя́ sich verhalten – **2 воспита́тель** *m.* Betreuer – **3 пе́чка** Ofen – **4 ба́ня** russ. Dampfbad – **5 моро́з** Frost – **6 коло́ть дрова́** Holz hacken – **7 отпра́вить** schicken – **8 измени́ться** sich verändern – **9 гостеприи́мство** Gastfreundschaft

По-русски Перед вашей школой стоит машина с на́дписью (Aufschrift) „RussoMobil“. Ваши русские гости хотят узнать, что это значит. Прочитай флаер и расскажи им об этом проекте.

RussoMobil

Was ist das RussoMobil?
Das ist ein kleines Sprach- und Kulturbüro auf Rädern, das den Schülern die russische Sprache auf eine ganz eigene Weise näher bringt. Voll beladen ist es mit mannigfaltigen Materialien – von der Landkarte über Spiele und Musik bis hin zu Minibibliothek und Informationen rund um die russische Sprache und Kultur. An Bord des RussoMobils sind zwei Lektorinnen. Spielerisch und kreativ begeistern die Lektorinnen für ihre Sprache, ihr Land und die deutsch-russische Zusammenarbeit.

★ ★ ★ ★ ★ ★ ★ ★ ★ ★ ★ ★ ★ ★ ★ ★

Wer ist vor allem die Zielgruppe des RussoMobils?
Zielgruppe sind in erster Linie Schüler und Schülerinnen aller Schulformen, die vor der Wahl der zweiten, dritten oder vierten Sprache stehen.

★ ★ ★ ★ ★ ★ ★ ★ ★ ★ ★ ★ ★ ★ ★ ★

Wo und auf welche Weise kann das RussoMobil eingesetzt werden?
Das 1. RussoMobil wird derzeit vor allem Schulen in Berlin und Brandenburg sowie Nordrhein-Westfalen besuchen. Doch auf Anfrage wird es auch in anderen Regionen eingesetzt werden.

Eine der Hauptaufgaben des RussoMobils ist es, Unterricht mitzugestalten. Die Schüler sollen die Möglichkeit erhalten, Russland und den russischsprachigen Raum näher kennenzulernen, und entdecken, dass diese Region auch für sie selbst interessant sein kann. Im Unterricht werden ganz verschiedene Methoden eingesetzt: sei es Theater, russische Märchen, Bekanntschaft mit dem russischen Alphabet in spielerischer Form, Rezepte der russischen Küche oder moderne Musik und Kinderlieder, russische Filme und Zeitschriften. Schüler der Oberstufe werden auch über verschiedene Stipendien und Programme rund um Russland informiert.

★ ★ ★ ★ ★ ★ ★ ★ ★ ★ ★ ★ ★ ★ ★ ★

По-немецки Du nimmst an einem Schulprojekt zum Thema „Silvester in anderen Ländern“ teil. Bereite auf der Grundlage des vorliegenden Textes deinen Beitrag über Russland vor.

Но́вый год в Росси́и

Новый год

Старый Новый год

Исто́рия пра́здника

До XV ве́ка в Росси́и пра́здновали Но́вый год 1 ма́рта, а пото́м 1 сентября́. При Петре́ I в 1700 году́ Но́вый год на́чали пра́здновать 1 января́, как и в други́х стра́нах Евро́пы, но то́лько по ста́рому юлиа́нскому календарю́[1]. В 1918 году́ Росси́я перешла́[2] на григориа́нский календа́рь[3]. Ра́зница ме́жду э́тими календаря́ми составля́ет 13 дней. Поэ́тому и сего́дня мно́гие лю́ди в Росси́и пра́зднуют Но́вый год не то́лько в ночь на 1 января́, а ещё и в ночь на 14 января́. Э́тот неофициа́льный пра́здник называ́ется Ста́рый Но́вый год.

Тради́ции и обы́чаи

Но́вый год – э́то са́мый гла́вный и са́мый люби́мый пра́здник в Росси́и. Не́которые новогó̲дние тради́ции похо́жи на рожде́ственские тради́ции в други́х стра́нах Евро́пы. Так, наприме́р, уже́ в декабре́ начина́ют украша́ть у́лицы и дома́, а в кварти́рах появля́ется ёлка. Она́ обяза́тельно стои́т до ру́сского Рождества́ (7 января́) и́ли да́же до Ста́рого Но́вого го́да.

Но́вый год ру́сские обы́чно пра́зднуют до́ма и́ли в компа́нии хоро́ших друзе́й. Лю́ди да́рят друг дру́гу пода́рки. А де́ти получа́ют пода́рки от Де́да Моро́за, кото́рый прихо́дит вме́сте со свое́й вну́чкой Снегу́рочкой. О́коло 23 часо́в семья́ сади́тся за пра́здничный стол, на кото́ром стои́т мно́го вку́сных блюд. Обяза́тельно говоря́т тост «за ста́рый год» и все наде́ются, что но́вый год бу́дет ещё лу́чше. По телеви́зору пока́зывают поздравле́ния президе́нта.

В 12 часо́в бьют[4] Кремлёвские кура́нты – гла́вные часы́ страны́. Лю́ди пьют шампа́нское[5], поздравля́ют друг дру́га и жела́ют сча́стья. Во мно́гих города́х прохо́дят пра́здничные конце́рты и фейерве́рки. Наро́д весели́тся до утра́.

Почти́ все ру́сские ве́рят в приме́ту: «Как встре́тишь[6] Но́вый год, так его́ и проведёшь», поэ́тому в э́ту ночь нельзя́ скуча́ть. Мно́гие лю́ди счита́ют, что ну́жно обяза́тельно надева́ть но́вую оде́жду. Э́то прино́сит уда́чу[7]. В до́ме на Но́вый год должны́ быть де́ньги, что́бы они́ бы́ли и в сле́дующем году́. А е́сли в 12 часо́в, когда́ бьют кура́нты, загада́ешь жела́ние[8], то оно́ обяза́тельно испо́лнится[9] в но́вом году́!

Кремлёвские куранты

1 юлиа́нский календа́рь Julianischer Kalender – **2 перейти́** *hier:* wechseln – **3 григориа́нский календа́рь** Gregorianischer Kalender – **4 бить** schlagen – **5 шампа́нское** Sekt, Champagner – **6 встре́тить** *hier:* beginnen – **7 приноси́ть уда́чу** Glück bringen – **8 загада́ть жела́ние** sich etw. wünschen – **9 испо́лниться** in Erfüllung gehen

По-русски Ihr erstellt ein Dossier für ein gemeinsames Umwelt-Projekt mit eurer russischen Partnerschule. Fasst dafür den folgenden Artikel auf Russisch zusammen.

Zellulose целлюло́за
Ministerpräsident премье́р-мини́стр
Zellulosewerk целлюло́зно-бума́жный заво́д
Skigebiet горнолы́жный куро́рт
herstellen производи́ть/произвести́

Русские имена и названия:
Байка́льск
«Гора́ Соболи́ная» (Zobelberg)
Мари́на Рихва́нова
Васи́лий Темгене́вский
Вале́рий Пинта́ев

Tourismus gegen Zellulose am Baikalsee

Im Januar 2010 hat der russische Ministerpräsident Wladimir Putin die Entscheidung getroffen, dass das Zellulosewerk der Stadt Baikalsk am Ufer des Baikalsees den Betrieb wiederaufnehmen dürfe – trotz der Proteste von Umweltschützern, die die Fabrik als „Dreckschleuder" bezeichnen. Im Oktober 2008 war das Werk geschlossen und der Großteil der Beschäftigten entlassen worden. Derzeit sind wieder rund 1200 Personen dort beschäftigt.

Marina Richwanowa, Leiterin der Umweltschutzorganisation Baikal-Umweltwelle kann darüber nur den Kopf schütteln. Vom Werk gehe eine große Gefahr für den See aus, sagt sie. Sie ist der Überzeugung, dass im Tourismus genügend Arbeitsplätze entstehen würden. Eine Wirtschaft, die auf Tourismus aufbaut, sei ökologischer als ein Zellulosewerk.

Am Rande von Baikalsk liegt das Skigebiet Zobelberg. Das kleine Skigebiet beschäftigt rund 220 Mitarbeiter. Für Wassili Temgenewski, den Direktor des Erholungsgebietes, ist die Wiederöffnung des Werks eine Katastrophe. Er baut auf Naturerlebnis und saubere Luft. Mit der Schließung des Zellstoffwerks seien merklich mehr Touristen gekommen. Man müsse hier mehr Geld investieren.

Der Bürgermeister von Baikalsk, Walerij Pintajew, schätzt das touristische Potenzial geringer ein, da das Klima sehr rau sei. Er kann sich aber vorstellen, dass auf dem Gelände der Fabrik nicht mehr Zellulose, sondern Möbel oder andere Dinge hergestellt werden. Offizielle Sprachregelung ist jedoch, dass dem Werk noch eine Gnadenfrist von rund drei Jahren gewährt werden soll.

По-немецки Вы с родителями хотите поехать в отпуск в Россию.
Ты нашёл/нашла в Интернете интересные объявления.

1. Расскажи родителям, где находятся эти места отдыха и покажи их на карте.
2. Опиши им, какие там усло́вия (Bedingungen) и чем там можно заниматься.
3. Что, по-твоему, выберут твои родители и почему?
4. Скажи, какое место тебе больше всего нравится и обоснуй свой выбор.

Гостиница «Дельфин»

находится на берегу Чёрного моря в центре города Сочи. Пляж расположен в 100 м от гостиницы!

★ В гостинице есть бассейн и сауна, спортплощадки для игры в волейбол и баскетбол, боулинг.
★ Вечером вас ждут музыкальные концерты и open air-вечеринки в нашем клубе, а также дискотека «Малибу» на берегу моря.
★ Приглашаем вас в нашу школу дайвинга! Каждый день с 8.00 до 18:00.

Одноместные[1] и двухместные номера[2], с Интернетом, телевизором и кондиционером. Цены за номер с завтраком и ужином в день:

номер	01.05.–31.07.	01.08.–30.09.
1-местный	1427 руб.	1730 руб.
2-местный	2335 руб.	2589 руб.

Гостевой дом[3] «У реки»

расположен в Карелии[4], недалеко от деревни Лахта, в 70 км от города Петрозаводска, между Онежским и Ладожским озёрами.

★ Здесь вас ждут: прекрасная природа, красивые озёра, рыбалка[5], грибы и ягоды.
★ Вы можете посетить остров Кижи с памятниками русской архитектуры, уникальный остров Валаам, водопад Кижач, интересные музеи.

В деревянном доме 4 комнаты, кухня, терраса и туалет. Есть русская ба́ня[6] и гараж. Цены в день:

Число гостей	весна/лето/осень	зима
3–4 человека	1200 руб.	1000 руб.
2 человека	1000 руб.	800 руб.

Гостиница «Сибирь»

находится на горнолыжном курорте[7] «Гора Соболиная» (г. Байкальск), на юго-востоке от озера Байкал. Это идеальное место для любителей природы и зимних видов спорта!

★ Вас ждут простые и сложные лыжные трассы[8] длиной в 12 км.
★ Кроме того, у нас есть бассейн, сауна, фитнес-зал и бар.

В номерах есть телевизор, караоке, мини-бар и холодильник. Цены за номер с завтраком и ужином в день:

номер	01.10.–30.04.	01.05.–30.09.
1-местный	3000 руб.	2500 руб.
2-местный	5000 руб.	4500 руб.

1 одноме́стный но́мер Einzelzimmer – **2 двухме́стный но́мер** Doppelzimmer – **3 гостево́й дом** Ferienhaus – **4 Каре́лия** Karelien *(Region im Nordwesten Russlands)* – **5 рыба́лка** Angeln – **6 ба́ня** russ. Dampfbad – **7 горнолы́жный куро́рт** Skigebiet – **8 лы́жная тра́сса** Skipiste

Подготовка к ТРКИ

Грамматика/лексика

1 День эколога[1]

Прочитайте текст. Выберите правильный вариант ответа.

День эколога – это профессиональный праздник (1) защищает природу. Он празднуется (2) заботится о будущем нашей планеты. Этот праздник (3) с Международным днём окружающей среды, который празднуется во всех европейских странах с 1972 года. День эколога, (4) в России каждый год 5 июня, стал официальным праздником только в 2007 году. Этот день празднуется во всех российских городах. Так, например, в Москве в этом году во многих парках (5) экологические выставки, конкурсы и экскурсии. А в Ставрополе 5 июня можно было посмотреть интересную фотовыставку «Внимание, мусор!», (6) студентами.

Школьники, (7) эту выставку, могли посмотреть такие интересные фильмы, как «Экология – жизнь», «Дом» или «Облако». А после этого они могли участвовать в дискуссиях о фильмах, (8) на выставке.

(1) все, кто/всех, кто/всеми, кто
(2) тех, кто/тем, кто/теми, кто
(3) связан/связана/связано
(4) проходящий/проходящего/проходящим
(5) был проведён/была проведена/были проведены
(6) подготовленная/подготовленную/подготовленные
(7) посетившие/посетивших/посетившим
(8) показанные/показанными/показанных

2 Поговорим о русских именах!

Прочитайте текст. Выберите правильный вариант ответа.

Вы уже думали о том, какие значения имеют русские (1)? Многие даже считают, что (2) связано с характером человека. Всем известно, что у каждого (3) есть своё значение. Так например, Валентин или Валерий значит «здоровый» (от латинского слова «valeo»), а Никита – это по-гречески «победитель». Екатерина – «чистая», Лариса – «приятная», а Кира – «госпожа[2]». Есть и несколько (4), которые переводить не нужно, например, Вера, Надежда и Любовь. А вы знаете значение своего (5)?

(1) имена/именам/именами
(2) имена/именем/имя
(3) имя/имени/именем
(4) имена/именах/имён
(5) имя/именем/имени

1 эко́лог Ökologe – **2 госпожа́** Herrin

Аудирование

1 Разговор по телефону

Послушайте разговор два раза и найдите правильные ответы.

1. Дима позвонил своей подруге Лене.
   а) да б) нет
2. Летом Дима отдыхал на море.
   а) да б) нет
3. Дима отдыхал 4 недели с друзьями.
   а) да б) нет
4. В Петропавловск Дима летел 10 часов.
   а) да б) нет
5. Дима 5 часов ехал на машине до турбазы.
   а) да б) нет
6. На турбазе Дима жил в палатке.
   а) да б) нет
7. Дима был на Авачинском вулкане.
   а) да б) нет
8. Дима видел, как медведи купаются в озере.
   а) да б) нет
9. Вода в озере очень чистая и тёплая.
   а) да б) нет
10. Дима мечтает о новой поездке на полуостров.
   а) да б) нет

2 Телесериал «Школа»

В вашей школе-партнёре идёт дискуссия о молодёжном телесериале режиссёра Валерии Гай Германики «Школа». Послушайте, что ребята говорят об этом сериале и выберите правильный вариант ответа.

1. Кира говорит, что действие фильма
   а) совсем нереальное.
   б) реальное.
   в) совсем неинтересное.
2. Андрей думает, что
   а) уже много раз так показывали школу.
   б) так школу ещё не показывали.
   в) такие фильмы никому не нужны.
3. Олег считает, что
   а) фильм сняли не очень хорошо.
   б) фильм сняли очень профессионально.
   в) каждый человек может снимать фильмы.
4. По мнению Ксении в фильме
   а) много позитивных моментов.
   б) всё точно, как в реальной жизни.
   в) нет позитивных моментов.

Чтение

При выполнении (Beim Bearbeiten) теста можно пользоваться русско-немецким словарём.

1 Что вы видите в будущем?

Прочитайте, о чём пишут ребята в молодёжном форуме. Выберите правильные ответы.

Форум – Мир Любви и Романтики

Тема: Интересы современной молодёжи

Wishmaster	16.05.	22:18
Возник такой вопрос … или даже серия вопросов. Говорят, что дети – наше будущее. Поэтому хочу спросить: а что сейчас важно для молодёжи? Как видит молодёжь своё будущее?		
Оптимистка	16.05.	23:05
Отвечаю на вопросы, потому что к молодёжи отношу себя =). Что мне интересно? Мне вообще интересно жить, ведь каждый день не похож на предыдущий. Учиться мне тоже ооочень интересно! ☺ Я в 10 классе. В будущем вижу университет, любимую работу, безумно любимого мужа и много любимых детей.		
Serfar	17.05.	21:58
Мда … Тема сложная! Думаю, сколько людей – столько интересов!!! Что меня интересует? Точно не политика! Интересуют друзья, девушка, компьютер, школа … Не люблю эгоистов. Нравится, что у нас есть много возможностей, чтобы реализовать себя.		
Гарфилд	17.05.	22:02
Я часто слышал такое мнение, что цель в жизни – «хорошо жить». Ну да, конечно, хочется иметь хорошую профессию и интересную работу. Но часто на любимой работе платят мало и совсем не столько, сколько МНЕ НАДО, чтобы хорошо жить. Поэтому буду работать там, где много платят – и БУДУ хорошо жить!		
Crash	17.05.	23:47
Меня интересует спорт, мне нравится общаться с интересными людьми, очень люблю читать, но не всегда есть время. Хочу, чтобы у меня была хорошая работа и дружная, счастливая семья. Семья для меня – самое главное. Хорошо, когда есть дом, где тебя ждут и где тебе всегда рады.		

1. Этот форум по-другому можно назвать «Молодёжь и карьера».
   а) да б) нет
2. Оптимистка мечтает о семье, поэтому она не хочет учиться в университете.
   а) да б) нет
3. Serfar интересуется политикой.
   а) да б) нет
4. Serfar не любит тех, кто думает только о себе.
   а) да б) нет
5. Для Гарфилда высокая зарплата играет не очень большую роль в жизни.
   а) да б) нет
6. Для Crash самое важное – это семья.
   а) да б) нет

2 «Наши русские и наши немцы»

Почему русские и немцы хорошо понимают друг друга, хотя по менталитету они очень разные? Почему даже война не смогла рассорить наши народы? Об этом пишется в книге, вышедшей недавно в Германии.

В книге показывается, как тесно связаны друг с другом наши культуры. Так, например, «парикмахер», «офицер», «циркуль» – это только несколько немецких слов, которые вошли в русский язык. А слова «Sputnik», «Samowar» и «Babuschka» знает каждый немец.
Но близость не только в языке. Речь идёт о тесных отношениях между двумя народами, которые всегда играли и играют важную роль в европейской истории. Эта роль, правда, не всегда была позитивной. В книге можно найти немало примеров этому.
Традиция российско-германских связей началась с Петра Первого. Немецкие принцессы часто выходили замуж за русских царей. Самая известная из них, конечно же, была Екатерина Вторая, которая царствовала в России более тридцати лет.
С тех пор в экономике, технике, культуре и науке развивались контакты между Россией и Германией. В XIX веке многие русские, которые позже стали знаменитыми, приезжали в Германию. Среди них были художник Шишкин, писатель Достоевский, учёный Менделеев и многие другие. А после революции 1917 года Берлин принял многих русских эмигрантов.
Кстати, вопрос «Что думают русские о немцах и немцы о русских?» очень интересовал авторов книги. По их мнению, всегда были стереотипы, которые живы ещё и сегодня. Русским и сегодня нравятся немецкая аккуратность, пунктуальность и трудолюбие. А немцы считают русских любителями выпить и очень гостеприимным народом, который ничего не боится. Россия вызывает у них такие ассоциации, как «огромная страна», «холод» или «социальные проблемы». Такие книги, как «Наши немцы и наши русские», а также выставки, встречи, интенсивный культурный и экономический обмен помогают разрушать многие стереотипы.

1. Главная тема книги – это
   а) российско-германские отношения.
   б) немецкий и русский языки.
   в) стереотипы.

2. Роль России и Германии в истории
   а) не очень большая.
   б) всегда позитивная.
   в) очень важная.

3. Екатерина Вторая была царицей России
   а) 12 лет.
   б) 21 год.
   в) 34 года.

4. Отношения между Россией и Германией
   а) развивались в экономике.
   б) развивались в культуре.
   в) развивались во всех областях.

5. Русские считают немцев
   а) людьми с большим чувством юмора.
   б) пунктуальными.
   в) эмоциональными.

6. Немцы считают, что в России
   а) люди очень аккуратные.
   б) любят гостей.
   в) почти нет социальных проблем.

Письмо

Прочитайте тексты 1 и 2 и выполните задания к ним. Вы можете пользоваться русско-немецким и немецко-русским словарём.

1 Вместе веселее!

Прочитайте флаер и ответьте на вопросы.

2 Письмо из Боровска

Вы получили письмо от своего друга/своей подруги из Боровска. Напишите на него ответ (от своего имени). В письме ответьте на <u>все</u> вопросы вашего друга/вашей подруги.

Привет, Эрик!
Извини, что долго не писал. У меня было очень мало времени. *Как у тебя дела? Есть ли новости?* В последнем письме ты писал, что скоро поедешь с одноклассниками на экскурсию. *Тебе понравилась эта поездка? В каком городе вы были? Где он находится? Ты уже знаешь, куда вы поедете в следующий раз?*
Ты просил больше рассказать тебе об Алтае, куда мы с родителями ездили в прошлом году. Я уже писал, что эти места на юге Сибири очень красивые. Мы ходили в походы в горы, а потом ездили в Белокуриху. Этот курорт известен своей прекрасной природой, чистым воздухом и тёплыми источниками. Вода там от +30 до +42 градусов. Зимой здесь можно кататься на лыжах. Город Белокуриха мне тоже очень понравился. Я вообще люблю маленькие города. *А какие города ты любишь?* Мой родной город Боровск тоже маленький, уютный и спокойный. В нём живёт только 12 000 человек. Расскажи мне, пожалуйста, побольше о своём городе. *Сколько в нём жителей? Как далеко он находится от Берлина? Твой город красивый?*
У нас в Боровске есть река. Она называется Протва. А ещё у нас красивая природа и много лесов, поэтому воздух здесь очень чистый. *А какая у вас природа? У вас есть река или озеро, где можно летом купаться?*
Боровск – старый город. Ему уже 650 лет! В Боровске есть монастырь, соборы, старые здания и музеи. *А сколько лет твоему городу? Что в нём есть интересного? Эрик, а тебе не хотелось бы приехать ко мне в гости?* Лучшее время для поездки, конечно же, лето. *У тебя уже есть планы на следующее лето?* Приезжай, я тебе покажу Боровск и Москву!
Жду твоего ответа. Пиши. Антон

Говорение

1 Ситуации

Познакомьтесь со следующими ситуациями и начните диалог.

1. Ты хочешь купить билеты на фильм «Наша планета».
   Что ты скажешь в кассе (на какое число, время, сколько билетов, какой ряд, …)?
2. Твои друзья завтра едут на экскурсию в горы. Ты не можешь поехать с ними.
   Объясни, почему.
3. Ты хочешь пригласить друга/подругу на вечеринку.
   Позвони ему/ей и скажи, куда и как он должен/она должна приехать.
4. На летних каникулах ты хочешь работать. Подготовь информацию о себе.
   Скажи, что ты умеешь делать.

2 Скажи, пожалуйста, …

Прочитайте своему партнёру следующие ситуации. Он должен реагировать на них.
Tauscht dann die Rollen.

1. У меня сегодня нет часов. Ты не скажешь, сколько времени?
2. Слушай, почему ты вчера не пошёл/пошла с нами в кино?
   Фильм был классный!
3. Скоро Рождество. Где ты будешь в это время?
4. Твоего лучшего друга сегодня нет на уроках. Что с ним случилось?
5. Ты ходил(а) на выставку «Художники XX века».
   Где она находится и когда она работает?

3 Моё любимое хобби

Во время школьного обмена вас просят рассказать о вашем любимом хобби.
Подготовьте сообщение (Vortrag) на эту тему. При подготовке можно пользоваться немецко-русским и русско-немецким словарём. Данные вопросы помогут вам.

1. У вас сейчас много свободного времени? Почему да/нет?
2. Как и где вы обычно отдыхаете в свободное время?
3. С кем вы любите проводить свободное время?
4. Какие хобби есть у вас? Что вы любите делать больше всего?
   (спорт, книги, музыка, …)
5. Сколько времени вы уже занимаетесь своим любимым хобби?
6. Почему вы выбрали это хобби? Почему оно вам интересно?
7. Какие интересные хобби есть у ваших одноклассников?
8. Какие хобби есть у ваших родителей, у брата или сестры?
9. Вашим друзьям нравится ваше хобби? Что они о нём говорят?
10. Вы любите проводить свободное время со своей семьёй?
    Что вы вместе делаете? (путешествовать, заниматься спортом, …)

Folgende Lernstoffe könnt ihr hier noch einmal wiederholen.
Die Lösungen findet ihr ab Seite 112.

	Titel der Übung	Lernziel → einsetzbar ab	Seite
1	Это не так!	Substantive → D1	89
2	После школы	Aspekte → D1	89
3	О матрёшках	Aspekte → D3	90
4	Куда ехать?	Verben der Fortbewegung ohne Präfix → D1	90
5	По обмену в России	Verben der Fortbewegung → D1	90
6	В мире искусства	Partizipien des Präsens → D5	91
7	Мои самые лучшие каникулы	Partizipien → D4	91
8	Рассказ Толстого	Adverbialpartizipien → D5	91
9	Приглашаем в гости	Imperativ → D3	92
10	Никто ничем не интересуется	Verneinung → D4	92
11	Мой новый друг	Possessivpronomen → D1	92
12	В Москву или на Кавказ?	Präpositionen → D2	93
13	Эти странные русские	Konjunktionen → D3	93
14	Загадки	Steigerungsformen → D1	93
15	Куда идти?	Steigerungsformen → D1	94
16	Что идёт по телевизору?	Uhrzeitangabe → D3	94
17	Факты	Deklination der Grundzahlen → D2	94

1 Это не так! ▸ Substantive

Прочитайте, о чём пишут в чате, и вставьте слова в нужной форме.

Познакомиться в Интернете?

anechka16	Представьте себе, я недавно познакомилась в (Интернет) с (красивый парень). А что вы думаете? Можно так найти (настоящая любовь)?
Serfar	Конечно, можно. Я тоже познакомился с (моя девушка) через (Интернет). Мы с ней вместе уже 2 (год) и 8 (месяц).
bumburum	Поздравляю! У нас в (компания) все общаются только онлайн. А что хорошего в (жизнь) без (современная техника), (компьютер), (Интернет), (телевидение)? В (Интернет) столько (возможность)!
AllDee	Меня зовут Вера Васильевна, мне 65 (год). Моя внучка помогает мне с (Интернет). По-моему, это хорошая вещь! Я понимаю, почему (молодые люди) интересно проводить так много (время) в (этот мир). Но я не думаю, что там можно найти (муж) или (жена).
Hektor777	Я абсолютно согласен. Даже (честные люди) в (Интернет) не найдёшь. Я встретил в (чат) (симпатичная девушка), мы много общались, она мне прислала (своя фотография), и через 3 (неделя) мы решили встретиться в (кафе) у нас в (город). Но на (встреча) пришла совсем не та девушка, которая была на (фотография) …

2 После школы ▸ Aspekte

Welcher Satz ist korrekt, wenn ihr sagen wollt, dass …

а) ihr dabei wart, die Hausaufgaben zu machen.
1. Я делал(а) уроки.
2. Я сделал(а) уроки.

б) ihr die Erzählung (von Anfang bis Ende) gelesen habt.
1. Мы читали рассказ.
2. Мы прочитали рассказ.

в) Ira eine Erzählung gelesen und dann einen Aufsatz darüber geschrieben hat.
1. Ира прочитала рассказ и написала о нём сочинение.
2. Ира читала рассказ и писала о нём сочинение.

г) Ira gerade einen Aufsatz schrieb und dabei Musik hörte.
1. Ира писала сочинение и слушала музыку.
2. Ира написала сочинение и послушала музыку.

д) ihr eine(n) Freund(in) zum Geburtstag am Sonntag einladen werdet.
1. Я буду приглашать тебя на день рождения в воскресенье.
2. Я приглашу тебя на день рождения в воскресенье.

е) Maxim seiner Freundin während der Reise E-Mails schreiben wird.
1. Во время поездки Максим напишет имейлы своей подруге.
2. Во время поездки Максим будет писать имейлы своей подруге.

3 О матрёшках ▸Aspekte

Прочитайте текст и вставьте подходящий глагол в нужной форме. Объясните ваше решение.

Как в России **(появляться/появиться)** матрёшка, неизвестно. Известно только, что раньше каждый год на Пасху русские **(делать/сделать)** деревянные яйца, которые можно было спрятать одно в другое. По этому принципу в конце 19 века мастер[1] Звёздочкин **(делать/сделать)** деревянную куклу, а художник Малютин **(рисовать/нарисовать)** на ней молодую женщину в русском костюме и её дочерей. Новая игрушка сразу всем **(нравиться/понравиться)**. Её **(называть/назвать)** матрёшкой, потому что русские крестьяне часто **(давать/дать)** девочкам имя Матрёна. В 1900 году на выставке в Париже матрёшка **(получать/получить)** третий приз. Так она **(становиться/стать)** знаменитой, и её вдруг **(начинать/начать)** делать во всей России. В 2001 году в Москве даже **(открывать/открыть)** музей матрёшки, где можно посмотреть целых 14000 экспонатов. Сейчас матрёшке уже больше 100 лет, и она ещё долго **(приносить/принести)** радость[2] людям во всём мире.

4 Куда ехать? ▸Verben der Fortbewegung ohne Präfix

а) Вставьте «летать» или «лететь» в нужной форме и составьте диалоги с этими вопросами.

1. Куда ты на каникулах?
   – Я в/на …
2. Почему ты туда?
3. Сколько времени самолёт из … в/на …?
4. Ты любишь ?
5. Ты часто за границу?
6. Ты уже когда-нибудь в/на …?

б) Составьте похожие диалоги. Используйте «ездить» или «ехать» (на поезде/на машине).

5 По обмену в России ▸Verben der Fortbewegung

Прочитайте, что пишет Яна о своих впечатлениях об обмене. Выберите подходящие глаголы и вставьте их в нужной форме.

Я изучаю русский язык уже пятый год, но наш класс ещё никогда не ■ в Москву. Трое ребят из нашего класса не любят ■ на самолёте, поэтому мы решили ■ на поезде. Наш поезд ■ рано утром из Берлина. В Москву мы ■ через Польшу и Белоруссию. Через 28 часов мы, наконец, ■. На вокзале мы ■ из поезда. Там меня встретила моя русская «семья», и мы сразу ■ в центр города. Когда мы ■ туда, они показывали мне много интересных зданий и достопримечательностей.

- ездить; ехать (4x)
- выезжать/выехать
- приезжать/приехать
- летать; лететь
- ехать/поехать
- выходить/выйти

---

1 **ма́стер** (Handwerks-)Meister – 2 **ра́дость** *f.* Freude

6 В мире искусства ▸ Partizipien des Präsens

Дополните словосочетания и переведите их. Угадайте, о чём или ком здесь идёт речь.

а) Человек, ■ стихотворения.
б) Произведение, ■ в театре.
в) Женщина, ■ в балете.
г) Человек, ■ картины.
д) Здание, ■ для показа старых предметов искусства.
е) Женщина, ■ в фильмах.
ж) Человек, ■ фильмы.
з) Музей, ■ имя Павла Третьякова.

играющая | рисующий | исполняемое | снимающий | танцующая | пишущий | носящий | используемое

7 Мои самые лучшие каникулы ▸ Partizipien

Прочитайте блог. Wandelt die Partizipialsätze in Relativsätze um und übersetzt sie dann.

Вторник, 25 января

21:05

DenisKa

На каникулах мы с друзьями работали в недавно построенном у нас супермаркете. А потом на заработанные деньги мы решили поехать на море. В одном форуме мы прочитали, что недалеко от города Лоо, находящегося на Чёрном море, есть молодёжный лагерь. Там живут в палатках ребята, приехавшие со всей страны. Мы тоже решили поехать туда. Ведь горы, море и природа – это класс! По-моему, это лучше, чем гостиницы с громкими туристами, отдыхающими там. Сначала родители, узнавшие о нашей идее, были против. Но когда мы показали им в Интернете фотографии лагеря, присылаемые ребятами, они были согласны. Место, выбранное для лагеря, нам сразу понравилось. Две недели мы купались и загорали, спали в палатке и ели приготовленный на костре ужин. По вечерам мы веселились с ребятами, живущими в лагере. Это были мои самые лучшие каникулы!

8 Рассказ Толстого ▸ Adverbialpartizipien

Прочитайте анекдот. Findet die Sätze mit Adverbialpartizipien und übersetzt sie.

Написав небольшой рассказ, Лев Толстой послал[1] его в редакцию одного журнала под другим именем. Через две недели он пошёл в редакцию, чтобы узнать о рассказе. Встретив Толстого и вежливо предложив ему сесть, редактор сказал, что его рассказ не выйдет.
– Почему же? – спросил Толстой, не понимая, в чём дело.
– Читая ваш рассказ, – ответил редактор, – я был уверен, что написал его какой-то начинающий[2]. В ваши годы, не имея опыта, начинать писать слишком поздно.
А, может быть, вы раньше что-нибудь писали?
– Писал, – ответил Толстой, улыбаясь.
– Что же, можно у вас узнать? – спросил редактор, посмотрев на Толстого.
– Я написал несколько произведений, например, «Война и мир» или «Анна Каренина» …

---

1 посла́ть schicken – **2 начина́ющий** Anfänger

9 Приглашаем в гости ▸ Imperativ

У вас сегодня вечеринка. Что вы скажете в следующих ситуациях?
Используйте императивы (Imperative).

» У тебя нет вилки. (дать) → Дай мне, пожалуйста, вилку.

а) Гости стоят у двери.
б) Тина и Игорь не знают друг друга.
в) Вы хотите пригласить всех к столу.
г) Гости не знают десерт, который вы приготовили.
д) В комнате жарко.
е) У Тины есть новый CD.
ж) У Игоря есть фотографии.
з) Виктор ещё не пришёл.

входить
познакомиться
садиться
попробовать
открыть окно
включить плеер
показать
позвонить и спросить

10 Никто ничем не интересуется ▸ Verneinung

Ihr bereitet mit eurer Partnerschule ein Umweltprojekt vor. Bei der Recherche unterhältst du dich mit einem russischen Austauschschüler. Erzähle ihm/ihr, dass …

а) du nette Nachbarn hast, dass diese aber nie den Müll sortieren.
б) dir scheint, dass viele Leute nichts über unseren Planeten wissen.
в) du glaubst, dass viele Leute nur an sich denken und sich für nichts interessieren.
г) es für niemanden ein Geheimnis ist, dass Autos die Luft verschmutzen.
д) viele Leute nichts tun, um die Umwelt zu schützen.
е) du weder Plastikgeschirr noch Tüten benutzt.
ж) in den Medien viel über Protest geredet wird, dass du in eurer Stadt aber noch keine Aktivisten gesehen hast.

11 Мой новый друг ▸ Possessivpronomen

а) Прочитайте имейл Вероники. Setzt die passenden Possessivpronomen ein.

Марина, привет!
Я тебе уже рассказывала о ■ новом друге? Его зовут Петя, а познакомилась я с ним на вечеринке в ■ школе. Там он выступал с ■ группой, и ■ песни мне сразу понравились. После концерта он стоял у бара, и я решила узнать больше о ■ жизни. Представь себе, он тоже ходит в ■ школу, хотя я его раньше никогда не видела! Весь вечер я общалась с ним и с ■ друзьями. Он весёлый парень, и мне очень нравятся ■ шутки. Вот посмотри на ■ фотографию. На ней он вместе с ■ старшим братом. Классно выглядит, правда? Ну, может быть, ■ стиль одежды не самый модный ☺
Целую, Вероника

б) Придумайте похожую историю о своей (новой) подруге.

12 В Москву или на Кавказ? ▸ Präpositionen

а) Перепишите и дополните таблицу. Потом ответьте на вопросы.
1. Где вы были?
2. Куда вы ходили/ездили?

в	на

школа | почта | город | деревня | кино | театр | концерт | бассейн | стадион | Италия | Камчатка | юг | родина | лес | море

б) Was sagst du in folgenden Situationen zu deinem/deiner Austauschpartner(in)?

1. Danke **für** die Einladung.
2. Das ist ein Geschenk **für** dich.
3. Ich habe ein Eis **für** 20 Rubel gekauft.
4. Komm mich **für** 2 Wochen besuchen.
5. Erzähl mir etwas **über** deine Hobbys.
6. Müssen wir hier **über** die Brücke gehen?
7. Die Lampe, die **über** eurem Tisch hängt, gefällt mir sehr gut.

13 Эти странные русские ▸ Konjunktionen

Дополните письмо Кати.

Привет, Сара! Ты писала, ■ скоро едешь в Калининград. Я решила написать тебе это письмо, ■ некоторые вещи не казались тебе странными. ■ ты приходишь в гости, не здоровайся через порог. ■ ты вошла в квартиру, не забудь надеть тапочки. Не удивляйся, ■ мужчины не дают тебе руку, ■ друг с другом они здороваются за руку. Обычно мужчины просто говорят женщинам «Здравствуйте!», ■ это не значит, что они их не уважают[1]. Русские очень любят гостей, ■ на столе всегда очень много блюд. Обязательно попробуй ■ борщ, ■ пельмени, ■ из напитков советую квас. Кстати, на столе у русских не должно быть пустых[2] бутылок, ■ это приносит несчастье. Перед дорогой нужно сесть, ■ путешествие было хорошим. Всего хорошего в России! Катя

потому что | хотя | но | после того, как | поэтому | когда | и …, и … | чтобы (2х) | что | если | а

14 Загадки ▸ Steigerungsformen

Прочитайте загадки и вставьте слова в нужной форме. Найдите правильные ответы.

а) Джинсы на 21 рубль **(дешёвый)**, чем свитер. Свитер на 24 рубля **(дорогой)**, чем юбка. Что из одежды **(дешёвый)** всего?

б) Ира на 3 года **(молодой)**, чем Зоя. Зоя на 5 лет **(старый)** Любы. Кто **(молодой)** всех?

в) Коля бегает **(медленный)**, чем Миша. Миша **(тёмный)**, чем Вова. Вова **(низкий)**, чем Коля. Коля **(светлый)**, чем Вова. Вова **(быстрый)**, чем Миша. Миша **(высокий)**, чем Коля. Скажите, кто из ребят самый светлый, самый быстрый, а кто самый высокий.

---

1 уважáть respektieren – **2 пустóй** leer

15 Куда идти? ▸ Steigerungsformen

Сравните информацию о следующих музеях.

интересный | дешёвый | дорогой | известный | скучный

➤ Билеты в Экзотариум дешевле (более дешёвые), чем билеты в …

Третьяковская галерея
Москва

Цены на билеты
взрослые[1] 360 руб.
дети 220 руб.

Экзотариум
Тула

Цены на билеты
взрослые 150 руб.
дети 100 руб.

Музей истории космонавтики[2]
Калуга

Цены на билеты
взрослые 80 руб.
дети 50 руб.

16 Что идёт по телевизору? ▸ Uhrzeitangabe

Спросите друг друга, когда идут следующие передачи. Verwendet dabei sowohl die offizielle als auch die umgangssprachliche Form der Uhrzeitangabe.

09.05	Новости	**15.50**	Телесериал **«Кармен»** 45-я серия
09.20	Передача **«Жить здорово!»**	**16.55**	Мультфильм **«Маугли»**
10.45	Док. фильм **«Загадка Сибири»**	**18.00**	Вечерние новости
12.00	Новости	**18.20**	Док. фильм **«Дети XXI века»**
12.30	Худ. фильм **«Каникулы Кроша»**	**18.50**	Музыкальная передача **«Песня года»**
14.10	Ток-шоу **«Дело принципа»**	**20.05**	Телешоу **«Пусть говорят»**
15.15	Передача для детей **«Хочу всё знать»**	**21.00**	**«Время»**

17 Факты ▸ Deklination der Grundzahlen

Что вы знаете о России? Прочитайте вопросы и все ответы викторины.
Notiert in eurem Heft die richtigen Lösungen (ausgeschriebene Zahl mit Bezugswort).

1. Российская Федерация расположена на
   А 1 континенте. **Б** 2 континентах. **В** 3 континентах.
2. Россия имеет границу с
   А 16 государствами. **Б** 3 государствами. **В** 22 государствами.
3. Территория России расположена в
   А 2 часовых поясах. **Б** 9 часовых поясах. **В** 11 часовых поясах.
4. … территории России – это лес.
   А Не менее 45 % **Б** Не менее 5 % **В** Не менее 75 %
5. В Российской Федерации живёт около
   А 80 народов. **Б** 18 народов. **В** 180 народов.
6. Жители Российской Федерации говорят приблизительно на
   А 100 языках. **Б** 150 языках. **В** 50 языках.
7. Более одного миллиона человек живёт в
   А 6 городах России. **Б** 22 городах России. **В** 12 городах России.

---

1 взро́слый Erwachsener – **2 космона́втика** Kosmonautik, Raumfahrt

Стратегия – Ein Gedicht verstehen

!

1. Schaut euch zunächst den Titel des Gedichts und eventuell vorhandene Illustrationen/Fotos an. Formuliert ausgehend vom Titel und vom Bildmaterial erste Vermutungen zum Inhalt.
2. Lest das Gedicht ein erstes Mal (bzw. hört es an und lest mit). Ein gut vorgetragenes Gedicht erleichtert das Verständnis.
3. Sagt, worum es in dem Gedicht geht.
4. Lest das Gedicht nochmals und prüft, ob ihr alles verstanden habt. (In einem Gedicht ist jedes Wort wichtig!) Unterstreicht die Schlüsselbegriffe und stellt sie, wenn sinnvoll, einander gegenüber. Gebt anhand der Schlüsselbegriffe die Aussagen des Gedichts mit eigenen Worten wieder.
5. Findet Besonderheiten in der Struktur des Gedichts (Wiederholungen, Gegenüberstellungen, Bilder, Vergleiche, ...).
6. Formuliert die im Gedicht enthaltene Botschaft, die Intention des Autors.
7. Versucht das Gedicht so vorzutragen, dass eure Zuhörer dessen Botschaft und Stimmung verstehen.

Tipp: Um ein **Lied** zu verstehen, könnt ihr genauso vorgehen. Achtet noch zusätzlich auf die Musik und die Interpretation des Sängers. Gefällt euch die Musik? Passt sie gut zum Textinhalt?

Нача́ло	**Einleitung**
Стихотворе́ние (Пе́сня) называ́ется ...	Das Gedicht (Das Lied) heißt ...
Оно́ бы́ло напи́сано (Она́ была́ напи́сана) в ... году́.	Es wurde im Jahr ... geschrieben.
А́втор – (изве́стный ру́сский) поэ́т/ певе́ц ... / (изве́стная ру́сская) поэте́сса/ певи́ца ...	Der Autor ist der/die (berühmte russische) Dichter(in)/Sänger(in) ...
Те́ма	**Thema**
Те́ма стихотворе́ния (пе́сни) – ...	Das Thema des Gedichts (des Liedes) ist ...
А́втор пи́шет о ... *(ком? чём?)*	Der Autor schreibt von/über ...
В нача́ле/В конце́/В стро́чке X/ В стро́чках X–X – а́втор пока́зывает/сра́внивает ... – говори́тся о ... *(ком? чём?)*	Am Anfang/Am Ende/In Zeile X/ In den Zeilen X–X – zeigt/vergleicht der Autor ... – geht es um ...
А́втор хо́чет обрати́ть внима́ние на ... *(что?)*	Der Autor möchte auf ... aufmerksam machen.
Заключе́ние	**Schluss**
По-мо́ему, э́то стихотворе́ние (э́та пе́сня) о́чень интере́сное (-ая)/гру́стное (-ая)/ необы́чное (-ая)/...	Meiner Meinung nach ist dieses Gedicht (dieses Lied) sehr interessant/traurig/ ungewöhnlich/...
Стихотворе́ние (Пе́сня) мне (не) нра́вится, потому́ что ...	Das Gedicht (Das Lied) gefällt mir (nicht), weil ...

Стратегия – Ein Bild beschreiben

!	
1. Beginnt mit allgemeinen Angaben: **Bildtyp** (Gemälde, Zeichnung, Foto, Karikatur, Plakat), Name des Künstlers, Bildtitel, Entstehungsjahr.	→ А́втор карти́ны (рису́нка, фотогра́фии, карикату́ры) «… *(назва́ние)*» – … *(кто?)* Карти́на была́ напи́сана (Рису́нок был нарисо́ван/Фотогра́фия была́ сня́та) в … году́.
2. Nennt das **Thema** des Bildes.	→ Те́ма карти́ны (рису́нка, …) – … *(что?)* Карти́на (рису́нок) пока́зывает …
3. Seht euch das Bild genau an und beschreibt die **Einzelheiten** in einer sinnvollen Reihenfolge. – Was befindet sich im Mittelpunkt/ im Vordergrund/im Hintergrund der Darstellung? – Welche Personen/Gegenstände sind wie abgebildet? (→ Так говорят, стр. 97) – Welche Stimmung wird beim Betrachter erzeugt?	→ В це́нтре карти́ны (рису́нка) нахо́дится/ нахо́дятся … *(кто? что?)* На пере́днем/за́днем пла́не (Vordergrund/ Hintergrund) мо́жно уви́деть … *(кого? что?)* Сле́ва/спра́ва от … *(кого? чего?)*/ Ря́дом с … *(кем? чем?)* – стои́т/сиди́т/лежи́т … *(кто? что?)* – стоя́т/сидя́т/лежа́т … *(кто? что?)* – мы ви́дим … *(кого? что?)* Худо́жник/А́втор изобража́ет (stellt dar) … *(кого? что?)* Карти́на (рису́нок) создаёт (erzeugt) весёлое/гру́стное/… настрое́ние (Stimmung).
4. Sagt, was der Künstler mit seinem Werk **ausdrücken** möchte. – Worauf will er die Aufmerksamkeit des Betrachters lenken? – Was will er (besonders mit der Karikatur) kritisieren? – Wenn etwas nicht eindeutig ist, könnt ihr Vermutungen anstellen.	→ А́втор – пока́зывает/характеризу́ет (charakterisiert) … *(кого? что?)* – хо́чет обрати́ть внима́ние (aufmerksam machen) на … *(кого? что?)* – критику́ет … *(кого? что?)* По-мо́ему, а́втор …
5. Äußert kurz eure **Meinung** zum Bild und begründet sie. Was gefällt euch (nicht)?	→ По-мо́ему, карти́на (рису́нок) (не) о́чень интере́сна (интере́сен)/(не) актуа́льна (актуа́лен)/(не) оригина́льна (оригина́лен). Он(а́) мне (о́чень) нра́вится/(совсе́м) не нра́вится, потому́ что – он(а́) то́чно (genau) характеризу́ет … *(кого? что?)* – а́втор испо́льзует све́тлые/тёмные/я́ркие (grell)/… кра́ски (Farben).

Так говорят – Описание и характеристика человека

!

Во́зраст
Он(а́) молодо́й (-а́я)/ ста́рый (-ая)/…
Ему́/Ей … год/го́да/лет.

Вне́шность
Он(а́) ма́ленького/сре́днего/ высо́кого ро́ста.
У него́/неё дли́нные/ коро́ткие/тёмные/све́тлые/ ры́жие/… во́лосы.
У него́/неё ка́рие/голубы́е/ се́рые/зелёные/… глаза́.
Он(а́) прекра́сно/кла́ссно/… вы́глядит.
Он(а́) краси́вый (-ая).
Он краси́вый па́рень./Она́ краси́вая де́вушка.

Оде́жда
Он(а́) в кра́сном сви́тере и в чёрных брю́ках.
На нём/ней дли́нное пальто́/ голубы́е джи́нсы/…
Бе́лая футбо́лка/ кори́чневый шарф ему́/ ей (о́чень/не) идёт (… steht ihm/ihr).

Хара́ктер
Он(а́) весёлый (-ая)/…
Он(а́) весёлый/откры́тый/ че́стный/тала́нтливый/ дисциплини́рованный/ у́мный/интере́сный/… челове́к.

Интере́сы и хо́бби
Он(а́) интересу́ется футбо́лом/му́зыкой …
Он(а́) лю́бит спорт/мо́ду/ теа́тр/…
Он(а́) лю́бит слу́шать му́зыку/петь/танцева́ть/ рисова́ть/пла́вать …
Он(а́) занима́ется му́зыкой/хокке́ем/…
Он(а́) игра́ет в волейбо́л/ те́ннис/футбо́л/…
Он(а́) уме́ет игра́ть на гита́ре /скри́пке/ пиани́но/…
Его́/Её хо́бби – кино́/ компью́тер/…

Так говорят – О диаграммах и графиках

!

Statistiken präsentieren	Daten angeben und vergleichen
– В табли́це/гра́фике речь идёт о … *(чём? ком?)* – Табли́ца/Гра́фик пока́зывает … – По стати́стике … – А́вторы сра́внивают (vergleichen) … *(что? кого?)* с … *(чем? кем?)* – … % (проце́нт/проце́нта/проце́нтов) … *(чего? кого?)* говори́т/ду́мает/живёт/…	– о́коло … *(чего? кого?)* – приблизи́тельно – бо́льше/ме́ньше, чем … *(что? кто?)* – бо́льше/ме́ньше … *(чего? кого?)* – тако́й же …, как …

Стратегия – Das Hörverstehen trainieren

!

Wenn ihr einen russischen Text hört, ist es ganz normal, wenn ihr nicht sofort alle Einzelheiten versteht. Vieles erschließt sich erst beim zweiten oder dritten Hören. In manchen Situationen kann man aber nur **einmal** zuhören (z. B. bei Radiosendungen). Versucht in einem solchen Fall, nur die wesentlichen Informationen zu entnehmen (Wer spricht? Was ist das Thema? Was ist die Hauptaussage?) und den Rest auszublenden.

Wenn ihr die Möglichkeit habt, einen Text **mehrmals** zu hören, könnt ihr wie folgt vorgehen:

1. Vor dem Hören
Lest die **Aufgabenstellung** genau durch. Falls euch schon einige Informationen über den Text (Titel, Autor, Quelle, Textsorte) oder zum Text (Illustrationen, Fotos, Worterklärungen) vorliegen, könnt ihr erste **Vermutungen** anstellen:
Um was wird es wohl gehen? Was für ein Wortschatz ist zu erwarten?

2. Erstes Hören (Globalverständnis)
- Achtet zunächst auf das **Thema** und die **zentrale Aussage** des Textes: Wer spricht? Worüber? In welcher Situation? (Кто? Что? Когда? Где?)
- Achtet auch auf eventuelle Hintergrundgeräusche sowie auf die Lautstärke und Stimmungslage der Sprecher.
- Notiert nur **Stichworte**, und zwar mit so viel Abstand voneinander, dass ihr sie beim zweiten bzw. dritten Hören bequem ergänzen könnt.

Tipp: Versucht nicht, gleich alles zu verstehen!

3. Zweites Hören (Selektives Hören)
Achtet gezielt auf Informationen, die ihr im Hinblick auf eine bestimmte **Fragestellung** benötigt (z. B. in einer Reportage über ein Land auf Informationen darüber, was in diesem Land (nicht) üblich ist).

4. Drittes Hören (Detailliertes Hören)
- Wenn in der Aufgabenstellung nach **bestimmten Details** gefragt wird, konzentriert euch jetzt darauf, diese Fragen zu beantworten oder Einzelheiten, die ihr noch verstehen möchtet, zu entschlüsseln.
- Ergänzt nach und nach eure Notizen.

Tipp: Der Tonfall kann manchmal Hinweise auf wichtige (betonte) Sachverhalte geben.

5. Nach dem Hören
Überprüft, ob ihr alle gestellten Fragen vollständig beantworten konntet. Ergänzt eure Notizen aus dem Gedächtnis.

Повторение – мать учения! Übung macht den Meister! Die beste Übung ist das regelmäßige Hören russischer Radiosendungen oder Lieder.

Стратегия – Einen zusammenhängenden Text verfassen

! Wenn ihr einen längeren Text verfassen wollt, helfen euch folgende Punkte:

1. Vorbereitung
- Wiederholt zunächst den zum gestellten Thema passenden Wortschatz. Das könnt ihr am besten anhand einer Mindmap oder mithilfe einer Tabelle machen.
- Sammelt Schlüsselbegriffe und Sachaspekte des Themas.
- Bildet euch eine Meinung zum Thema.
- Sucht nach relevanten Argumenten und Beispielen.

2. Gliederung
Ordnet eure Gedanken und erstellt eine dreiteilige Gliederung:
a) **Einleitung:** Hier wird das Thema oder das zu erörternde Problem vorgestellt.
b) **Hauptteil:** Dieser Teil gliedert sich in mehrere Absätze, wobei jeder Absatz immer nur eine wichtige Information, eine Idee oder ein Hauptargument enthalten sollte. Bringt die einzelnen Abschnitte in eine schlüssige Reihenfolge, möglichst vom weniger Wichtigen zum Wichtigen.
c) **Schluss:** Jetzt könnt ihr Bilanz aus den dargestellten Sachverhalten ziehen sowie eine Gesamtbewertung oder einen Ausblick formulieren.

3. Stilistische Tipps
- Schreibt in einfachen, klaren Sätzen und versucht dabei nicht, eure Gedanken wörtlich ins Russische zu übersetzen.
- Verwendet Bindewörter, um eure Gedanken schlüssig zu verbinden (→ siehe unterer Kastenteil).

Tipp: Lest euren Text am Ende mehrmals durch und überprüft ihn auf (typische) Fehler.

Gedanken aneinanderreihen/einen neuen Aspekt hinzufügen

снача́ла	и / а та́кже
пото́м	и ..., и
да́лее	кро́ме того́, ...
наконе́ц	не то́лько ..., но и
по́сле э́того / по́сле того́, как ...	и ещё (на́до сказа́ть)
во-пе́рвых, ...	в заключе́ние (zum Schluss)
во-вторы́х, ...	в конце́
в-тре́тьих, ...	

Dinge gegenüberstellen	Etwas näher erklären	Vergleichen
а	потому́ что	*(лу́чше/бо́льше/...)*, чем ...
но	так как (denn, da)	*(лу́чше/бо́льше/...) + Gen.*
всё-таки	поэ́тому	как
и́ли	что́бы	как и
и́ли ..., и́ли	е́сли ..., (то)	тако́й же ..., как
с одно́й стороны́ ..., с друго́й стороны́	когда́	
ни ..., ни		
хотя́		

Стратегия – Eine Präsentation vorbereiten und vortragen

!

1. Recherche (Informationsbeschaffung)

- Verschafft euch zunächst einen **Überblick** über das **Thema**, indem ihr möglichst umfangreiche Materialien sammelt.
- Recherchiert im Internet, in Bibliotheken, Lexika, Zeitungen, Zeitschriften ...
  Tipp: Von vielen Internetlexika wie Wikipedia gibt es auch eine russische Version. Alternativ könnt ihr Begriffe in kyrillischer Schrift in eine Suchmaschine eingeben.

Tipp: Eine gute Vorbereitung ist schon die halbe Arbeit! Erstellt deshalb zu Beginn einen **schriftlichen Zeitplan.**

2. Vorbereitung

- Wählt aus dem gesammelten Material bestimmte thematische Schwerpunkte aus und überlegt euch eine **sinnvolle Gliederung** für euren Vortrag. Erstellt einen **strukturierten Stichwortzettel**, der euch beim Präsentieren unterstützt.
- Haltet auch fest, welche **Medien** (Fotos, Plakate, PowerPoint/Beamer, ...) ihr wann einsetzen wollt.
- Bereitet außerdem für eure Zuhörer ein **Handout** vor, das Thema, Gliederung, wichtige Stichwörter, Daten und Fakten usw. zu eurer Präsentation enthält.
- Erstellt für die Zuhörer eine Liste mit unbekannten, aber für den Vortrag wichtigen Vokabeln.

Tipp: Eine Mindmap hilft oft, das Thema zu strukturieren und zu entwickeln.

3. Präsentation

- Gebt die Vokabelliste (mit Übersetzung) an die Zuhörer aus oder schreibt die unbekannten Wörter an die Tafel und erklärt sie.
- Verteilt die Handouts und informiert die Zuhörer über **Thema** und **Aufbau** eurer Präsentation. **Tipp:** Ihr könnt das Handout auch erst nach der Präsentation ausgeben, damit die Zuhörer nicht versucht sind, beim Vortrag mitzulesen. Visualisiert in diesem Fall Thema und Gliederung auf andere Art (z. B. Tafelanschrieb, Folien für den Overhead-projektor).
- Sprecht laut, deutlich, möglichst frei und nicht zu schnell.
- Macht Pausen beim Sprechen und haltet Blickkontakt zu den Zuhörern.
- Versucht die Zuhörer in euren Vortrag einzubeziehen (z.B. durch interessante Fragestellungen).
- Fasst die wichtigsten Ergebnisse eurer Präsentation kurz zusammen.

Tipp: Haltet **Probevorträge** vor Personen, die euch kritische Hinweise geben können.

4. Abschluss

- Seht nach eurem Vortrag noch Zeit für Fragen der Zuhörer vor. Falls keine Fragen gestellt werden, könnt ihr selbst einen kritischen Punkt eures Themas ansprechen.
- Erstellt für die Zuhörer Aufgaben zu eurer Präsentation (Kreuzworträtsel, Quiz u. Ä.) und besprecht die Lösungen mit ihnen.

Так говорят – Ein Gespräch aufrechterhalten

!

Ein Gespräch beginnen/aufrechterhalten		Verständnis sichern
Э́то так?/Пра́вда?	Ist das so?	Понима́ешь, о чём я говорю́?
Ты уве́рен(а)?	Stimmt das?/Bist du sicher?	Понима́ешь, что я име́ю в виду́ (was ich meine)?
Слу́шай, …	Hör mal, …	Что ты э́тим хо́чешь сказа́ть?
Да, действи́тельно.	Ja, in der Tat/tatsächlich.	Э́тим я хочу́/хоте́л(а) сказа́ть, …
Да, коне́чно.	Ja, natürlich/sicher.	Ты мо́жешь мне э́то объясни́ть?
Да, так и есть!	Ja, genau so ist es.	Е́сли я тебя́ пра́вильно понима́ю/понял(а́), …
Серьёзно?	Echt??	Зна́чит, …
Ты что?/Ты даёшь!	Was?! Wahnsinn!	Ты со мной согла́сен (согла́сна)?
Э́то интере́сно/удиви́тельно/…	Das ist interessant/erstaunlich/…	А ты как ду́маешь/счита́ешь?
Меня́ э́то не удивля́ет.	Das wundert/überrascht mich nicht.	
Да, но кро́ме того́ …	Ja, aber außerdem …	

Так говорят – Die eigene Meinung äußern

!

Die eigene Meinung äußern	Andere Meinungen erfragen
По-мо́ему, …	Что ты ду́маешь/вы ду́маете об э́том?
На мой взгляд, …	Как ты понима́ешь/вы понима́ете э́то?
Я счита́ю/ду́маю, что …	А почему́ ты так счита́ешь/вы так счита́ете?
Мне ка́жется, что …	Ты э́то то́чно зна́ешь?/Вы … зна́ете?
Я уве́рен(а), что …/Я в э́том уве́рен(а).	Ты уве́рен(а)?/Вы уве́рены?
Я (не/совсе́м не) согла́сен (согла́сна) с … *(чем? кем?)*	
Я друго́го мне́ния.	
В э́том ты (абсолю́тно) прав(а́)./… вы (абсолю́тно) пра́вы.	
Это действи́тельно так.	

Die Deklination der Substantive im Singular und Plural

	Singular								
	I. Deklination					II. Deklination			III. Deklination
	maskulin		neutral			feminin			feminin
	hart	weich	hart	weich		hart	weich		weich
	auf Konsonant	auf -ь, -й	auf -о	auf -е	auf -ие	auf -а	auf -я	auf -ия	auf -ь
Nom.	магази́н	музе́й	сло́во	мо́ре	зда́ние	газе́та	неде́ля	фотогра́фия	пло́щадь
Gen.	магази́на	музе́я	сло́ва	мо́ря	зда́ния	газе́ты	неде́ли	фотогра́фии	пло́щади
Dat.	магази́ну	музе́ю	сло́ву	мо́рю	зда́нию	газе́те	неде́ле	фотогра́фии	пло́щади
Akk.	магази́н[1]	музе́й[1]	сло́во	мо́ре	зда́ние	газе́ту	неде́лю	фотогра́фию	пло́щадь
Instr.	магази́ном	музе́ем	сло́вом	мо́рем	зда́нием	газе́той	неде́лей	фотогра́фией	пло́щадью
Präp.	(о) магази́не	(о) музе́е	(о) сло́ве	(о) мо́ре	(о) зда́нии	(о) газе́те	(о) неде́ле	(о) фотогра́фии	(о) пло́щади
	Plural								
Nom.	магази́ны	музе́и	слова́	моря́	зда́ния	газе́ты	неде́ли	фотогра́фии	пло́щади
Gen.	магази́нов	музе́ев	слов	море́й	зда́ний	газе́т	неде́ль	фотогра́фий	площаде́й
Dat.	магази́нам	музе́ям	слова́м	моря́м	зда́ниям	газе́там	неде́лям	фотогра́фиям	площадя́м
Akk.	магази́ны[1]	музе́и[1]	слова́	моря́	зда́ния	газе́ты[1]	неде́ли[1]	фотогра́фии[1]	пло́щади[1]
Instr.	магази́нами	музе́ями	слова́ми	моря́ми	зда́ниями	газе́тами	неде́лями	фотогра́фиями	площадя́ми
Präp.	(о) магази́нах	(о) музе́ях	(о) слова́х	(о) моря́х	(о) зда́ниях	(о) газе́тах	(о) неде́лях	(о) фотогра́фиях	(о) площадя́х

[1] Belebt: Akk. = Gen.

Besonderheiten der Bildung des Genitivs Plural				
	maskulin		neutral	feminin
	nach Zischlaut	nach -й	-о-/-е-Einschub	-о-/-е-Einschub
Nom. Sg.	каранда́ш	музе́й	окно́, письмо́	откры́тка
Gen. Pl.	карандаше́й	музе́ев	о́кон, пи́сем	откры́ток

Nach **Zischlaut** schreibe **и**, **у**, **а** und immer **и** nach **г**, **к**, **х**!

Nach **Zischlaut** oder **ц** statt unbetontem **о** sag **е**!

Die Deklination der Adjektive

	Singular					
	hart			weich		
	maskulin	neutral	feminin	maskulin	neutral	feminin
Nom.	нóвый[1]	нóвое	нóвая	зи́мний	зи́мнее	зи́мняя
Gen.	нóвого	нóвого	нóвой	зи́мнего	зи́мнего	зи́мней
Dat.	нóвому	нóвому	нóвой	зи́мнему	зи́мнему	зи́мней
Akk.	Nom./Gen.[2]	нóвое	нóвую	Nom./Gen.[2]	зи́мнее	зи́мнюю
Instr.	нóвым[1]	нóвым[1]	нóвой	зи́мним	зи́мним	зи́мней
Präp.	(о) нóвом	(о) нóвом	(о) нóвой	(о) зи́мнем	(о) зи́мнем	(о) зи́мней
	Plural					
	hart			weich		
Nom.	нóвые[1]			зи́мние		
Gen.	нóвых[1]			зи́мних		
Dat.	нóвым[1]			зи́мним		
Akk.	Nom./Gen.[2]			Nom./Gen.[2]		
Instr.	нóвыми[1]			зи́мними		
Präp.	(о) нóвых[1]			(о) зи́мних		

1 Nach г, к, х und Zischlauten steht -**и** (statt -**ы**).

2 Nom. vor unbelebten, Gen. vor belebten Substantiven.

Häufig auftretende Verben

Wenn ihr ein gesuchtes Verb in der Liste nicht findet,
- ersetzt die Vorsilbe (закрыть → открыть, перевести → провести)
- oder lasst die Vorsilbe bzw. die Reflexivendung weg (убрать → брать, начаться → начать).

Infinitiv und Konjugation (я, ты, они)	Präteritum	Imperativ	deutsch
бежáть *(uv., best.)*, бегý, бежи́шь, бегýт	бежáл, -а, -о, -и	беги́	laufen, rennen; joggen
боя́ться *(uv.)*, боюсь, бои́шься, боя́тся	боя́лся, -лась, -лось, -лись	бóйся	Angst haben
брать *(uv.)*, берý, берёшь, берýт	брал, -á, -о, -и	бери́	nehmen
брóсить *(vo.)*, брóшу, брóсишь, брóсят	брóсил, -а, -о, -и	брось	werfen
быть *(uv.)*, 1. *nur 3. Pers. Sg.*: есть 2. бýду, бýдешь, бýдут	был, -á, -о, -и	будь	1. sein 2. werden
вести́ себя́ *(uv.)*, ведý, ведёшь, ведýт	вёл, -á, -ó, -и́ себя́	веди́ себя́	sich verhalten, sich benehmen
взять *(vo.)*, возьмý, возьмёшь, возьмýт	взял, -á, -о, -и	возьми́	nehmen
вставáть *(uv.)*, встаю́, встаёшь, встаю́т	вставáл, -а, -о, -и	вставáй	aufstehen
встать *(vo.)*, встáну, встáнешь, встáнут	встал, -а, -о, -и	встань	aufstehen
встрéтить *(vo.)*, встрéчу, встрéтишь, встрéтят	встрéтил, -а, -о, -и	встреть	treffen
вы́глядеть *(uv.)*, вы́гляжу, вы́глядишь, вы́глядят	вы́глядел, -а, -о, -и	*ungebr.*	aussehen
давáть *(uv.)*, даю́, даёшь, даю́т	давáл, -а, -о, -и	давáй	geben

Infinitiv und Konjugation (я, ты, они)	Präteritum	Imperativ	deutsch
дать *(vo.)*, дам, дашь, даст, дади́м, дади́те, даду́т	дал, -а́, -о, -и	дай	geben
держа́ть *(uv.)*, держу́, де́ржишь, де́ржат	держа́л, -а, -о, -и	держи́	halten
добра́ться *(vo.)*, доберу́сь, доберёшься, доберу́тся	добра́лся, -ла́сь, -ло́сь, -ли́сь	доберись	gelangen, erreichen
е́здить *(uv., unbest.)*, е́зжу, е́здишь, е́здят	е́здил, -а, -о, -и	е́зди	fahren
есть *(uv.)*, ем, ешь, ест, еди́м, еди́те, едя́т	ел, -а, -о, -и	ешь	essen
е́хать *(uv., best.)*, е́ду, е́дешь, е́дут	ехал, -а, -о, -и	поезжа́й	fahren
ждать *(uv.)*, жду́, ждёшь, жду́т	ждал, -а́, -о, -и	жди́	warten (auf), erwarten
жить *(uv.)*, живу́, живёшь, живу́т	жил, -а́, -о, -и	живи́	wohnen, leben
зави́сеть *(nur uv.)*, зави́шу, зави́сишь, зави́сят	зави́сел, -а, -о, -и	*ungebr.*	abhängen (von)
заказа́ть *(vo.)*, закажу́, зака́жешь, зака́жут	заказа́л, -а, -о, -и	закажи́	bestellen
заме́тить *(vo.)*, заме́чу, заме́тишь, заме́тят	заме́тил, -а, -о, -и	заме́ть	bemerken
идти́ *(uv., best.)*, иду́, идёшь, иду́т	шёл, шла, шло, шли	иди́	gehen
изобрази́ть *(vo.)*, изображу́, изобрази́шь, изобразя́т	изобрази́л, -а, -о, -и	изобрази́	darstellen
иска́ть *(uv.)*, ищу́, и́щешь, и́щут	иска́л, -а, -о, -и	ищи́	suchen
класть *(uv.)*, кладу́, кладёшь, кладу́т	клал, -а, -о, -и	клади́	legen; stecken; (hinein)tun
кра́ситься *(uv.)*, кра́шусь, кра́сишься, кра́сятся	кра́сился, -лась, -лось, -лись	кра́сься	sich schminken
кри́кнуть *(vo.)*, кри́кну, кри́кнешь, кри́кнут	кри́кнул, -а, -о, -и	кри́кни	(an)schreien
купи́ть *(vo.)*, куплю́, ку́пишь, ку́пят	купи́л, -а, -о, -и	купи́	kaufen
лете́ть *(uv., best.)*, лечу́, лети́шь, летя́т	лете́л, -а, -о, -и	лети́	fliegen
лечь *(vo.)*, ля́гу, ля́жешь, ля́гут	лёг, легла́, -о́, -и́	ляг	sich (hin)legen, schlafen gehen
мочь *(uv.)*, могу́, мо́жешь, мо́гут	мог, могла́, -о́, -и́	*ungebr.*	können
мы́ться *(uv.)*, мо́юсь, мо́ешься, мо́ются	мы́лся, -лась, -лось, -лись	мо́йся	sich waschen
наде́ть *(vo.)*, наде́ну, наде́нешь, наде́нут	наде́л, -а, -о, -и	наде́нь	anziehen
назва́ть *(vo.)*, назову́, назовёшь, назову́т	назва́л, -а́, -о, -и	назови́	jdn. (wie) nennen
нача́ть *(vo.)*, начну́, начнёшь, начну́т	на́чал, -а́, -о, -и	начни́	anfangen, beginnen
остава́ться *(uv.)*, остаю́сь, остаёшься, остаю́тся	остава́лся, -лась, -лось, -лись	остава́йся	(zurück)bleiben
оста́ться *(vo.)*, оста́нусь, оста́нешься, оста́нутся	оста́лся, -лась, -лось, -лись	оста́нься	(zurück)bleiben
откры́ть *(vo.)*, откро́ю, откро́ешь, откро́ют	откры́л, -а, -о, -и	откро́й	öffnen; einweihen
отнести́сь *(vo.)*, отнесу́сь, отнесёшься, отнесу́тся	отнёсся, отнесла́сь, -ло́сь, -ли́сь	отнеси́сь	sich verhalten; Einstellung haben (zu)
отрази́ться *(vo.)*, отражу́сь, отрази́шься, отразя́тся	отрази́лся, -лась, -лось, -лись	отрази́сь	sich widerspiegeln

Infinitiv und Konjugation (я, ты, они)	Präteritum	Imperativ	deutsch
перевезти́ *(vo.)*, перевезу́, перевезёшь, перевезу́т	перевёз, перевезла́, -ло́, -ли́	перевези́	transportieren, bringen
петь *(uv.)*, пою́, поёшь, пою́т	пел, -а, -о, -и	пой	singen
печь *(uv.)*, пеку́, печёшь, пеку́т	пёк, пекла́, -о́, -и́	пеки́	backen
пить *(uv.)*, пью, пьёшь, пьют	пил, -а́, -о, -и	пей	trinken
плыть *(uv., best.)*, плыву́, плывёшь, плыву́т	плыл, -а́, -о, -и	плыви́	schwimmen
получи́ть *(vo.)*, получу́, полу́чишь, полу́чат	получи́л, -а, -о, -и	получи́	erhalten, bekommen
помо́чь *(vo.)*, помогу́, помо́жешь, помо́гут	помо́г, помогла́, -о́, -и́	помоги́	helfen
поня́ть *(vo.)*, пойму́, поймёшь, пойму́т	по́нял, -а́, -о, -и	пойми́	verstehen
предпоче́сть *(vo.)*, предпочту́, предпочтёшь, предпочту́т	предпочёл, -чла́, -чло́, -чли́	пред-почти́	vorziehen, bevorzugen
прибы́ть *(vo.)*, прибу́ду, прибу́дешь, прибу́дут	при́был, -а́, -о, -и	прибу́дь	ankommen
пригласи́ть *(vo.)*, приглашу́, пригласи́шь, приглася́т	пригласи́л, -а, -о, -и	пригласи́	einladen
прийти́ *(vo.)*, приду́, придёшь, приду́т	пришёл, -шла́, -шло́, -шли́	приди́	(an)kommen
приноси́ть *(uv.)*, приношу́, прино́сишь, прино́сят	приноси́л, -а, -о, -и	приноси́	bringen
принести́ *(vo.)*, принесу́, принесёшь, принесу́т	принёс, -несла́, -о́, -и́	принеси́	bringen
приня́ть *(vo.)*, приму́, при́мешь, при́мут	при́нял, -а́, -о, -и	прими́	(ein)nehmen
присла́ть *(vo.)*, пришлю́, пришлёшь, пришлю́т	присла́л, -а, -о, -и	пришли́	schicken, senden
провести́ *(vo.)*, проведу́, проведёшь, проведу́т	провёл, провела́, -о́, -и́	проведи́	verbringen, durchführen
произойти́ *(vo.), nur 3. Pers.*: произойдёт, произойду́т	произошёл, -шла́, -шло́, -шли́	–	geschehen, sich abspielen
просну́ться *(vo.)*, просну́сь, проснёшься, просну́тся	просну́лся, -лась, -лось, -лись	просни́сь	aufwachen
рискну́ть *(vo.)*, рискну́, рискнёшь, рискну́т	рискну́л, -а, -о, -и	рискни́	etw. riskieren
сади́ться *(uv.)*, сажу́сь, сади́шься, садя́тся	сади́лся, -лась, -лось, -лись	сади́сь	sich setzen, Platz nehmen
сесть *(vo.)*, ся́ду, ся́дешь, ся́дут	сел, -а, -о, -и	сядь	sich setzen, Platz nehmen
сказа́ть *(vo.)*, скажу́, ска́жешь, ска́жут	сказа́л, -а, -о, -и	скажи́	sagen
смея́ться *(uv.)*, смеюсь, смеёшься, смеются	смея́лся, смея́лась, -лось, -лись	сме́йся	lachen
спасти́ *(vo.)*, спасу́, спасёшь, спасу́т	спас, -ла́, -ло́, -ли́	спаси́	retten
стать *(vo.)*, ста́ну, ста́нешь, ста́нут	стал, -а, -о, -и	стань	werden
сто́ить *(uv.)*, *nur 3. Pers.*: сто́ит, сто́ят	сто́ил, -а, -о, -и	–	kosten
стоя́ть *(uv.)*, стою́, стои́шь, стоя́т	стоя́л, -а, -о, -и	стой	stehen
уби́ть *(vo.)*, убью́, убьёшь, убью́т	уби́л, -а, -о, -и	убе́й	umbringen
увле́чься *(vo.)*, увлеку́сь, увлечёшься, увлеку́тся	увлёкся, увлекла́сь, -ло́сь, -ли́сь	увлеки́сь	sich begeistern (für)

Infinitiv und Konjugation (я, ты, они)	Präteritum	Imperativ	deutsch
узнава́ть *(uv.)*, узнаю́, узнаёшь, узнаю́т	узнава́л, -а, -о, -и	узнава́й	erfahren; erkennen
умере́ть *(vo.)*, умру́, умрёшь, умру́т	у́мер, умерла́, -ло, -ли	умри́	sterben
улыбну́ться *(vo.)*, улыбну́сь, улыбнёшься, улыбну́тся	улыбну́лся, -лась, -лось, -лись	улыбни́сь	lächeln
упа́сть *(vo.)*, упаду́, упадёшь, упаду́т	упа́л, -а, -о, -и	упади́	fallen
ходи́ть *(uv., unbest.)*, хожу́, хо́дишь, хо́дят	ходи́л, -а, -о, -и	ходи́	gehen
хоте́ть *(uv.)*, хочу́, хо́чешь, хо́чет, хоти́м, хоти́те, хотя́т	хоте́л, -а, -о, -и	*ungebr.*	wollen

Satzverknüpfungen und Konjunktionen

Konjunktion	deutsch	Beispiel
а	und; aber	Он лю́бит рок, а она́ поп-му́зыку.
е́сли ..., (то)	wenn ..., (dann)	Е́сли ты хо́чешь, (то) я могу́ пойти́ с тобо́й.
и	und; auch	Купи́ ко́фе и сок. Конце́рт бу́дет и у нас в го́роде.
и ..., и	sowohl ... als auch	И Пе́тя, и Ма́ша бы́ли уже́ на э́том фи́льме.
и́ли	oder	Мы идём на дискоте́ку и́ли в кино́?
и́ли ..., и́ли	entweder ... oder	Реша́й, и́ли ты пи́шешь рефера́т, и́ли де́лаешь презента́цию.
когда́	wenn, als	Когда́ ты придёшь, я сде́лаю у́жин.
ли	ob	Он спроси́л, лю́бит ли она́ танцева́ть.
ни ..., ни	weder ... noch	Они́ не уме́ют ни писа́ть, ни чита́ть по-ру́сски.
но	aber; sondern	Са́ша хоте́л купи́ть биле́т, но у него́ не́ было де́нег.
не то́лько ..., но и	nicht nur ..., sondern auch	Я говорю́ не то́лько по-ру́сски, но и по-туре́цки.
по́сле э́того	danach	Снача́ла мы посети́ли вы́ставку. По́сле э́того мы пошли́ в кафе́.
по́сле того́, как	nachdem	По́сле того́, как мы посети́ли вы́ставку, мы пошли́ в кафе́.
потому́ что	da, weil	У меня́ бы́ли интере́сные кани́кулы, потому́ что я отдыха́л с друзья́ми в ла́гере.
поэ́тому	deshalb, deswegen	Я не люблю́ писа́ть, поэ́тому я всегда́ звоню́.
хотя́	obwohl	Я включи́л(а) свет, хотя бы́ло светло́.
чем	als *(Vergleich)*	Виногра́д доро́же, чем я́блоки.
что́бы *(+ Inf.)*	um zu	Он уча́ствует в а́кции, что́бы помо́чь живо́тным.
что́бы *(+ Prät.)*	damit; dass	Роди́тели купи́ли мне моби́льник, что́бы я им звони́л во вре́мя кани́кул. Он хо́чет, что́бы А́нна пришла́.

Die Partizipien

1 Formen und Verwendung

Merkmale	Partizip Präsens Aktiv	Partizip Präteritum Aktiv	Partizip Präsens Passiv	Partizip Präteritum Passiv
1. Suffix + Adjektivendung.	– слу́ша**ющий** – пи́ш**ущий** – говор**я́щий** – уч**а́щи**йся → nur **uv.** Verben	– чита́**вший** – купи́**вший** – занима́**вший**ся – помо́г**ший** → **uv.** und **vo.** Verben	– чита́**емый** – дискути́ру**емый** – провод**и́мый** – стро́**имый** → nur **uv.** Verben	– прочи́та**нный** – постро́**енный** – приглаш**ённый** – откры́**тый** → nur **vo.** Verben
2. Stimmen mit dem ***Bezugswort*** in Genus, Numerus und Kasus überein. 3. Können **vor** oder **nach** dem Bezugswort stehen.	Я зна́ю **слу́шающего** му́зыку ***ма́льчика***. = Я зна́ю ***ма́льчика***, **слу́шающего** му́зыку.	Он дружи́л с **занима́вшейся** баскетбо́лом ***де́вушкой***. = Он дружи́л с ***де́вушкой***, **занима́вшейся** баскетбо́лом.	**Дискути́руемые** в кла́ссе ***те́мы*** о́чень интере́сные. = ***Те́мы***, **дискути́руемые** в кла́ссе, о́чень интере́сные.	**Прочи́танный** на уро́ке ***расска́з*** всем понра́вился. = ***Расска́з***, **прочи́танный** на уро́ке, всем понра́вился.
4. In gesprochener Sprache: häufig Ersatz durch **Relativsätze**.	Я зна́ю ***ма́льчика***, **кото́рый** слу́шает му́зыку.	Он дружи́л с ***де́вушкой***, **кото́рая** занима́лась баскетбо́лом.	***Те́мы***, **кото́рые** дискути́руют в кла́ссе, о́чень интере́сные.	***Расска́з***, **кото́рый** прочита́ли на уро́ке, всем понра́вился.
5. Passiv-Partizipien: ***Urheber*** (= Träger der Handlung) steht im **Instrumental**.			Те́мы, **дискути́руемые** ***ученика́ми*** в кла́ссе, о́чень интере́сные.	Расска́з, **прочи́танный** ***на́ми*** на уро́ке, всем понра́вился.

Gebrauch der Partizipien
- vor allem in der Schriftsprache
- Langformen: als Attribut
- Kurzformen (nur Partizip Präteritum Passiv): prädikativ

2 Übersetzung (Tipps für das Vorgehen)

	Partizip Präsens Aktiv	Partizip Präteritum Aktiv	Partizip Präsens Passiv	Partizip Präteritum Passiv
Beispiel	Я сижу́ ря́дом с па́рнем, чита́ющим рома́н.	Я сиде́л ря́дом с па́рнем, (про)чита́вшим рома́н.	Мы говори́м о рома́не, чита́емом па́рнем в библиоте́ке.	Мы говори́ли о рома́не, прочи́танном па́рнем в библиоте́ке.
1. Bestimme das Partizip (Suffix!).	чита́ющим → **-ющ-** → Präsens Aktiv	(про)чита́вшим → **-вш-** → Präteritum Aktiv	чита́емом → **-ем-** → Präsens Passiv	прочи́танном → **-нн-** → Präteritum Passiv
2. Finde das Bezugswort.	ря́дом с па́рнем	ря́дом с па́рнем	о рома́не	о рома́не
3. Ist eine Übersetzung von Partizip und Bezugswort mit deutschen Partizipien möglich?	→ neben dem **lesenden** Jungen (Partizip I)	nicht möglich	nicht möglich	→ über den **gelesenen** Roman (Partizip II)
4. Ist das Partizip durch Objekte/Adverbialbestimmungen erweitert? Gibt es einen Handlungsträger?	рома́н – den/einen Roman	рома́н – den/einen Roman	в библиоте́ке – in der Bibliothek па́рнем – **von** dem Jungen	в библиоте́ке – in der Bibliothek па́рнем – **von** dem Jungen
5. Übersetze nun den ganzen Satz a) mit deutschen Partizipien (meist bei Sätzen ohne Erweiterung). b) mit einem Relativsatz (wenn Erweiterung vorhanden).	a) Ich sitze neben dem (einen Roman) **lesenden** Jungen. b) Ich sitze neben dem Jungen, **der** einen Roman **liest**.	a) nicht möglich b) Ich saß neben dem Jungen, **der** einen Roman **las** *(uv.)*/ **gelesen hat(te)** *(vo.)*.	a) nicht möglich b) Wir sprechen über den Roman, **der** von dem Jungen in der Bibliothek **gelesen wird**.	a) Wir sprachen über den (von dem Jungen in der Bibliothek) **gelesenen** Roman. b) Wir sprachen über den Roman, **der** von dem Jungen in der Bibliothek **gelesen worden war**.

Die Adverbialpartizipien

1 Formen und Verwendung

Merkmale	Adverbialpartizip der Gleichzeitigkeit	Adverbialpartizip der Vorzeitigkeit
1. Suffix	– чита́**я** – говор**я́** – сме**я́**сь – держ**а́** → nur **uv.** Verben	– прочита́**в** – встре́ти**вши**сь – помо́г**ши** → nur **vo.** Verben
2. Verlauf der Nebenhandlung:	**gleichzeitig mit** der Haupthandlung (Prädikat)	Abschluss **vor** der Haupthandlung
3. In gesprochener Sprache Umschreibung durch:	– … и … – Когда́ … *(uv.)* – …, потому́ что …	– По́сле того́, как … – По́сле + *Gen.* – … и пото́м …

Adverbialpartizipien
- sind unveränderlich
- werden nur in der Schriftsprache gebraucht

2 Übersetzung (Tipps für das Vorgehen)

	Adverbialpartizip der Gleichzeitigkeit	Adverbialpartizip der Vorzeitigkeit
Beispiel	И́ра е́хала домо́й, слу́шая но́вую пе́сню.	Послу́шав пе́сню, И́ра начала́ чита́ть.
1. Finde die Haupthandlung und übersetze sie.	И́ра е́хала домо́й → Ira fuhr nach Hause	И́ра начала́ чита́ть → Ira begann zu lesen
2. Bestimme das Adverbialpartizip (Suffix!).	слу́шая → **-я** → Gleichzeitigkeit	послу́шав → **-в** → Vorzeitigkeit
3. Übersetze die Nebenhandlung. Beachte: Das **Subjekt** ist dasselbe wie im Hauptsatz.	… слу́шая но́вую пе́сню. → **Ira** hörte das neue Lied	Послу́шав пе́сню, … → Nachdem **Ira** das Lied (an)gehört hatte
4. Mögliche Übersetzungen des Adverbialpartizips:	und/während/beim	nachdem/nach/und dann
5. Achte beim Übersetzen darauf, dass die Nebenhandlung	→ **gleichzeitig** mit der Haupthandlung verläuft:	→ der Haupthandlung **vorausgegangen** ist:
6. Übersetze den ganzen Satz.	Ira fuhr nach Hause **und** hörte das neue Lied. (**Während** Ira nach Hause fuhr, hörte sie das neue Lied. / **Auf der Heimfahrt** hörte Ira das neue Lied.)	**Nachdem** Ira das Lied (an)gehört hatte, begann sie zu lesen. (**Nach dem Anhören** des Liedes begann Ira zu lesen. / Ira hörte das Lied an **und** begann **dann** zu lesen).

Die Präpositionen (nach Kasus geordnet)

	Präposition		Beispiel
Gen.	**без**	ohne *(Sache, Person)*	Я пью чай **без** са́хар**а**. Он живёт **без** роди́тел**ей**.
	вме́сто	statt, anstelle	**Вме́сто** блин**о́в** я закажу́ пельме́ни.
	во вре́мя	während *(Zeit)*	**Во вре́мя** кани́кул я был у ба́бушки.
	для	für *(Sache, Person)*	Э́то пода́рок **для** ма́м**ы**. Э́то по́лка **для** книг.
	до	bis *(Ort, Zeit)*	Как дойти́ **до** вокза́л**а**? **До** у́жин**а** я чита́л кни́гу.
	из	aus *(Ort)*	Я **из** Берли́н**а**.
	из-за	wegen *(Grund)*	**Из-за тебя́** я опозда́ла на авто́бус.
	кро́ме	außer *(Sache, Person)*	**Кро́ме тебя́** я здесь никого́ не зна́ю.
	напро́тив	gegenüber *(Ort)*	Музе́й нахо́дится **напро́тив** по́чт**ы**.
	о́коло	neben, bei *(Ort)*	Моя́ ко́мната нахо́дится **о́коло** ку́хн**и**.
	от	von *(Absender, Ort)*	Э́то письмо́ **от** Ко́л**и**. Стол стои́т спра́ва **от** окн**а́**.
	по́сле	nach *(Zeit)*	**По́сле** шко́л**ы** я отдыха́ю.
	про́тив	gegen *(Vorhaben, Ziel)*	Я **про́тив** экску́рси**и**.
	с	von, ab, seit *(Ort, Zeit)*	По́езд отправля́ется **с** 1-**го** пут**и́**. Я уже́ жду **с** утр**а́**.
	среди́	unter, mitten (in)	**Среди́** мо**и́х** друз**е́й** никто́ не ку́рит.
	у	bei *(Ort)*, haben	Я **у** Ми́ш**и**. **У** Ли́з**ы** есть брат.
Dat.	**к**	zu *(Richtung, Zeit)*	Я иду́ **к** врач**у́**. **К** у́жин**у** ма́ма гото́вит пюре́.
	по	in *(Fach)*, durch *(Ort)*	Э́то контро́льная **по** фи́зик**е**? Мы гуля́ем **по** па́рк**у**.
		...tags *(Zeit)*	**По** суббо́т**ам** и воскресе́нь**ям** мы обы́чно на да́че.
		nach, gemäß *(Art)*	По́езд из Берли́на прибу́дет **по** расписа́н**ию**.
Akk.	**в**	in, nach, am	Я иду́ **в** кино́. Я лечу́ **в** Ри́г**у**. **В** сре́д**у** пра́здник.
	за	für *(Gegenwert, Ziel)*	Я купи́л э́ту кни́гу **за** 20 рубле́й. Я **за** э́тот план.
		innerhalb *(Zeit)*	**За** четы́ре го́да мой брат отли́чно вы́учил ру́сский язы́к.
		auf *(Trinkspruch)*	Дороги́е го́сти, дава́йте вы́пьем **за** на́ш**у** ба́бушк**у**!
	на	auf, in, zu *(Richtung)*	Я смотрю́ **на** го́ст**я**. Я иду́ **на** конце́рт/**на** по́чт**у**.
		um *(Differenz)*	По́езд опа́здывает **на** 20 мину́т.
		für *(Zeit)*	Он уе́хал в Москву́ **на** неде́л**ю**.
	по	je, jeweils	Я ка́ждый день игра́ю на скри́пке **по** два часа́.
	че́рез	über, durch *(Richtung)*	Мы идём **че́рез** у́лиц**у**/**че́рез** весь го́род.
		nach, in *(Zeit)*	Я получи́л письмо́ **че́рез** ме́сяц. **Че́рез** час го́сти бу́дут здесь.
Instr.	**за**	hinter, am *(Ort)*	Ко́шка лежи́т **за** кре́сл**ом**. Я сижу́ **за** стол**о́м**.
		bei	**За** у́жин**ом** мы мно́го разгова́риваем.
	ме́жду	zwischen *(Ort, Zeit)*	В кино́ я сижу́ **ме́жду** бра́т**ом** и сестр**о́й**.
	над	über *(Ort)*, am *(Inhalt)*	Ла́мпа виси́т **над** стол**о́м**. Я рабо́таю **над** стать**ёй**.
	пе́ред	vor *(Ort, Zeit)*	**Пе́ред** до́м**ом** сад. Мы встреча́емся **пе́ред** уро́к**ом**.
	под	unter *(Ort)*	Су́мка лежи́т **под** стол**о́м**.
	ря́дом с	neben *(Ort)*	**Ря́дом с** ку́хн**ей** нахо́дится столо́вая.
	с	mit *(gemeinsam)*	Я говорю́ **с** учи́тел**ем**.
Präp.	**в**	in, im *(Ort, Zeit)*	Я живу́ **в** го́род**е**. **В** ма́**е** экску́рсия.
	на	auf, in, im *(Ort)*	Журна́л лежи́т **на** стол**е́**. Я живу́ **на** э́той у́лиц**е**.
	при	unter, zur Zeit von	Он жил при Петр**е́** Пе́рв**ом**.
	о	über, von *(Inhalt)*	Мы говори́м **о** Москв**е́**.

Die Grundzahlen

1	оди́н[1]	13	трина́дцать	50	пятьдеся́т	400	четы́реста
2	два[2]	14	четы́рнадцать	60	шестьдеся́т	500	пятьсо́т
3	три	15	пятна́дцать	70	се́мьдесят	600	шестьсо́т
4	четы́ре	16	шестна́дцать	80	во́семьдесят	700	семьсо́т
5	пять	17	семна́дцать	90	девяно́сто	800	восемьсо́т
6	шесть	18	восемна́дцать	100	сто	900	девятьсо́т
7	семь	19	девятна́дцать	101	сто оди́н[1]	1000	(одна́) ты́сяча
8	во́семь	20	два́дцать	110	сто де́сять	1000000	(оди́н) миллио́н
9	де́вять	21	два́дцать оди́н[1]	199	сто девяно́сто де́вять	2502224	два миллио́на пятьсо́т две ты́сячи две́сти два́дцать четы́ре
10	де́сять	22	два́дцать два[2]				
11	оди́ннадцать	30	три́дцать	200	две́сти		
12	двена́дцать	40	со́рок	300	три́ста		

1 Je nach Genus des Bezugsworts gebrauche **оди́н** (теа́тр), **одно́** (я́блоко), **одна́** (буты́лка).
2 Vor Maskulina und Neutra **два**, vor Feminina **две**.

Die Rektion der Grundzahlen		
1 + Nom. Sg.	**2, 3, 4 + Gen. Sg.**	**5–20 + Gen. Pl.**
оди́н учени́к	два ученика́	пять ученико́в
одно́ сло́во	два сло́ва	де́сять слов
одна́ газе́та	две газе́ты	сто газе́т

Bei zusammengesetzten Zahlwörtern ab 21 richten sich Numerus und Kasus des Substantivs nach dem **letzten Wort**, z. B. 191 кни́г**а**.

Die Ordnungszahlen

1.	пе́рвый[1]	12.	двена́дцатый	23.	два́дцать тре́тий[2]
2.	второ́й	13.	трина́дцатый	30.	тридца́тый
3.	тре́тий[2]	14.	четы́рнадцатый	31.	три́дцать пе́рвый
4.	четвёртый	15.	пятна́дцатый	40.	сороково́й
5.	пя́тый	16.	шестна́дцатый	50.	пятидеся́тый
6.	шесто́й	17.	семна́дцатый	60.	шестидеся́тый
7.	седьмо́й	18.	восемна́дцатый	70.	семидеся́тый
8.	восьмо́й	19.	девятна́дцатый	80.	восьмидеся́тый
9.	девя́тый	20.	двадца́тый	90.	девяно́стый
10.	деся́тый	21.	два́дцать пе́рвый	100.	со́тый
11.	оди́ннадцатый	22.	два́дцать второ́й	2000.	двухты́сячный

1 Endungen wie bei Adjektiven -**ый** (betont -**о́й**), -**ое**, -**ая**, -**ые**.
2 Beachte die Sonderformen тре́т**ий**, тре́т**ье**, тре́т**ья**, тре́т**ьи**.

ТРКИ

Грамматика/лексика

1 День эколога

(1) всех, кто
(2) теми, кто
(3) связан
(4) проходящий
(5) были проведены
(6) подготовленную
(7) посетившие
(8) показанных

2 Поговорим о русских именах!

(1) имена (2) имя (3) имени (4) имён (5) имени

Аудирование

1 Разговор по телефону

1. б) нет
2. б) нет
3. а) да
4. б) нет
5. б) нет
6. а) да
7. а) да
8. а) да
9. б) нет
10. а) да

2 Телесериал «Школа»

1. б) 2. б) 3. а) 4. в)

Чтение

1 Что вы видите в будущем?

1. б) нет 2. б) нет 3. б) нет 4. а) да 5. б) нет 6. а) да

2 «Наши русские и наши немцы»

1. а) 2. в) 3. в) 4. в) 5. б) 6. б)

Мы повторяем

1 anechka16: Интернете / красивым парнем / настоящую любовь
Serfar: моей девушкой / Интернет / года / месяцев
bumburum: компании / жизни / современной техники / компьютера / Интернета / телевидения / Интернете / возможностей
AllDee: лет / Интернетом / молодым людям / времени / этом мире / мужа / жену
Hektor777: честных людей / Интернете / чате / симпатичную девушку / свою фотографию / недели / кафе / городе / встречу / фотографии

2 а) 1. б) 2. в) 1. г) 1. д) 2. е) 2.

3 появилась (Einmaligkeit) / делали (Wiederholung) / сделал (Ergebnis) / нарисовал (Ergebnis) / понравилась (Einmaligkeit) / назвали (Einmaligkeit) / давали (Wiederholung) / получила (Einmaligkeit) / стала (Ergebnis) / начали (Einmaligkeit) / открыли (Ergebnis) / будет приносить (Dauer)

4 а) 1. летишь – Я лечу в/на ...
2. летишь – Я лечу в/на ..., потому что ...
3. летит – Самолёт летит из ... в/на ... час/часа/часов.
4. летать – Да, я люблю/Нет, я не люблю летать.
5. летаешь – Да, я часто/Нет, я нечасто летаю ...
6. летал(а) – Да, я уже/Нет, я ещё не летал(а) в/на ...

б) 1. едешь – Я еду в/на ...
2. едешь – Я еду в/на ..., потому что ...
3. едет – Поезд/машина едет из ... в/на ... час/часа/часов.
4. ездить – Да, я люблю/Нет, я не люблю ездить на ...
5. ездишь – Да, я часто/Нет, я нечасто езжу ...
6. ездил(а) – Да, я уже /Нет, я ещё не ездил(а) в/на ...

5 ездил/летать/ехать/выехал/ехали/приехали/вышли/поехали/ехали

6 а) пишущий – Ein Mensch, der Gedichte schreibt. (поэт)
б) исполняемое – Ein Werk, das im Theater gespielt/aufgeführt wird. (спектакль)
в) танцующая – Eine Frau, die im Ballett tanzt. (балерина)
г) рисующий – Ein Mensch, der Bilder malt. (художник)
д) используемое – Ein Gebäude, das für die Vorführung alter Kunstobjekte genutzt wird. (музей)
е) играющая – Eine Frau, die in Filmen spielt. (актриса)
ж) снимающий – Ein Mensch, der Filme dreht. (режиссёр)
з) носящий – Ein Museum, das den Namen von Pawel Tretjakow trägt. (Третьяковская галерея)

7 ... в супермаркете, который недавно построили у нас.
(... im Supermarkt, der vor kurzem bei uns gebaut wurde.)
... на деньги, которые мы заработали, ... (... mit dem Geld, das wir verdient haben, ...)
... недалеко от города Лоо, который находится на Чёрном море, ...
(... nicht weit von der Stadt Loo, die am Schwarzen Meer liegt, ...)
... ребята, которые приехали со всей страны.
(... Jugendliche, die aus dem ganzen Land hierher gekommen sind.)
... с громкими туристами, которые отдыхают там.
(... mit lauten Touristen, die dort Urlaub machen/sich dort erholen.)
... родители, которые узнали о нашей идее, ... (... die Eltern, die von unserer Idee erfuhren, ...)
... фотографии лагеря, которые присылали ребята, ...
(... Fotos des Camps, die von Jugendlichen geschickt wurden, ...)
Место, которое выбрали для лагеря, ... (Der Platz, der für das Camp ausgesucht worden war, ...)
... ужин, который приготовили на костре.
(... Abendessen, das am Feuer zubereitet worden war.)
... с ребятами, которые жили в лагере. (... mit Jugendlichen, die im Camp wohnten.)

8 – *Nachdem Leo Tolstoj eine kurze Erzählung geschrieben hatte,* schickte er sie unter anderem Namen an die Redaktion einer Zeitschrift.
– *Der Redakteur empfing Tolstoj, bot im höflich einen Platz an* und sagte dann, dass die Erzählung nicht erscheinen würde.
– „Warum denn?“, fragte Tolstoj, *ohne zu verstehen,* was los war.

– *„Als ich Ihre Erzählung las",* sagte der Redakteur, „war ich überzeugt, dass sie von einem Anfänger geschrieben wurde".
– „In Ihrem Alter ist es zu spät, *ohne eine gewisse Erfahrung (ohne Erfahrungen zu haben)* mit dem Schreiben anzufangen".
– „Ich habe schon etwas geschrieben", antwortete Tolstoj *lächelnd (und lächelte).*
– *Der Redakteur schaute Tolstoj an und fragte:* „Darf ich erfahren, was?"

9 а) Входите, пожалуйста.
б) Познакомьтесь, это Тина, а это Игорь.
в) Садитесь за стол, пожалуйста.
г) Попробуйте, пожалуйста, десерт.
д) Открой(те), пожалуйста, окно.
е) Тина, включи, пожалуйста, плеер.
ж) Игорь, покажи свои фотографии.
з) Позвони(те), пожалуйста, Виктору и спроси(те), когда он придёт.

10 а) У меня приятные (хорошие) соседи, но они никогда не сортируют мусор.
б) Мне кажется, что многие люди ничего не знают о нашей планете.
в) Я думаю, что многие люди думают только о себе и ничем не интересуются.
г) (Это) ни для кого не секрет, что машины загрязняют воздух.
д) Многие люди ничего не делают, чтобы защитить окружающую среду.
е) Я не пользуюсь ни пластиковой посудой, ни пакетами.
ж) В СМИ много говорят о протесте, но в нашем городе я не видел(а) никаких активистов (ни одного активиста).

11 а) своём/нашей/со своей/их/его/нашу/его/его/его/со своим/его
б) Individuell

12 а) в:
1. Я был(а) в школе, в городе, в деревне, в кино, в театре, в бассейне, в Италии, в лесу.
2. Я ходил(а)/ездил(а) в школу, в город, в деревню, в кино, в театр, в бассейн, в Италию, в лес.

на:
1. Я был(а) на почте, на концерте, на стадионе, на Камчатке, на юге, на родине, на море.
2. Я ходил(а)/ездил(а) на почту, на концерт, на стадион, на Камчатку, на юг, на родину, на море.

б) 1. Спасибо за приглашение.
2. Это подарок для тебя.
3. Я купил мороженое за 20 рублей.
4. Приезжай ко мне в гости на две недели.
5. Расскажи мне что-нибудь о твоих хобби.
6. Мы должны здесь идти через мост?
7. Мне очень нравится лампа, которая висит над вашим столом.

13 что/чтобы/когда/после того, как/если/хотя/но/поэтому/и … , и …/а/потому что/чтобы

14 а) дешевле/дороже/дешевле всего (юбка)
б) моложе/старше/моложе всех (Люба)
в) медленнее/темнее/ниже/светлее/быстрее/выше (Коля – самый светлый. Вова – самый быстрый. Миша – самый высокий.)

15 Lösungsmöglichkeiten:
- Билеты в Третьяковскую галерею дороже (более дорогие), чем билеты в Экзотариум./ Билеты в Экзотариум дороже (более дорогие), чем билеты в музей истории космонавтики.
- По-моему, Третьяковская галерея известнее (более известная), чем музей истории космонавтики./По-моему, Экзотариум менее известный, чем Третьяковская галерея.
- По-моему, Экзотариум интереснее (более интересный), чем Третьяковская галерея.
- По-моему, Экзотариум скучнее (более скучный), чем музей истории космонавтики.

16 – Когда идут (начинаются) новости? – Новости идут (начинаются) в девять часов пять минут/в пять минут десятого.
в девять часов двадцать минут/в двадцать минут десятого
в десять часов сорок пять минут/без четверти (пятнадцати) одиннадцать
в двенадцать часов
в двенадцать часов тридцать минут/в половине первого
в четырнадцать часов десять минут/в десять минут третьего
в пятнадцать часов пятнадцать минут/в четверть (пятнадцать минут) четвёртого
в пятнадцать часов пятьдесят минут/без десяти четыре
в шестнадцать часов пятьдесят пять минут/без пяти пять
в восемнадцать часов/в шесть часов
в восемнадцать часов двадцать минут/в двадцать минут седьмого
в восемнадцать часов пятьдесят минут/без десяти семь
в двадцать часов пять минут/в пять минут девятого
в двадцать один час/в девять часов

17
1. Б на двух континентах
2. А с шестнадцатью государствами
3. Б в девяти часовых поясах
4. А не менее сорока пяти процентов
5. В около ста восьмидесяти народов
6. Б на ста пятидесяти языках
7. В в двенадцати городах России

Досье 5, старт, упр. 1Б

Картина 1: Михаил Омбыш-Кузнецов «Самовар»
Картина 2: Фёдор Решетников «Опять двойка»

На выбор 1 (чтение): Ты идеалист или материалист?

7–11 ба́ллов:	12–17 ба́ллов:	18 и бо́льше:
Ты – настоя́щий идеали́ст. Ты не лю́бишь ходи́ть по магази́нам. Дорога́я оде́жда и мно́го де́нег не игра́ют для тебя́ большо́й ро́ли. Для тебя́ важне́е име́ть хоро́ших друзе́й, помога́ть лю́дям и забо́титься об окружа́ющей среде́.	Ты, как и мно́гие лю́ди, не идеали́ст, но и не настоя́щий материали́ст. Ты не лю́бишь тра́тить[1] де́ньги про́сто так, но иногда́ ты покупа́ешь каку́ю-нибудь вещь, потому́ что она́ тебе́ понра́вилась и́ли уже́ есть у други́х. У тебя́ есть хоро́шие друзья́, но тебе́ та́кже ва́жно, что́ о тебе́ ду́мают други́е.	Ты – настоя́щий материали́ст. Ты хо́чешь носи́ть дорогу́ю оде́жду, име́ть мно́го де́нег и прия́тно проводи́ть вре́мя. Ты хо́чешь обща́ться то́лько с успе́шными людьми́. А ты уве́рен, что э́то настоя́щие друзья́?

1 **тра́тить** ausgeben

Лексика к досье – Lektionsbegleitendes Vokabular

Das lektionsbegleitende Vokabular hilft dir beim selbstständigen Lernen der neuen Wörter. In der linken Spalte stehen die obligatorischen[1] (fett gedruckt) und rezeptiven[2] (nicht fett gedruckt) Wörter in der Reihenfolge, in der sie in der Lektion vorkommen.

Zu vielen Wörtern gibt es blau gedruckte Beispielsätze, mit denen du die Vokabeln im Zusammenhang lernen kannst.

Zusätzlich gibt es am Ende jeder Lektion grüne Kästen, mit deren Hilfe du deinen persönlichen Wortschatz (**Мой личный словарь**) thematisch ordnen und zugleich erweitern kannst. Sie enthalten Wörter zu einem Themenfeld, die du lernen musst (fett gedruckt), und einen Auswahlwortschatz (nicht fett gedruckt) für persönliche Äußerungen (**Дополнительно**).

Am Ende des Vokabulars findest du noch eine Übersicht über die bekannten Personen, die im Lehrbuch vorkommen.

Abkürzungen und Symbole

m.	maskulin (männlich)	*uv.*	unvollendeter Aspekt
n.	neutral (sächlich)	*vo.*	vollendeter Aspekt
f.	feminin (weiblich)	*best.*	bestimmt
Sg.	Singular	*unbest.*	unbestimmt
Pl.	Plural	*Imp.*	Imperativ
Nom.	Nominativ	*indekl.*	indeklinabel (nicht deklinierbar)
Gen.	Genitiv	*ugs.*	umgangssprachlich
Dat.	Dativ	*ungebr.*	ungebräuchlich
Akk.	Akkusativ	*unpers.*	unpersönlich
Instr.	Instrumental	**E**	Englisch
Präp.	Präpositiv	**F**	Französisch
Adv.	Adverb	**L**	Latein
Pers.	Person	**S**	Spanisch
Subst.	Substantiv		

= Synonym ≠ Antonym > Wortfamilie ⚠ Beachte

1 **obligatorisch** Wörter, die du lernen musst – 2 **rezeptiv** Wörter, die du verstehen musst

Досье́ 1

Старт: Как живёшь, молодёжь?

тусо́вка *ugs.*	Party; Treff; Clique
подъезд	Treppenaufgang; Hauseingang
па́ра	Paar
компа́ния E company, F compagnie	Gesellschaft; Freundeskreis
В мое́й компа́нии все лю́бят э́ту гру́ппу.	In meinem Freundeskreis mögen alle diese Band.
тусова́ться/ потусова́ться *ugs.*	abhängen, Party machen *ugs.*
По суббо́там мы тусу́емся на дискоте́ке.	Samstags hängen wir in der Diskothek ab.
кури́ть/покури́ть	rauchen
сигаре́та	Zigarette
выпива́ть *uv.*	trinken *(meist Alkohol)*
В на́шем молодёжном клу́бе нельзя́ кури́ть и выпива́ть.	In unserem Jugendclub darf man nicht rauchen und Alkohol trinken.
влюблён/влюблена́ *(***в** *+ Akk.)*	verliebt (in)
> влюбля́ться/ влюби́ться	> sich verlieben
> люби́ть *uv.*	> lieben, mögen
> любо́вь *f.*	> Liebe
де́вушка	*hier:* (feste) Freundin
па́рень *m.; Gen.* **па́рня**	*hier:* (fester) Freund
проце́нт	Prozent
стати́стика	Statistik
по стати́стике	laut Statistik

Текст А: На́ши пути́

стихотворе́ние	Gedicht
о́блако; *Nom. Pl.* **облака́**, *Gen. Pl.* **облако́в**	Wolke
подва́л	Keller
звезда́; *Nom. Pl.* **звёзды**, *Gen. Pl.* **звёзд**	Stern; Star
прести́ж F prestige	Ansehen, Prestige
крича́ть кричу́, кричи́шь, крича́т/ **кри́кнуть** *(***на** *+ Akk.)* кри́кну, кри́кнешь, кри́кнут	(an)schreien
Не кричи́ на меня́.	Schrei mich nicht an!
боль *f.*	Schmerz

Упражне́ния А

позити́вный	positiv
негати́вный	negativ
ситуа́ция	Situation
стро́чка	Zeile
це́нность *f.*	Wert
> цена́	> Preis
ли́чность *f.*	Persönlichkeit
дру́жба	Freundschaft
> друг/подру́га	> Freund(in)
> дружи́ть *uv.*	> befreundet sein
мно́гие *Pl.*	viele
Мно́гие лю́ди лю́бят спорт.	Viele Menschen mögen Sport.
называ́ть/назва́ть *(+ Akk. + Instr.)* назову́, назовёшь, назову́т	(jdn. wie) nennen
Мои́ друзья́ называ́ют меня́ Ма́ксом.	Meine Freunde nennen mich Max.
полага́ться/ положи́ться на *(+ Akk.)*	sich verlassen auf
На тебя́ всегда́ мо́жно положи́ться.	Auf dich kann man sich immer verlassen.
свида́ние	Verabredung, Rendezvous
> ви́деть/уви́деть	> sehen
невозмо́жно	unmöglich
поколе́ние	Generation
свобо́да	Freiheit
> свобо́дный	> frei
рискова́ть/рискну́ть *(+ Instr.)* рискну́, рискнёшь, рискну́т	riskieren

Текст Б: «Цифровы́е Ма́угли»

цифрово́й	Ziffern-, Zahlen-; digital
> ци́фра	> Ziffer, Zahl
расти́ расту́, растёшь, расту́т; *Prät.* рос, росла́, росло́, росли́/ **вы́расти**	wachsen, aufwachsen
бум	Boom
развива́ться/разви́ться разовью́сь, разовьёшься, разовью́тся	sich entwickeln
появля́ться/появи́ться	erscheinen, auftauchen; entstehen, aufkommen
В Интерне́те появи́лась но́вая игра́.	Im Internet ist ein neues Spiel aufgetaucht.

дигита́льный	digital
тип	Typ, Art
схе́ма	Schema; Skizze
гра́фик E graph, F graphique S gráfica	Schaubild, Diagramm
тине́йджер E teenager	Jugendlicher, Teenager
зави́симость *f.*	Abhängigkeit
реа́льность *f.*	Realität, Wirklichkeit
всё равно́	egal; sowieso, trotzdem
Ему́ всё равно́, что сего́дня плоха́я пого́да.	Ihm ist ganz egal, dass heute schlechtes Wetter ist.
Он всё равно́ бу́дет игра́ть в футбо́л.	Er wird trotzdem Fußball spielen.
мы́ться мо́юсь, мо́ешься, мо́ются/ **помы́ться**	sich waschen
концентри́рованный	konzentriert
реа́льный	real, wirklich
снача́ла	von Anfang an, noch einmal
агресси́вный	aggressiv
де́тство > де́ти	Kindheit > Kinder
научи́ться *vo.* > учи́ться *uv.* > учи́тель/учи́тельница	(er)lernen > Lehrer(in)
коммуника́ция	Kommunikation
фанта́зия	Fantasie
большо́й па́лец; *Gen.* **па́льца**	Daumen
де́ло	Sache, Angelegenheit
В э́том де́ле я ничего́ не понима́ю.	Von dieser Sache verstehe ich nichts.
Как дела́?	Wie geht's?
ло́вкий	geschickt
разви́тие	Entwicklung
свя́зан, -о, -а, -ы с (+ *Instr.*)	zusammenhängen mit
Я интересу́юсь всем, что свя́зано с те́хникой.	Ich interessiere mich für alles, was mit Technik zusammenhängt.
мозг в мозгу́	Gehirn im Gehirn
зави́сеть *nur uv.* (**от** + *Gen.*)	abhängen (von)
Бу́дущее на́шей страны́ зави́сит от нас.	Die Zukunft unseres Landes hängt von uns ab.

Упражне́ния Б

агресси́вность *f.*	Aggressivität
изве́стность *f.*	Bekanntheit
че́стность *f.*	Ehrlichkeit
благода́рность *f.*	Dankbarkeit
большинство́	Mehrheit
челове́чество	Menschheit
карикату́ра	Karikatur

Текст В: Стажиро́вка

стажиро́вка F stage	Praktikum
объявле́ние	Anzeige, Annonce
журнали́стский	journalistisch
о́пыт	Erfahrung
реда́кция	Redaktion
университе́т	Universität
Мой брат у́чится в университе́те.	Mein Bruder studiert an der Universität.
кандида́т	Kandidat
шко́льник > шко́ла	Schüler > Schule
тре́бование	(An-)Forderung
коммуника́бельный	kommunikativ, kontaktfreudig
кома́нда	Team, Mannschaft
зна́ние > знать	Wissen; Kenntnis > wissen, kennen
обяза́тельный	obligatorisch, Pflicht-; unbedingt
резюме́	*hier:* Bewerbung, -sunterlagen
образова́ние	(Aus-)Bildung
В жи́зни о́чень ва́жно хоро́шее образова́ние.	Eine gute Ausbildung ist im Leben sehr wichtig.
ка́чество	Qualität; Eigenschaft
репорта́ж	Reportage
зарубе́жный	Auslands-

Упражне́ния В

цель *f.*	Ziel
ну́жно *unpers.*	müssen
Мне ну́жно позвони́ть дру́гу.	Ich muss meinen Freund anrufen.
па́спорт; *Nom. Pl.* **паспорта́** E passport, F passeport S pasaporte	(Reise-)Pass
ви́за	Visum

Текст Г: Хо́чешь?

го́лос; *Nom. Pl.* **голоса́**	Stimme
приходи́ться/прийти́сь *unpers.*	müssen
(мне) прихо́дится/придётся; *Prät.* приходи́лось/пришло́сь	
рай	Paradies
сла́дкий	süß
> сла́дость *f.*	> Süßigkeit
вслух	laut
меша́ть/помеша́ть *(+ Dat.)*	(jdn.) stören; hinderlich sein
Гро́мкая му́зыка меша́ет мне учи́ться.	Laute Musik stört mich beim Lernen.
сосе́ди *Pl. (Sg.* **сосе́д***)*; *Gen. Pl.* **сосе́дей**	Nachbarn
вме́сто *(+ Gen.)*	statt, anstelle
отдава́ть/отда́ть	ab-, zurück-, weggeben; opfern
⚠ Konjugation wie дава́ть/дать	
Когда́ ты отда́шь мне мою́ кни́гу?	Wann gibst Du mir mein Buch zurück?

Упражне́ния Г

предлага́ть/предложи́ть	vorschlagen, anbieten
Ви́ка предложи́ла пойти́ ве́чером в кино́.	Wika hat vorgeschlagen, abends ins Kino zu gehen.
социа́льный рабо́тник	Sozialarbeiter
алкого́ль *m.*	Alkohol
куре́ние	Rauchen
> кури́ть/покури́ть	> rauchen
употребля́ть/употреби́ть нарко́тики	Drogen nehmen
здоро́вый	gesund
> здоро́вье	> Gesundheit
о́браз	Art, Weise
о́браз жи́зни	Lebensweise
пита́ние	Ernährung
све́жий	frisch
конфе́та	Bonbon, Konfekt

Мой ли́чный слова́рь: В компа́нии

Э́ти слова́ ты уже́ зна́ешь

весели́ться
вечери́нка
влюбля́ться/влюби́ться (в + *Akk.*)
дискоте́ка
дружи́ть (с + *Instr.*)
игра́ть в музыка́льной гру́ппе
(теле)сериа́л
смотре́ть телеви́зор
спортклу́б
спортплоща́дка
увлека́ться/увле́чься (+ *Instr.*)
фи́тнес
хо́бби

Э́ти слова́ ты вы́учил(а) в э́том досье́

влюблён/влюблена́ (в + *Akk.*)
де́вушка – па́рень *m.*
дру́жба
компа́ния
па́ра
свида́ние
тусо́вка – тусова́ться/потусова́ться

Дополни́тельно (fakultativer Wahlwortschatz)

говори́ть о ли́чных пробле́мах – über persönliche Probleme sprechen
е́здить; е́хать автосто́пом – per Anhalter fahren, trampen
мне лень (де́лать ...) – ich bin zu faul (... zu tun)
подраба́тывать/подрабо́тать – sich Geld dazuverdienen
следи́ть за мо́дой – modebewusst sein

Мой ли́чный слова́рь: Компью́тер и Интерне́т

Э́ти слова́ ты уже́ зна́ешь

блог
име́йл
Интерне́т
интерне́т-сайт – интерне́т-сёрфинг – интерне́т-фо́рум
информа́тика
компью́тер – компью́терная игра́
ноутбу́к
программи́ст
скача́ть
флє́шка
чат

Э́ти слова́ ты вы́учил(а) в э́том досье́

гра́фик
коммуника́ция
(компью́терная) зави́симость
схе́ма
цифрово́й = дигита́льный

Дополни́тельно (fakultativer Wahlwortschatz)
клавиату́ра – Tastatur
кла́виша – Taste
мышь *f.* – Maus
ло́гин – Login
онла́йн/офла́йн – online/offline
паро́ль *m.* – Passwort
почто́вый я́щик – Mailbox
соба́ка – @-Zeichen

Досье́ 2

Старт: Как жить в огро́мной стране́?

про́бка	Stau
час пик	Hauptverkehrszeit
дереве́нский	Dorf-, dörflich
> дере́вня	> Dorf
деревя́нный	aus Holz, Holz-
> де́рево	> Baum
остава́ться	bleiben, zurückbleiben
остаю́сь, остаёшься, остаю́тся/	
оста́ться	
оста́нусь, оста́нешься, оста́нутся	
переезжа́ть/перее́хать	umziehen
перее́ду, перее́дешь, перее́дут	
ландша́фт	Landschaft
с одно́й стороны́, ... с друго́й (стороны́)	einerseits ... andrerseits
Камча́тка	Kamtschatka
часово́й по́яс; *Nom. Pl.* **часовы́е пояса́**	Zeitzone
В Росси́и де́вять часовы́х поясо́в.	In Russland gibt es neun Zeitzonen.
наро́д	Volk
населе́ние	Bevölkerung
ра́зница	Unterschied
> ра́зный	> verschieden
В чём ра́зница ме́жду жи́знью в го́роде и жи́знью в дере́вне?	Worin besteht der Unterschied zwischen dem Leben in der Stadt und dem Leben auf dem Land?
составля́ть/соста́вить	bilden, betragen; zusammenstellen
соста́влю, соста́вишь, соста́вят	
квадра́тный	quadratisch, Quadrat-
квадра́тный метр/киломе́тр (м²/км²)	Quadratmeter/-kilometer (m²/km²)
расстоя́ние	Entfernung, Abstand
Расстоя́ние ме́жду Берли́ном и Москво́й составля́ет 1 600 киломе́тров.	Die Entfernung zwischen Berlin und Moskau beträgt 1 600 Kilometer.
террито́рия	Territorium, Gebiet

Текст А: Полуо́стров на краю́ земли́

вулка́н	Vulkan
ге́йзер	Geysir
водопа́д	Wasserfall
> вода́	> Wasser
> па́дать/упа́сть	> fallen
вертолёт	Hubschrauber
рыба́к; *Gen.* **рыбака́**	Fischer
> ры́ба	> Fisch
охо́тник	Jäger
доли́на	Tal
полуо́стров	Halbinsel
> о́стров	> Insel
край; *Nom. Pl.* **края́**	Rand; Region *(Verwaltungseinheit)*
чу́до; *Nom. Pl.* **чудеса́,** *Gen. Pl.* **чуде́с**	Wunder
де́йствовать	handeln; *hier:* aktiv sein
Гринпи́с де́йствует в Росси́и с 1989 го́да.	Greenpeace ist in Russland seit 1989 aktiv.
добира́ться/добра́ться (до + *Gen.)*	gelangen, erreichen
доберу́сь, доберёшься, доберу́тся	
Как добра́ться до це́нтра го́рода?	Wie gelangt man ins Stadtzentrum?
тако́й же ..., как	ebenso ... wie
Новосиби́рск тако́й же большо́й го́род, как Мю́нхен.	Novosibirsk ist eine ebenso große Stadt wie München.
не́которые *Pl.*	einige, manche
В не́которых стра́нах Евро́пы ещё есть медве́ди.	In einigen Ländern Europas gibt es noch Bären.
коренно́й	Ur-; Stamm-
коренно́й жи́тель	Ureinwohner
коря́к	Korjake
ительме́н	Itelmene
чу́кча	Tschuktsche
одновреме́нно	gleichzeitig
> оди́н	> eins
> вре́мя	> Zeit
свет	Licht; Welt
> све́тлый	> hell

Упражнéния А

занятие	Beschäftigung, Arbeit
прятаться прячусь, прячешься, прячутся/ спрятаться	sich verstecken
бросáть/брóсить брóшу, брóсишь, брóсят	werfen
Не бросáйте мýсор на ýлице!	Werft keinen Müll auf die Straße!
рéдкий	selten
Я рéдко смотрю телевизор.	Ich sehe selten fern.
ительмéнский	itelmenisch
учáстник/учáстница > учáствовать *uv.*	Teilnehmer(in) > teilnehmen

Текст Б: SOS дерéвня!

огорóд	Gemüsegarten
тишинá	Stille
дорóга	*hier:* Straße
водопровóд	Wasserleitung
мегапóлис	Megacity
вездé	überall
клубника	Erdbeere
едá	Essen
У нас пáпа готóвит едý.	Bei uns kocht Papa.
стресс	Stress
Марс	Mars
спокóйный	ruhig
Спокóйной нóчи!	Gute Nacht!
тóчно *Adv.*	genau; sicher
Я тóчно знáю, что я хочý!	Ich weiß genau, was ich will!

Упражнéния Б

навсегдá	für immer
тротуáр	Trottoir, Bürgersteig
яркий	hell, grell; leuchtend
сон; *Gen.* **сна** **F** sommeil, **S** sueño	Traum, Schlaf
Вчерá я видел(а) хорóший сон.	Gestern hatte ich einen schönen Traum.
⚠ Моя мечтá – купить нóвый ноутбýк.	⚠ Mein (Wunsch-) Traum ist es, ein neues Notebook zu kaufen.
экодерéвня	Ökodorf
óколо *(+ Gen.)*	*hier:* etwa, ungefähr
чемпиóн	Champion

вóзраст	Alter
В вóзрасте двадцати лет мой отéц переéхал в гóрод.	Im Alter von 20 Jahren ist mein Vater in die Stadt gezogen.
бег	Lauf, (Wett-)Rennen
бéгать *unbest.*; **бежáть** *best.* бегý, бежишь, бегýт	laufen, rennen; joggen
хоккéй	(Eis-)Hockey
бýлочка	Brötchen

Текст В: Путешéствие в крылé самолёта

крылó; *Nom. Pl.* **крылья**, *Gen. Pl.* **крыльев**	Flügel
из-за *(+ Gen.)*	wegen
Из-за плохóй погóды самолёты сегóдня не летáют.	Wegen des schlechten Wetters fliegen heute keine Flugzeuge.
пóзже > пóздний	später > spät
витрина	Vitrine; Schaufenster
товáр	Ware
эскалáтор	Rolltreppe
замечáть/замéтить замéчу, замéтишь, замéтят	bemerken
Я не замéтил, что Яна ужé ушлá.	Ich habe nicht bemerkt, dass Jana bereits weggegangen ist.
терять/потерять	verlieren
сознáние	Bewusstsein
милиционéр	Polizist *(in Russland)*
спасáть/спасти спасý, спасёшь, спасýт; *Prät.* спас, спаслá, спаслó, спасли	retten
ампутáция	Amputation

Упражнéния В

убегáть/убежáть убегý, убежишь, убегýт	weglaufen, wegrennen
решéние > решáть/решить	Entscheidung; Lösung > entscheiden; lösen
жаль *unpers.*	leid tun
Мне жаль, что ты получил(а) плохýю оцéнку.	Es tut mir leid, dass du eine schlechte Note bekommen hast.
граффити *nur Pl., indekl.*	Graffiti *Pl.*

Мой ли́чный слова́рь: Геогра́фия

Э́ти слова́ ты уже́ зна́ешь

бе́рег
се́вер – юг – восто́к – за́пад
высота́ – глубина́ – длина́
гора́
го́род – дере́вня
земля́
мо́ре – о́зеро – река́ – кана́л
контине́нт
лес
располо́жен, -а, -о, -ы
тайга́ – ту́ндра

Э́ти слова́ ты вы́учил(а) в э́том досье́

водопа́д
вулка́н
ге́йзер
дереве́нский
доли́на
край; *Nom. Pl.* **края́**
ландша́фт
полуо́стров
расстоя́ние
часово́й по́яс; *Nom. Pl.* **часовы́е пояса́**

Дополни́тельно (fakultativer Wahlwortschatz)

боло́то – Moor; Sumpf
кли́мат – Klima
поля́рный круг – Polarkreis
пусты́ня – Wüste
равни́на – Ebene; Flachland
степь *f.* – Steppe
эква́тор – Äquator

Мой ли́чный слова́рь: Жизнь в большо́м го́роде

Э́ти слова́ ты уже́ зна́ешь

авто́бус – метро́ – самолёт – такси́ – трамва́й – тролле́йбус – электри́чка
аэропо́рт – вокза́л
больни́ца
гости́ница
достопримеча́тельность *f.*
консервато́рия
многоэта́жный дом
музе́й
па́мятник
собо́р
стадио́н
теа́тр
универма́г

Э́ти слова́ ты вы́учил(а) в э́том досье́

витри́на
водопрово́д
граффи́ти *nur Pl., indekl.*
мегапо́лис
про́бка
стресс
тротуа́р
час пик
эскала́тор

Дополни́тельно (fakultativer Wahlwortschatz)

галере́я – Galerie
небоскрёб – Wolkenkratzer
конце́ртный зал – Konzertsaal
обще́ственный тра́нспорт – öffentliche Verkehrsmittel
пешехо́дная зо́на – Fußgängerzone
светофо́р – Ampel

Досье́ 3

Старт: «Секре́ты» ру́сских и не́мцев

секре́т	Geheimnis
E/F secret, **S** secreto	
типи́чный	typisch
стереоти́п	Stereotyp, Klischee
при́нято	üblich sein
В Росси́и при́нято надева́ть та́почки в кварти́ре.	In Russland ist es üblich, in der Wohnung Hausschuhe zu tragen.
шу́ба	Pelzmantel
мехово́й	Pelz-
мехова́я ша́пка	Pelzmütze
бе́дный	arm
≠ бога́тый	≠ reich
представле́ние (**о** + *Präp.*)	Vorstellung (von, über)
> представля́ть/предста́вить себе́	> sich vorstellen
Тепе́рь у меня́ друго́е представле́ние о Сиби́ри.	Jetzt habe ich eine andere Vorstellung von Sibirien.
одина́ковый	gleich, identisch
≠ ра́зный	≠ verschieden
взгляд	Ansicht, Meinung; Blick
на мой взгляд	meiner Meinung nach
на пе́рвый взгляд	auf den ersten Blick
и́менно	ausgerechnet, gerade; nämlich
Почему́ и́менно сейча́с?	Warum ausgerechnet jetzt?
Э́то к сча́стью.	Das bringt Glück.
несча́стье	Unglück
чётный	gerade *(Zahlen)*
нечётный	ungerade *(Zahlen)*
суеве́рие; *Nom. Pl.* **суеве́рия**	Aberglaube
> ве́рить/пове́рить	> glauben
> ве́ра	> Glaube
суеве́рный	abergläubisch

приме́та	Vorzeichen, Omen
Я не ве́рю в приме́ты.	Ich glaube nicht an Vorzeichen.
сади́ться	sich setzen, Platz nehmen
сажу́сь, сади́шься, садя́тся/	
сесть	
ся́ду, ся́дешь, ся́дут	
ро́за	Rose
вести́ себя́ *uv.*	sich verhalten; sich benehmen
веду́, ведёшь, веду́т	
Я не зна́ю, как вести́ себя́ в э́той ситуа́ции.	Ich weiß nicht, wie ich mich in dieser Situation verhalten soll.
актуа́льный	aktuell

Текст А: Ты́сяча и одно́ пра́вило

поро́г	Türschwelle
здоро́ваться/ поздоро́ваться *(**с** + Instr.)*	(jdn.) grüßen, sich begrüßen
Я всегда́ здоро́ваюсь с сосе́дями.	Ich grüße die Nachbarn immer.
у́гол; *Gen.* **угла́**	Ecke
в углу́	in der Ecke
выходи́ть/вы́йти за́муж *(**за** + Akk.)*	(einen Mann) heiraten
Моя́ сестра́ вы́шла за́муж за актёра.	Meine Schwester hat einen Schauspieler geheiratet.
тост	Trinkspruch
E/F toast	
вы́пить *vo.*	austrinken; trinken (auf)
> пить *uv.*	
за *(+ Akk.)*	auf *(bei Trinksprüchen)*
Дава́йте вы́пьем за дру́жбу!	Lasst uns auf die Freundschaft trinken!
пригото́вить *vo.*	zubereiten, kochen
> гото́вить *uv.*	

Текст Б: Дежу́рная улы́бка

улы́бка	Lächeln
ча́ще	öfter
> ча́сто	> oft
улыба́ться/улыбну́ться	lächeln
улыбну́сь, улыбнёшься, улыбну́тся	
дежу́рная улы́бка	aufgesetztes Lächeln
дружелю́бный	freundlich
> друг/подру́га	> Freund(in)
> дружи́ть *uv.*	> befreundet sein
полице́йский *Subst. m.*	Polizist *(in Deutschland)*
стро́гий	streng
У тебя́ стро́гие роди́тели?	Hast du strenge Eltern?
впечатле́ние	Eindruck
при́нцип	Prinzip
в при́нципе	im Prinzip, grundsätzlich
восто́рг	Begeisterung
быть в восто́рге от *(+ Gen.)*	begeistert sein von
знако́мый	bekannt; Bekannter
В авто́бусе я встре́тил одного́ знако́мого.	Im Bus habe ich einen Bekannten getroffen.
ничего́	*hier:* macht nichts; (ganz) OK
удивля́ть/удиви́ть	erstaunen, überraschen
удивлю́, удиви́шь, удивя́т	
Его́ слова́ меня́ удиви́ли.	Seine Worte haben mich erstaunt.
шок	Schock
быть в шо́ке от *(+ Gen.)*	schockiert sein von
опа́сный	gefährlich
кра́ситься	sich schminken
кра́шусь, кра́сишься, кра́сятся/	
накра́ситься	
каблу́к	Absatz
наизу́сть	auswendig
ро́лики *m. Pl.*	Rollschuhe
ката́ться на ро́ликах	Rollschuh laufen
всё (ещё)	immer (noch)
Ты всё ещё спишь?	Schläfst du immer noch?
петь под *(+ Akk.)*	singen zu *(Instrument)*
подгота́вливать/ подгото́вить	vorbereiten
поздра́вить *vo.* *(+ Akk.* **с** *+ Instr.)*	(jdm. zu etw.) gratulieren
> поздравля́ть *uv.*	
> поздравле́ние	> Glückwunsch

Текст В: Бава́рские «сюрпри́зы»

Ско́лько вре́мени? *ugs.*	Wie viel Uhr/ Wie spät ist es?
часы́ *nur Pl.*	Uhr
Я не могу́ найти́ свой часы́.	Ich kann meine Uhr nicht finden.
пол- *(+ Ordnungszahl im Genitiv)*	halb *(Uhrzeit)*
Мы встре́тимся в полпя́того.	Wir treffen uns um halb fünf.
полови́на	Hälfte; halb *(Uhrzeit)*
че́тверть *f.*	Viertel; viertel *(Uhrzeit)*
без че́тверти три	drei viertel drei, Viertel vor drei

ложи́ться/лечь	sich (hin)legen; schlafen gehen
ля́гу, ля́жешь, ля́гут	
Когда́ ты ложи́шься спать?	Wann gehst du schlafen?
пунктуа́льный	pünktlich
традицио́нный	traditionell
> тради́ция	> Tradition
диале́кт	Dialekt
паркова́ть/припаркова́ть	parken
Бава́рия	Bayern
бава́рец/бава́рка	Bayer(in)
бава́рский	bayrisch
шля́па	Hut
ко́жаные брю́ки *nur Pl.*	Lederhose(n)
догова́риваться/договори́ться	(sich) verabreden; vereinbaren, ausmachen
Договори́лись?	Abgemacht?
ли	ob
Я не зна́ю, лю́бит ли она́ борщ.	Ich weiß nicht, ob sie Borschtsch mag.
рисова́ть/нарисова́ть	*hier:* malen
худо́жник/худо́жница	Künstler(in), Maler(in)

Мой ли́чный слова́рь: Хара́ктер челове́ка

Э́ти слова́ ты уже́ зна́ешь

ве́жливый
дисциплини́рованный
краси́вый
креати́вный
популя́рный
прямо́й
самостоя́тельный
серьёзный
симпати́чный
смешно́й
спорти́вный
стра́нный
тала́нтливый
ти́хий
че́стный

Э́ти слова́ ты вы́учил(а) в э́том досье́

дружелю́бный
стро́гий
суеве́рный

Дополни́тельно (fakultativer Wahlwortschatz)

до́брый – gut, gütig
жесто́кий – grausam
лени́вый – faul
любопы́тный – neugierig
му́жественный – mutig
трудолюби́вый – fleißig
равноду́шный – gleichgültig
терпели́вый – geduldig

Мой ли́чный слова́рь: Когда́?

Э́ти слова́ ты уже́ зна́ешь

Во ско́лько?
всегда́ – ча́сто – иногда́ – ре́дко
вчера́ – сего́дня – за́втра
давно́ ≠ неда́вно
Кото́рый час?
наконе́ц
никогда́
одна́жды
ра́но ≠ по́здно
ра́ньше ≠ по́зже
сейча́с = тепе́рь
ско́ро
снача́ла – пото́м
у́тром – днём – ве́чером – но́чью

Э́ти слова́ ты вы́учил(а) в э́том досье́

актуа́льный
всё (ещё)
(в) пол*(пя́того)*
полови́на *(пя́того)*
Ско́лько вре́мени?
ча́ще
(в) че́тверть *(пя́того)*

Дополни́тельно (fakultativer Wahlwortschatz)

в ближа́йшем бу́дущем – in naher Zukunft
вре́мя от вре́мени – von Zeit zu Zeit; hin und wieder
позавчера́ – vorgestern
послеза́втра – übermorgen

Досье́ 4

Старт: За на́шу плане́ту!

плане́та	Planet
полчаса́	halbe Stunde
Я жду тебя́ уже́ полчаса́.	Ich warte schon eine halbe Stunde auf dich.
жа́ркий	heiß
≠ холо́дный	≠ kalt
пла́стиковый	Plastik-
паке́т	Tüte
за *(+ Akk.)*	innerhalb
Она́ прочита́ла кни́гу за два дня.	Sie hat das Buch innerhalb von zwei Tagen durchgelesen.
сли́шком	zu (sehr)
Мы сли́шком ма́ло ду́маем об окружа́ющей среде́.	Wir denken zu wenig an die Umwelt.
катастро́фа	Katastrophe
эне́ргия	Energie
ве́тер; *Gen.* **ве́тра**	Wind

обще́ственный тра́нспорт	öffentliche Verkehrsmittel
Я всегда́ е́зжу на обще́ственном тра́нспорте.	Ich fahre immer mit öffentlichen Verkehrsmitteln.
пла́стик	Plastik
упако́вка	Verpackung
экологи́чески чи́стый	Bio-; umweltfreundlich
экологи́чески чи́стые проду́кты	Biolebensmittel
измене́ние	(Ver-)Änderung
кли́мат	Klima
та́ять	schmelzen, tauen
та́ю, та́ешь, та́ют/ **раста́ять**	
Из-за измене́ния кли́мата в гора́х та́ет лёд.	Wegen des Klimawandels schmilzt das Eis in den Bergen.
сло́ган	Slogan, Parole
красота́	Schönheit
> краси́вый	> schön, hübsch
конте́йль *m.*	Cocktail

Текст А: Спасём на́шу приро́ду!

о́бласть *f.*	Gebiet; Bereich
чей, чья, чьё, чьи	wessen
Вы не зна́ете, чья э́то соба́ка?	Wissen Sie vielleicht, wessen Hund das ist?
мех; *Nom. Pl.* **меха́**	Fell; Pelz
я́рмарка	Messe
проте́ст	Protest
встреча́ть/встре́тить	*hier:* empfangen; abholen
встре́чу, встре́тишь, встре́тят	
Мы встре́тим тебя́ на вокза́ле.	Wir werden dich am Bahnhof abholen.
активи́ст(ка)	Aktivist(in)
уби́йца	Mörder
плака́т	Plakat
опа́сность *f.*	Gefahr
> опа́сный	> gefährlich
администра́ция	Verwaltung
E/F administration, **S** administración	
плани́ровать/ заплани́ровать	planen
Активи́сты плани́руют а́кцию проте́ста.	Die Aktivisten planen eine Protestaktion.
реа́ктор	Reaktor
а́томная электроста́нция (АЭС)	Atomkraftwerk (AKW)
реализова́ть *uv. und vo.*	realisieren, verwirklichen
уника́льный	einzigartig
E/F unique, **S** único **L** unicus	
Байка́л – уника́льное о́зеро.	Der Baikal ist ein einzigartiger See.

Упражне́ния А

по́дпись *f.*	Unterschrift
бар	Bar
беспоря́док; *Gen.* **беспоря́дка**	Unordnung, Durcheinander
> поря́док	> Ordnung
фотоаппара́т	Fotoapparat, Kamera

Текст Б: Опа́сно для жи́зни

америка́нский	amerikanisch
украи́нец/украи́нка	Ukrainer(in)
проходи́ть/пройти́	*hier:* vergehen, verstreichen *(Zeit)*
Уже́ прошёл це́лый ме́сяц.	Ein ganzer Monat ist bereits vergangen.
ава́рия	Unfall; Störfall
F avarie, **S** avería	
На заво́де произошла́ ава́рия.	In der Fabrik ist ein Unfall passiert.
среди́ *(+ Gen.)*	unter; mitten (in)
Среди́ тури́стов бы́ло пять не́мцев.	Unter den Touristen waren fünf Deutsche.
тури́зм	Tourismus
ма́ссовый тури́зм	Massentourismus
закры́тая зо́на	Sperrgebiet
остано́вка	Halt, Haltestelle
Вы выхо́дите на э́той остано́вке?	Steigen Sie an dieser Haltestelle aus?
постоя́нно	ständig, dauernd
после́дствие	Folge, Auswirkung
эвакуи́ровать *uv. und vo.*	evakuieren
игру́шка	Spielzeug
стра́шный	schrecklich, furchtbar
ди́кий	wild
В тайге́ мно́го ди́ких живо́тных.	In der Taiga gibt es viele wilde Tiere.
асфа́льт	Asphalt

Упражне́ния Б

нереа́льный irreal, unwirklich; unrealistisch
украи́нский ukrainisch
приду́мывать/приду́мать sich ausdenken, erfinden
Учёные приду́мали но́вую экологи́ческую упако́вку. Wissenschaftler haben eine neue umweltfreundliche Verpackung erfunden.
экстрема́льный тури́зм Extremtourismus
изменя́ться/измени́ться sich (ver)ändern
я́года Beere
возвраща́ться/верну́ться zurückkehren
верну́сь, вернёшься, верну́тся

Мой ли́чный слова́рь: Экологи́ческие пробле́мы

Э́ти слова́ ты уже́ зна́ешь
вода́ – во́здух – земля́
выбра́сывать/вы́бросить
загрязне́ние – загрязня́ть/загрязни́ть
защи́та – защища́ть/защити́ть
му́сор
окружа́ющая среда́
приро́да
разруша́ть/разру́шить
чистота́ – чи́стый
экологи́ческий

Э́ти слова́ ты вы́учил(а) в э́том досье
ава́рия
активи́ст
а́кция проте́ста
а́томная электроста́нция (АЭС) – реа́ктор
измене́ние кли́мата
катастро́фа
плане́та
пла́стик – пла́стиковый
та́ять/раста́ять
упако́вка
экологи́чески чи́стый

Дополни́тельно (fakultativer Wahlwortschatz)
вымира́ние живо́тных – Aussterben von Tieren
глоба́льное потепле́ние – globale Erwärmung
приро́дные ресу́рсы – natürliche Ressourcen
радиоакти́вность *f.* – Radioaktivität
сохраня́ть/сохрани́ть – bewahren, erhalten

Мой ли́чный слова́рь: Тури́зм

Э́ти слова́ ты уже́ зна́ешь
бага́ж
гид
гости́ница
достопримеча́тельность *f.*
за грани́цу – за грани́цей
о́тдых – отдыха́ть/отдохну́ть
отправле́ние ≠ прибы́тие
о́тпуск
па́спорт
пассажи́р
пое́здка
путеше́ствие – путеше́ствовать
расписа́ние
сувени́р
Счастли́вого пути́!
Транссиб
экску́рсия

Э́ти слова́ ты вы́учил(а) в э́том досье
тури́зм – ма́ссовый тури́зм – экстрема́льный тури́зм

Дополни́тельно (fakultativer Wahlwortschatz)
вы́лет – Abflug
де́лать/сде́лать переса́дку – umsteigen
но́мер на одного́/на двои́х – Einzelzimmer/Doppelzimmer
обме́н валю́ты – Geldwechsel, Geldumtausch
путеводи́тель *m.* – Reiseführer *(Buch)*
спа́льный мешо́к – Schlafsack
турбюро́ – Reisebüro

Досье́ 5

Старт: «Свида́ние» с ру́сским иску́сством

иску́сство Kunst
чте́ние Lesen
> чита́ть/прочита́ть > lesen
душа́ Seele
мысль *f.* Gedanke; Denken
жи́вопись *f.* Malerei
почто́вая ма́рка Briefmarke
> по́чта > Post
произведе́ние Werk *(Kunst)*
Вы уже́ чита́ли э́то произведе́ние Че́хова? Habt ihr dieses Werk von Tschechow schon gelesen?
компози́тор Komponist(in)

предпочита́ть/ предпоче́сть предпочту́, предпочтёшь, предпочту́т; *Prät.* предпочёл, -чла́, -чли́	vorziehen, bevorzugen
поэ́т/поэте́сса E poet, F poète S/L poeta	Dichter(in)
тво́рчество	Schaffen, Werk
У меня́ е́сть кни́га о жи́зни и тво́рчестве Толсто́го.	Ich habe ein Buch über das Leben und Werk Tolstojs.
галере́я	Galerie
спекта́кль *m.* F spectacle S espectáculo	Vorstellung, Aufführung; Stück *(Theater)*
Спекта́кль начина́ется в 20 ч.	Die Vorstellung beginnt um 20 Uhr.
пре́жде всего́	vor allem
осма́тривать/осмотре́ть	betrachten; besichtigen
Мы це́лый день осма́тривали го́род.	Wir haben den ganzen Tag die Stadt besichtigt.
объясне́ние > объясня́ть/объясни́ть	Erklärung > erklären
аудиоги́д	Audioguide
ли	*Partikel in Entscheidungsfragen (wird nicht übersetzt)*
Смотре́ли ли вы уже́ э́тот фильм?	Habt ihr diesen Film schon gesehen?
карти́нный	Bilder-, Gemälde-
колле́кция	Sammlung, Kollektion
балери́на	Ballerina
исполня́ть/испо́лнить	ausführen; erfüllen; *hier:* vortragen; spielen
Роль Евге́ния Оне́гина испо́лнил Вади́м Медве́дев.	Vadim Medvedev spielte die Rolle des Eugen Onegin.
цент	Cent

Текст А: Ра́дость

ра́дость *f.* > рад, -а, -ы	Freude > froh sein, sich freuen
Мы с ра́достью пойдём на конце́рт.	Wir gehen sehr gern in das Konzert.
ника́к	auf keine Weise; überhaupt nicht
Мы ника́к не мо́жем получи́ть биле́ты на спекта́кль.	Wir können überhaupt keine Karten für die Aufführung bekommen.
ожида́ть *nur uv.*	erwarten
Я не ожида́л(а) тебя́ здесь встре́тить.	Ich habe nicht erwartet, dich hier zu treffen.
невероя́тный	unwahrscheinlich; unglaublich
встать *vo.* вста́ну, вста́нешь, вста́нут > встава́ть *uv.*	aufstehen
подходи́ть/подойти́	herantreten, herankommen
тут ≠ там	hier ≠ dort
ико́на	Ikone
карма́н	Tasche *(in Kleidungsstücken)*
продолжа́ть/ продо́лжить	fortsetzen, weitermachen
пуга́ть/испуга́ть	erschrecken
Его́ реа́кция испуга́ла меня́.	Seine Reaktion hat mich erschreckt.
лёгкий [-ëхк-]	leicht
класть кладу́, кладёшь, кладу́т/ **положи́ть**	legen; stecken; (hinein)tun
Я всегда́ кладу́ моби́льник в карма́н.	Ich stecke das Handy immer in die Tasche.

Текст Б: Приглаша́ем на вы́ставку!

золото́й > зо́лото	golden; aus Gold > Gold
реалисти́ческий	realistisch
пейза́ж	Landschaft(sbild)
изобража́ть/изобрази́ть изображу́, изобрази́шь, изобразя́т	darstellen
На э́той карти́не худо́жник изобража́ет весе́ннее у́тро.	Auf diesem Bild stellt der Maler einen Frühlingsmorgen dar.
настрое́ние	Stimmung, Laune
Вчера́ я был(á) в плохо́м настрое́нии.	Gestern hatte ich schlechte Laune.
моти́в	Motiv
писа́ть/написа́ть	*hier:* malen
на пере́днем пла́не	im Vordergrund
берёза	Birke
на за́днем пла́не	im Hintergrund
по́ле	Feld
лист; *Nom. Pl.* **ли́стья**, *Gen. Pl.* **ли́стьев**	Blatt *(bei Pflanzen)*
фон	Hintergrund
не́бо; *Nom. Pl.* **небеса́**, *Gen. Pl.* **небе́с**	Himmel

отражáться/отрази́ться	sich widerspiegeln
отражýсь, отрази́шься, отразя́тся	
В твои́х глазáх отражáется нéбо.	In deinen Augen spiegelt sich der Himmel wider.
передавáть/передáть	übergeben; mitteilen; wiedergeben
⚠ Konjugation wie давáть/дать	
Передáй привéт Óльге!	Grüße Olga von mir!
Э́то стихотворéние хорошó передаёт настроéние áвтора.	Dieses Gedicht gibt die Stimmung des Autors gut wieder.
скóрый	baldig; schnell

Текст В: Жизнь для мýзыки

ругáть *uv.*	(be)schimpfen
консерватóрия	Konservatorium
бýдущий	(zu)künftig
преподавáтель/преподавáтельница	Dozent(in), Lektor(in)
кри́тика	Kritik
фортепиáно	Klavier
финáнсовый	finanziell
жени́ться *uv. und vo.* **(на** *+ Präp.)*	(eine Frau) heiraten
В 1901 годý Чéхов жени́лся на актри́се Óльге Кни́ппер.	1901 heiratete Tschechow die Schauspielerin Olga Knipper.
сыгрáть *vo.*	spielen
> игрáть *uv.*	
óперный	Opern-
поступáть/поступи́ть (в *+ Akk.)*	*hier:* sich einschreiben (an); ein Studium aufnehmen (an)
Мой брат поступи́л в консерватóрию.	Mein Bruder hat ein Studium am Konservatorium aufgenommen.
юриди́ческий факультéт	juristische Fakultät
продолжáть/продóлжить	fortsetzen, weitermachen
гастрóли *Pl.*	Gastspiel
приезжáть/приéхать на гастрóли в Берли́н	ein Gastspiel in Berlin geben
арти́ст/арти́стка	Künstler(in)
E artist, F artiste S artista	
премьéра	Premiere
скандáл	Skandal
Швейцáрия	Schweiz
пиани́ст(ка)	Pianist(in)
национáльность *f.*	Nationalität
филармóния	Philharmonie

Мой ли́чный словáрь: Искýсство

Э́ти словá ты ужé знáешь

балéт
вы́ставка – музéй
дрáма – комéдия
жанр
зри́тель *m.*
карти́на – портрéт – рисýнок
кинó – фильм
класси́ческий ≠ совремéнный
концéрт
оркéстр – дирижёр
писáтель/писáтельница
расскáз – ромáн
сцéна
худóжник/худóжница
экспонáт

Э́ти словá ты вы́учил(а) в э́том досьé

арти́ст/арти́стка
балери́на
галерéя
гастрóли *Pl.*
жи́вопись *f.*
изображáть/изобрази́ть
икóна
искýсство
исполня́ть/испóлнить
карти́нный
коллéкция
консерватóрия – композѝтор – пиани́ст(ка)
пейзáж
поэ́т/поэтéсса
произведéние
спектáкль *m.*
твóрчество
филармóния

Дополни́тельно (fakultativer Wahlwortschatz)

абстрáктный – abstrakt
мю́зикл – Musical
персонáж – Figur *(Literatur)*
скульптýра – Skulptur
шедéвр – Meisterwerk

Алфавитный словарь – Alphabetisches Wörterverzeichnis

In diesem alphabetischen Wörterverzeichnis findest du alle in Конечно! verwendeten Wörter und Ausdrücke. Die russisch-deutsche Wortliste dient dem Nachschlagen, die deutsch-russische Wortliste wird dir bei Schreibaufgaben helfen. Die Ziffern und Buchstaben hinter den Vokabeln geben den Ort an, an dem das Wort zum ersten Mal vorkommt. Die Grund- und Ordnungszahlen findest du auf S. 111.

Abkürzungen

	Das Wort findest du zum ersten Mal im:
2C	Старт-Teil der Lektion 2
3TA	A-Text der Lektion 3
4УA	Übungsteil (упражнения) zum A-Text der Lektion 4
I–IV	Конечно! Band 1–4
I–II	Конечно! Интенсивный курс Band 1–2

А

а I I und *(als Gegensatz)*, aber
абсолю́тный IV II absolut
ава́рия 4ТБ Unfall; Störfall
а́вгуст I I August
авиацио́нный IV II Flug-
авто́бус I I Autobus
а́втор IV II Autor(in)
агресси́вность *f.* 1УБ Aggressivität
агресси́вный 1ТБ aggressiv
администра́ция 4ТА Verwaltung
а́дрес II I Adresse
акроба́т III II Akrobat
актёр/актри́са III II Schauspieler(in)
активи́ст(ка) 4ТА Aktivist(in)
акти́вный II I aktiv
а́ктовый зал I I Aula
актуа́льный 3С aktuell
а́кция III II Aktion
алкого́ль *m.* 1УГ Alkohol
Алло́? I I Hallo? *(am Telefon)*
алфави́т I I Alphabet
Аме́рика III II Amerika
америка́нский 4ТБ amerikanisch
ампута́ция 2ТВ Amputation
аму́рский III II Amur-
анги́на III II Angina
англи́йский II I englisch
англи́йский язы́к II I Englisch *(Sprache)*
А́нглия III II England
апельси́н II I Orange
апельси́новый сок II I Orangensaft
аппети́т: Прия́тного аппети́та! I I Guten Appetit!
апре́ль *m.* I I April
апте́ка I I Apotheke
арбу́з III II Wassermelone
аргуме́нт III II Argument
а́рмия IV II Armee
арти́ст(ка) 5ТВ Künstler(in)
архео́лог IV II Archäologe(-in)
асфа́льт 4ТБ Asphalt
а́томная электроста́нция (АЭС) 4ТА Atomkraftwerk (AKW)
аудиоги́д 5С Audioguide
аутса́йдер I I Außenseiter
аэропо́рт I I Flughafen

Б

ба́бушка I I Großmutter, Oma
бава́рец/бава́рка 3УВ Bayer(in)
Бава́рия 3УВ Bayern
бава́рский 3УВ bayrisch
бага́ж III II Gepäck
Байка́л II I Baikal(see)
балала́йка I I Balalaika
балери́на 5С Ballerina
бале́т II I Ballett
ба́льные та́нцы *Pl.* I I Standardtänze
бана́н II I Banane
банк I I Bank
бар 4УА Bar
ба́ржа III II Lastkahn
баскетбо́л I I Basketball
бассе́йн II I Schwimmbad, Pool
ба́шня II I Turm
бег 2УБ Lauf, (Wett-)Rennen
бе́гать *unbest.*; **бежа́ть** *best.* **2УБ** laufen, rennen; joggen
беда́ I I Unglück, Not
бе́дный 3С arm
без *(+ Gen.)* II I ohne
бездо́мный IV II obdachlos
безрабо́тный IV II arbeitslos
Бе́лые но́чи II I Weiße Nächte
бе́лый I I weiß
бе́лый медве́дь *m.* III II Eisbär
бе́рег; *Nom. Pl.* **берега́** I I Ufer
берёза 5ТБ Birke
беспоря́док 4УА Unordnung, Durcheinander
бефстро́ганов III II Boeuf Stroganoff *(geschnetzeltes Rindfleisch)*
библиоте́ка I I Bibliothek
бизнесме́н IV II Geschäftsmann
бики́ни III II Bikini

билéт II I Fahrkarte, Eintrittskarte
би́нго *indekl.* I I Bingo *(Spiel)*
биогрáфия IV II Biografie, Lebenslauf
биóлог IV II Biologe(-in)
биолóгия II I Biologie
бистрó III II Bistro
благодáрность *f.* 1УБ Dankbarkeit
благодáрный IV II dankbar
Близнецы́ III II Zwillinge
блин III II Pfannkuchen, Plinse
Блин! *ugs.* II I Mist! *ugs.*
бли́нный III II Pfannkuchen-, Plinsen-
блог IV II Blog
блю́до III II Speise, Gericht
богáтый IV II reich
бóлее *(zur Bildung des Komparativs)* III II mehr
болéть III II weh tun, schmerzen
боль *f.* 1ТА Schmerz
больни́ца IV II Krankenhaus
больнóй IV II krank
бóльше II I mehr III II größer
большеви́к IV II Bolschewik *(Parteimitglied, Anhänger Lenins)*
большинствó 1УБ Mehrheit
большóй I I groß
большóй пáлец 1ТБ Daumen
борт II I Bord
борщ III II Borschtsch *(Rote-Bete-Suppe)*
боти́нки *Pl.* III II Halbschuhe
боя́ться *uv. (+ Gen.)* IV II Angst haben (vor)
брат; *Nom. Pl.* **брáтья** I I Bruder
брать *uv.* III II nehmen
брейк-дáнсер II I Breakdancer
бросáть/брóсить 2УА werfen
брю́ки *nur Pl.* I I Hose, Hosen
бу́дет I I *hier:* ist gleich
бу́дущее *Subst. n.* IV II Zukunft
бу́дущий 5ТВ (zu)künftig
бу́лочка 2УБ Brötchen
бульóн I I Bouillon, Kraftbrühe
бум 1ТБ Boom
бурлáк III II Treidler
бутербрóд III II belegtes Brot
бути́к II I Boutique
буты́лка II I Flasche
буфéт I I Büfett, Speisesaal, Imbiss
бухгáлтер IV II Buchhalter
бы IV II *Partikel beim Konjunktiv*
бы́стрый III II schnell
быть I I sein
быть в гостя́х (**у** *+ Gen.)* II I zu Besuch sein (bei)
бюрó *indekl.* I I Büro

В

в *(+ Akk./Präp.)* I I in/im
в то врéмя IV II damals
в э́том году́ I I in diesem Jahr
вагóн III II Waggon, Wagen
вáжный III II wichtig
вáнна II I Badewanne
вáнная II I Bad, Badezimmer
варéники *Pl.* III II Wareniki *(gefüllte Teigtaschen)*
варéнье I I Konfitüre
ваш, вáша, вáше, вáши II I euer; Ihr
вдруг II I plötzlich
веду́щий/веду́щая IV II Moderator(in)
ведь I I doch, ja
вездé 2ТБ überall
век; *Nom. Pl.* **векá** IV II Jahrhundert
вели́к, -á, -ó, -и́ IV II zu groß
вели́кий IV II groß, bedeutend
велосипéд I I Fahrrad
велоспóрт I I Radsport
вéра IV II Glaube
вéрить *uv.* (**в** *+ Akk.)* IV II glauben (an)
верну́ться *vo.* 4УБ zurückkehren
вертолёт 2ТА Hubschrauber
весели́ться *uv.* III II sich amüsieren, Spaß haben
весёлый II I lustig
весéнний II I Frühlings-
веснá I I Frühling
веснóй I I im Frühling
вести́ себя́ *uv.* 3С sich verhalten; sich benehmen
Весы́ III II Waage
весь, вся, всё, все III II ganz; alle
вéтер 4С Wind
ветеринáр IV II Tierarzt(-ärztin)
вéчер; *Nom. Pl.* **вечерá** I I Abend
вечери́нка II I Party, Fest
вечéрний II I abendlich, Abend-
вéчером I I abends, am Abend
вещь *f.* III II Sache, Ding
взволновáться *vo.* II I (sich) aufregen, aufgeregt sein
взгляд 3С Ansicht, Meinung; Blick
взять *vo.* II I nehmen
вид IV II Art
ви́део *indekl.* II I Video
ви́деть *uv.* I I sehen
ви́за 1УВ Visum
визи́тная кáрточка II I Visitenkarte
виктори́на III II Quiz
ви́лка III II Gabel
винó III II Wein
винов́атый IV II schuldig, schuld sein
виногрáд *nur Sg.* II I Weintraube(n)
висéть II I hängen
витри́на 2ТВ Vitrine; Schaufenster
ви́шня *nur Sg.* III II Kirsche(n)
включáть/включи́ть IV II einschalten
вку́сный II I lecker
власть *f.* IV II Macht
влетáть/влетéть III II hineinfliegen
влюблён/влюбленá (**в** *+ Akk.)* 1С verliebt (in)
влюбля́ться/влюби́ться (**в** *+ Akk.)* IV II sich verlieben (in)
вмéсте I I zusammen
вмéсто *(+ Gen.)* 1ТГ statt, anstelle
внéшность *f.* III II Aussehen; Äußeres
внимáние III II Aufmerksamkeit; Achtung!
внимáтельно I I aufmerksam
внук/вну́чка III II Enkel(in)
во врéмя *(+ Gen.)* II I während
во-вторы́х IV II zweitens
Во скóлько? III II Wann? Um wieviel Uhr?
водá II I Wasser
Водолéй III II Wassermann
водопáд 2ТА Wasserfall
водопровóд 2ТБ Wasserleitung
возвращáться *uv.* 4УБ zurückkehren
вóздух III II Luft
возмóжность *f.* IV II Möglichkeit
вóзраст 2УБ Alter
войнá IV II Krieg

войти́ *vo.* III II hineingehen, betreten
вокза́л II I Bahnhof
волейбо́л I I Volleyball
волк III II Wolf
волне́ние III II Aufregung
волнова́ться *uv.* II I (sich) aufregen, aufgeregt sein
во́лосы *Pl.* III II Haar(e)
вообще́ IV II überhaupt
во-пе́рвых IV II erstens
вопро́с IV II Frage
вор II I Dieb
воскресе́нье I I Sonntag
восстана́вливать/восстанови́ть IV II wiederaufbauen
восста́ние IV II Aufstand
восстановле́ние IV II Wiederaufbau
восто́к II I Osten
восто́рг 3УБ Begeisterung
вот I I da (ist), hier (ist)
Вперёд! I I Vorwärts!, Los!
впечатле́ние 3УБ Eindruck
врач I I Arzt, Ärztin
вре́мя *n.* I I Zeit
всегда́ I I immer
всего́ IV II insgesamt; nur
всего́ до́брого I I alles Gute
всего́ хоро́шего I I alles Gute
всё (ещё) 3УБ immer (noch)
всё равно́ 1ТБ egal; sowieso, trotzdem
всё-таки IV II dennoch, trotzdem
вслух 1ТГ laut
вспомина́ть/вспо́мнить *(+ Akk.)* IV II zurückdenken (an), sich erinnern (an)
встава́ть/встать I I 5ТА aufstehen
встре́ча III II Treffen
встреча́ть/встре́тить III II begegnen, (zufällig) treffen 4ТА empfangen; abholen
встреча́ться/встре́титься II I sich treffen
вто́рник I I Dienstag
в-тре́тьих IV II drittens
вулка́н 2ТА Vulkan
вундерки́нд IV II Wunderkind
вход I I Eingang
входи́ть *uv.* III II hineingehen, betreten
вчера́ II I gestern
въезжа́ть/въе́хать III II hineinfahren
вы I I ihr/Sie
выбира́ть/вы́брать IV II (aus)wählen
вы́бор III II Auswahl
выбра́сывать/вы́бросить III II hinauswerfen, wegwerfen
вы́глядеть *uv.* III II aussehen
выезжа́ть/вы́ехать III II wegfahren, herausfahren
вы́звать *vo.* III II rufen
выключа́ть/вы́ключить IV II ausschalten
вылета́ть/вы́лететь III II herausfliegen, abfliegen
выпива́ть *uv.* 1С trinken *(meist Alkohol)*
вы́пить *vo.* 3УА austrinken; trinken (auf)
вы́расти *vo.* 1ТБ wachsen, aufwachsen
высо́кий III II hoch; groß
высота́ III II Höhe
вы́ставка II I Ausstellung
выступа́ть/вы́ступить III II auftreten
вы́учить *vo.* IV II lernen
выходи́ть/вы́йти III II hinausgehen; aussteigen IV II herauskommen, erscheinen
выходи́ть/вы́йти за́муж *(за + Akk.)* 3УА (einen Mann) heiraten
выходно́й день I I Feiertag
выходны́е (дни) II I arbeitsfreie Tage, Wochenende
вы́ше IV II größer, höher

Г

газе́та I I Zeitung
галере́я 5С Galerie
га́мбургер I I Hamburger
гардеро́б II I Garderobe
гарди́на I I Gardine, Vorhang
гарни́р III II Beilage
гастро́ли *Pl.* 5ТВ Gastspiel
где? I I wo?
ге́йзер 2ТА Geysir
ге́ний IV II Genie
геогра́фия II I Geografie, Erdkunde
гео́лог IV II Geologe(-in)
геро́й/герои́ня IV II Held(in)
гига́нтский II I gigantisch
гид II I Führer, Touristenführer
гимна́зия II I Gymnasium
гимна́стика I I Gymnastik, Turnen
гита́ра I I Gitarre
гитари́ст I I Gitarrist
гла́вное III II Hauptsache, das Wichtigste
гла́вный I I Haupt-
глаз III II Auge
глубина́ III II Tiefe
глубо́кий III II tief
глу́пый III II dumm
глухонемо́й IV II taubstumm
говори́ть *uv.* I I sprechen, sagen
год I I Jahr
год вы́хода IV II Erscheinungsjahr
голова́ I I Kopf
го́лос; *Nom. Pl.* **голоса́** 1УГ Stimme
голубо́й I I hellblau
гора́ II I Berg
го́рло III II Hals, Kehle
го́род (г.); *Nom. Pl.* **города́** I I Stadt
горчи́ца II I Senf
горя́чий III II heiß
господи́н; *Nom. Pl.* **господа́** IV II Herr *(Anrede)*
госпожа́ IV II Frau *(Anrede)*
гости́ная II I Wohnzimmer
гости́ница II I Hotel
гость *m.* I I Gast
госуда́рство IV II Staat
гото́вить *uv.* I I vorbereiten; zubereiten, kochen
гото́виться *uv.* II I sich vorbereiten
гото́вый II I fertig, bereit
гра́дус II I Grad
грамм II I Gramm
грамма́тика I I Grammatik
грани́ца II I Grenze
за грани́цей II I im Ausland
за грани́цу IV II ins Ausland
гра́фик 1ТБ Schaubild, Diagramm
граффи́ти *nur Pl., indekl.* 2УВ Graffiti *Pl.*
гриб II I Pilz
грипп III II Grippe

гро́мкий III II laut
гро́мче IV II lauter
гроссме́йстер III II Großmeister
гру́ппа I I Gruppe, Band
гру́стный IV II traurig
гуля́ть I I spazieren gehen
гуля́ш I I Gulasch

Д

да I I ja
Дава́й/те! *Imp. Sg./Pl.* I I Los geht's! Auf geht's!
Дава́йте споём. III II Lasst uns singen.
дава́ть *uv.* III II geben
давно́ IV II längst, schon lange
да́же II I sogar
да́лее III II ferner, weiter
далеко́ *Adv.* I I weit
да́льше I I weiter
да́ма IV II Dame
дари́ть *uv.* I I schenken
дать *vo.* IV II geben
да́ча II I Wochenendhaus, Datscha
дверь *f.* II I Tür
Две́ри закрыва́ются! I I Die Türen schließen!
дво́йка II I Zwei *(russ. Schulnote)*
двор I I Hof
дворе́ц II I Palast
двою́родный брат/двою́родная сестра́ III II Cousin(e)
двухко́мнатная кварти́ра II I Zweizimmerwohnung
Де́ва III II Jungfrau
де́вочка II I Mädchen
де́вушка III II Mädchen *(ab 15 J.)* **1С** (feste) Freundin
девчо́нка II I Mädchen, Mädel
Дед Моро́з I I Weihnachtsmann
де́душка I I Großvater, Opa
дежу́рить II I Dienst haben
дежу́рная улы́бка **3УБ** aufgesetztes Lächeln
дежу́рный II I vom Dienst, diensthabend
дежу́рство II I (Aufräum-)Dienst
де́йствие IV II Handlung
действи́тельно II I tatsächlich
де́йствовать **2ТА** handeln; *hier:* aktiv sein

декабри́ст IV II Dekabrist *(Teilnehmer am Dezemberaufstand 1825)*
дека́брь *m.* I I Dezember
де́лать *uv.* I I tun, machen
де́лать уро́ки *nur Pl.* I I Hausaufgaben machen
де́ло **1ТБ** Sache, Angelegenheit
день *m.* I I Tag
день рожде́ния I I Geburtstag
День свято́го Валенти́на I I Valentinstag
де́ньги *nur Pl.* II I Geld
деревенский **2С** Dorf-, dörflich
дере́вня II I Dorf
де́рево; *Nom. Pl.* **дере́вья** IV II Baum
деревя́нный **2С** aus Holz, Holz-
держа́ть *uv.* III II halten
десе́рт III II Dessert, Nachtisch
детекти́в IV II Krimi
де́ти *Pl.* I I Kinder
де́тская II I Kinderzimmer
де́тский II I Kinder-
де́тство **1ТБ** Kindheit
деше́вле IV II billiger
дёшево *Adv.* II I billig
дешёвый I I billig
джаз III II Jazz
джи́нсы *nur Pl.* I I Jeans
дзюдо́ *indekl.* I I Judo
диале́кт **3УВ** Dialekt
дива́н II I Sofa
дигита́льный 1ТБ digital
диза́йнер I I Designer(in)
ди́кий **4ТБ** wild
дире́ктор II I Direktor(in)
дирижёр IV II Dirigent(in)
дискоте́ка I I Diskothek
диску́ссия IV II Diskussion
дискути́ровать *uv.* II I diskutieren
дисципли́на II I Disziplin
дисциплини́рованный III II diszipliniert
длина́ III II Länge
дли́нный III II lang
для *(+ Gen.)* I I für
дневни́к III II Tagebuch
днём II I tagsüber
до *(+ Gen.)* I I bis
До за́втра! I I Bis morgen!
До свида́ния! I I Auf Wiedersehen!
до сих пор IV II bis jetzt

добира́ться/добра́ться (до *+ Gen.)* **2ТА** gelangen, erreichen
Добро́ пожа́ловать! (в/на *+ Akk.)* I I Herzlich Willkommen!
До́брый день! I I Guten Tag!
дово́льный *(+ Instr.)* IV II zufrieden (mit)
догова́риваться/договори́ться **3УВ** (sich) verabreden; vereinbaren, ausmachen
дождь *m.* II I Regen
дождь идёт/шёл II I es regnet/ es hat geregnet
докла́д III II Vortrag
докуме́нт I I Dokument
документа́льный фильм IV II Dokumentarfilm
до́лго II I lang
до́лжен, должна́, должно́, должны́ *(+ Inf.)* II I müssen, sollen
доли́на **2ТА** Tal
дом; *Nom. Pl.* **дома́** I I Haus
до́ма I I zu Hause
дома́шний II I Haus-
домо́й I I nach Hause
дополни́тельный III II zusätzlich
доро́га IV II Weg **2ТБ** Straße
до́рого *Adv.* II I teuer
дорого́й I I lieb, teuer
доро́же IV II teurer
доска́ II I Tafel
достопримеча́тельность *f.* I I Sehenswürdigkeit
дочь *f.* III II Tochter
дра́ма IV II Drama
друг; *Nom. Pl.* **друзья́** I I Freund
друг дру́га IV II einander
други́ми слова́ми IV II mit anderen Worten
друго́й II I anderer
дру́жба **1УА** Freundschaft
дружелю́бный **3УБ** freundlich
дружи́ть (с *+ Instr.)* IV II befreundet sein (mit)
ду́мать *uv.* I I denken
душ II I Dusche
душа́ **5С** Seele
дя́дя *m.* III II Onkel

Е

е́вро *m., indekl.* I I Euro
Еги́пет II I Ägypten
его́ I I sein(e)
еда́ **2ТБ** Essen
едини́ца II I Eins *(russ. Schulnote)*
её I I ihr(e)
е́здить *unbest., uv.;* **е́хать** *best., uv.* I I fahren
е́здить в го́сти *unbest.;* е́хать в го́сти *best.* I I (jdn.) besuchen (fahren)
е́здить за́йцем *unbest.;* **е́хать за́йцем** *best.* III II schwarz fahren
ёлка I I *hier:* Weihnachtsbaum
е́сли III II wenn, falls
есть I I es gibt, es ist vorhanden II I essen
ещё I I noch

Ж

жаль *unpers.* I I schade **2УВ** leid tun
жанр IV II Genre
жа́ркий **4С** heiß
ждать *uv. (+ Akk.)* I I warten (auf)
же I I denn, doch
жела́ние III II Wunsch
жела́ть *uv. (+ Dat. + Gen.)* I I (jdm. etw.) wünschen
желе́зная доро́га III II Eisenbahn
жёлтый I I gelb
жена́ III II Ehefrau
жени́ться *uv. und vo.* (**на** *+ Präp.)* **5ТВ** (eine Frau) heiraten
Же́нский день I I Frauentag
же́нщина III II Frau
живо́й III II lebendig
жи́вопись *f.* **5С** Malerei
живо́т III II Bauch
живо́тное II I Tier
жизнь *f.* III II Leben
жи́тель *m.* III II Einwohner
жить I I wohnen, leben
жонглёр III II Jongleur
журна́л I I Zeitschrift
журнали́ст(ка) I I Journalist(in)
журнали́стский **1ТВ** journalistisch
жюри́ *n., indekl.* II I Jury

З

за II I *(+ Akk.)* für; *(+ Instr.)* hinter IV II *(+ Instr.)* bei, an **3УА** *(+ Akk.)* auf *(bei Trinksprüchen)* **4С** *(+ Akk.)* innerhalb
за семь неде́ль до *(+ Gen.)* III II sieben Wochen vor
забира́ть *uv.* I I abholen IV II wegnehmen
забо́титься *uv.* (**о** *+ Präp.)* III II sich kümmern/sorgen (um)
забыва́ть/забы́ть II I vergessen
зави́сеть *nur uv.* (**от** *+ Gen.)* **1ТБ** abhängen (von)
зави́симость *f.* **1ТБ** Abhängigkeit
заво́д III II Fabrik
за́втра I I morgen
за́втрак I I Frühstück
за́втракать *uv.* I I frühstücken
зага́дка IV II Rätsel
загора́ть *uv.* II I sich sonnen
загрязне́ние III II Verschmutzung
загрязня́ть/загрязни́ть III II verschmutzen
зада́ние I I Aufgabe
зака́зывать/заказа́ть III II bestellen
закрыва́ть/закры́ть II I schließen, zumachen
закры́тая зо́на **4ТБ** Sperrgebiet
заку́ска III II Vorspeise
зал I I Saal, Halle
замеча́тельный IV II hervorragend, ausgezeichnet
замеча́ть/заме́тить **2ТВ** bemerken
занима́ться *uv. (+ Instr.)* I I sich beschäftigen, treiben
заня́тие 2УА Beschäftigung, Arbeit
за́пад II I Westen
за́пах IV II Geruch
заплани́ровать *vo.* **4ТА** planen
заплати́ть *vo.* III II bezahlen
зараба́тывать/зарабо́тать III II verdienen
зарпла́та IV II Gehalt
зарубе́жный 1ТВ Auslands-
заря́дка II I (Morgen-)Gymnastik
застря́ть в грязи́ III II im Schlamm stecken bleiben
заче́м IV II wozu
защи́та III II Schutz
защища́ть/защити́ть III II schützen, verteidigen
звезда́ **1ТА** Stern; Star
звони́ть *uv. (+ Dat.)* I I anrufen, telefonieren III II klingeln
звоно́к I I Klingel(zeichen), Läuten
зву́ки *Pl.* I I Laute
зда́ние III II Gebäude
здесь I I hier
здоро́ваться *uv.* (**с** *+ Instr.)* **3УА** (jdn.) grüßen, sich begrüßen
здо́рово I I großartig
здоро́вый **1УГ** gesund
здоро́вье I I Gesundheit
Здра́вствуй/те! I I Guten Tag! Sei(d) gegrüßt!
зелёный I I grün
земля́ II I Bundesland III II Erde, Boden
зима́ I I Winter
зи́мний II I winterlich, Winter-
зимо́й I I im Winter
зли́ться *uv.* IV II wütend sein
знак зодиа́ка III II Sternzeichen
знако́миться *uv.* (**с** *+ Instr.)* III II kennenlernen, sich bekannt machen
знако́мый **3УБ** bekannt; Bekannter
знамени́тый I I berühmt
зна́ние **1ТВ** Wissen; Kenntnis
знать *uv.* I I wissen, kennen
значе́ние III II Bedeutung
зна́чит IV II bedeutet, heißt
зо́лото IV II Gold
Золото́е кольцо́ III II Goldener Ring *(altruss. Städte um Moskau)*
золото́й **5ТБ** golden; aus Gold
зонт III II Regenschirm
зри́тель *m.* IV II Zuschauer
зуб III II Zahn
зубна́я па́ста III II Zahnpasta
зубри́ла *m./f.* II I Streber(in)

И

и I I und, auch
и ..., и IV II sowohl ... als auch
игнори́ровать *uv. und vo.* IV II ignorieren
игра́ I I Spiel
игра́ть *uv.* I I spielen
игру́шка 4ТБ Spielzeug
идеа́льный IV II ideal

иде́я I I Idee
идти́ *best., uv.* I I gehen IV II kommen, laufen
из *(+ Gen.)* I I aus, von ... her
изве́стность *f.* 1УБ Bekanntheit
изве́стный III II bekannt
Извини́ меня́! I I Entschuldigung!
Извини́те! I I Entschuldigt!, Entschuldigen Sie!
из-за *(+ Gen.)* **2ТВ** wegen
измене́ние 4С (Ver-)Änderung
изменя́ться/измени́ться 4УБ sich (vor)ändern
изобража́ть/изобрази́ть 5ТБ darstellen
изуча́ть/изучи́ть III II erforschen; lernen, studieren
ико́на 5ТА Ikone
икра́ III II Kaviar
и́ли I I oder
и́ли ..., и́ли IV II entweder ... oder
име́йл I I E-Mail
и́менно 3С ausgerechnet, gerade; nämlich
име́ть IV II haben
и́мя I I (Vor-)Name
индустриализа́ция IV II Industrialisierung
инжене́р I I Ingenieur(in)
иногда́ II I manchmal
иностра́нец IV II Ausländer
иностра́нный II I ausländisch
институ́т IV II Institut
инструме́нт III II Instrument
инсцени́ровать IV II inszenieren
интеракти́вный I I interaktiv
интервью́ *n., indekl.* I I Interview
интере́с II I Interesse
интере́сный II I interessant
интересова́ть IV II interessieren
интересова́ться *uv. (+ Instr.)* II I sich interessieren (für)
интернациона́льный II I international
Интерне́т I I Internet
интерне́т-сайт II I Internetseite
интерне́т-сёрфинг I I Internet-Surfen
интерне́т-фо́рум II I Internet-forum
интерпрети́ровать *uv.* II I interpretieren
информа́тика I I Informatik
информа́ция *nur Sg.* III II Information(en)
информи́ровать *uv.* II I informieren
иска́ть IV II suchen
иску́сство 5С Kunst
Испа́ния II I Spanien
испа́нский III II spanisch
испа́нский язы́к II I Spanisch
испе́чь *vo.* III II backen
исполня́ть/испо́лнить 5С ausführen; erfüllen; *hier:* vortragen; spielen
испо́льзовать *uv. und vo.* IV II verwenden, einsetzen
испуга́ть *vo.* **5ТА** erschrecken
исто́рик IV II Historiker(in)
истори́ческий II I historisch
исто́рия II I Geschichte
ита́к I I also, nun
Ита́лия II I Italien
ительме́н 2ТА Itelmene
ительме́нский 2УА itelmenisch
их I I ihr *(3. Pers. Pl.)*
ию́ль *m.* I I Juli
ию́нь *m.* I I Juni
йо́гурт I I Joghurt

К

к *(+ Dat.)* I I zu
к сожале́нию I I leider
кабине́т II I Büro, Arbeitszimmer; Unterrichtsraum
кабине́т информа́тики I I Computerraum
каблу́к 3УБ Absatz
Кавка́з II I Kaukasus
кадр IV II Bild, Filmszene
ка́ждый II I jeder; alle
каза́ться *uv.* III II scheinen
как? I I wie?
Как дела́? I I Wie geht's?
как мо́жно *(+ Komp.)* IV II so ... wie möglich; möglichst ...
как пра́вило I I in der Regel
кака́о *indekl.* I I Kakao
како́й? I I was für ein? welcher?
календа́рь *m.* I I Kalender
калькуля́тор IV II Taschenrechner
ками́н II I Kamin
Камча́тка 2С Kamtschatka
кана́л II I Kanal
кандида́т 1ТВ Kandidat
кани́кулы *nur Pl.* II I Ferien
ка́нцлер IV II Kanzler
капу́ста III II Kohl
капу́стник I I bunter Abend, Schulkabarett
капучи́но *indekl.* I I Cappuccino
каранда́ш I I Bleistift
карат́э *n., indekl.* I I Karate
ка́рий III II braun *(Augen)*
карикату́ра 1УБ Karikatur
карма́н 5ТА Tasche *(in Kleidungsstücken)*
карнава́л III II Karneval
ка́рта I I (Land-)Karte
карти́на II I Bild, Gemälde
карти́нный 5С Bilder-, Gemälde-
карто́фель *m.* III II Kartoffel(n)
карто́шка II I Kartoffel(n)
карусе́ль *f.* III II Karussell
карье́ра IV II Karriere
ка́сса III II Kasse
касси́р I I Kassierer(in)
катастро́фа 4С Katastrophe
ката́ться *uv.* (**на** *+ Präp.)* I I fahren *(zum Vergnügen)*
ката́ться на лошадя́х II I reiten
кафе́ *n., indekl.* I I Café
кафе́-моро́женое II I Eiscafé
ка́чество 1ТВ Qualität; Eigenschaft
ка́шель *m.* III II Husten
квадра́тный 2С quadratisch, Quadrat-
кварти́ра II I Wohnung
квас I I Kwass *(alkoholfreies Getränk)*
ке́пка I I Kappe, Schirmmütze
кефи́р I I Kefir
ки́борд III II Keyboard
Ки́евская Русь IV II Kiewer Rus *(erster Staat auf russischem Boden)*
килогра́мм II I Kilogramm
киломе́тр (км) III II Kilometer
кино́ *indekl.* I I Kino
кио́ск II I Kiosk, Verkaufsstand
класс I I Klasse, Klassenzimmer
класси́ческий III II klassisch
кла́ссно *Adv.* II I klasse, toll
класть *uv.* **5ТА** legen; stecken; (hinein)tun
кли́мат 4С Klima
клип IV II (Video-)Clip
клуб I I Klub

клубни́ка **2ТБ** Erdbeere
кни́га **I I** Buch
кни́жный магази́н **II I** Buchhandlung
ковёр **II I** Teppich
когда́ **I I** wann; wenn **III II** als
код **IV II** *hier:* Türcode
ко́жаные брю́ки *nur Pl.* **3УВ** Lederhose(n)
Козеро́г III II Steinbock
кокте́йль *m.* 4С Cocktail
колбаса́ **II I** Wurst
колла́ж I I Collage
колле́га *m./f.* IV II Kollege(-in)
колле́кция **5С** Sammlung, Kollektion
кома́нда **1ТВ** Team, Mannschaft
кома́р III II Stechmücke
коме́дия **IV II** Komödie
ко́микс I I Comic
коммуника́бельный **1ТВ** kommunikativ, kontaktfreudig
коммуника́ция **1ТБ** Kommunikation
ко́мната **I I** Zimmer
компа́ния **1С** Gesellschaft; Freundeskreis
ко́мпас **IV II** Kompass
компози́тор **5С** Komponist(in)
компо́т I I Kompott
компью́тер **I I** Computer
компью́терная игра́ **II I** Computerspiel
коне́ц **II I** Ende
коне́чно **I I** natürlich; na klar!
ко́нкурс **II I** Wettbewerb, Preisausschreiben
консервато́рия **5ТВ** Konservatorium
конта́кт IV II Kontakt
контине́нт I I Kontinent
контролёр **III II** Kontrolleur
контро́льная рабо́та **II I** Klassenarbeit
конфе́та **1УГ** Bonbon, Konfekt
концентри́рованный **1ТБ** konzentriert
конце́рт **I I** Konzert
конча́ть/ко́нчить **III II** beenden
конча́ться/ко́нчиться **III II** enden, zu Ende gehen/sein
коньки́ *Pl.* **III II** Schlittschuhe
кора́бль *m.* **II I** Schiff
коренно́й **2ТА** Ur-; Stamm-

коридо́р **II I** Korridor, Flur
кори́чневый **I I** braun
коро́ва **III II** Kuh
коро́ткий **III II** kurz
коро́че **IV II** kürzer
коря́к 2ТА Korjake
косми́ческий кора́бль **IV II** Raumschiff
космона́вт **IV II** Kosmonaut(in)
ко́смос IV II Kosmos
костёр **III II** Lagerfeuer
ко́сти *Pl.* I I *hier:* Würfel
костю́м **I I** Kostüm, Anzug
кот **IV II** Kater
котле́та **III II** Frikadelle, Bulette
кото́рый **II I** welcher, der
Кото́рый час? **I I** Wie viel Uhr (ist es)?
ко́фе *m., indekl.* I I Kaffee
ко́шка **I I** Katze
край; *Nom. Pl.* **края́** **2ТА** Rand; Region *(Verwaltungseinheit)*
краси́вый **I I** schön, hübsch
кра́ситься *uv.* **3УБ** sich schminken
кра́сный **I I** rot
красота́ **4С** Schönheit
креати́вный **IV II** kreativ
крем от со́лнца **III II** Sonnencreme
Кремль *m.* **II I** Kreml
крепостно́й **IV II** leibeigen; Leibeigener
кре́пость *f.* **II I** Festung
кре́сло **II I** Sessel
крестья́нин IV II Bauer
крестья́нский IV II Bauern-
креще́ние IV II Taufe
кри́тика 5ТВ Kritik
критикова́ть *uv.* II I kritisieren
крича́ть/кри́кнуть **(на** *+ Akk.)* **1ТА** (an)schreien
крова́ть *f.* **II I** Bett
крокоди́л **II I** Krokodil
кро́лик **I I** Kaninchen
кро́ме *(+ Gen.)* **IV II** außer
кро́ме того́ **IV II** außerdem
круглосу́точный магази́н **II I** durchgehend geöffnetes Geschäft
кру́глый **III II** rund
кружо́к **II I** *hier:* Arbeitsgemeinschaft
крыло́; *Nom. Pl.* **кры́лья** **2ТВ** Flügel
кста́ти III II übrigens

кто? **I I** wer?
куда́? **I I** wohin?
ку́кла **III II** Puppe
культу́ра II I Kultur
культу́рный III II kulturell
куми́р **III II** Idol
купа́ться *uv.* **II I** baden
купе́ *n., indekl.* **III II** Abteil
купе́йный ваго́н **III II** Schlafwagen
купи́ть *vo.* **II I** kaufen
куре́ние **1УГ** Rauchen
кури́ть *uv.* **1С** rauchen
ку́рица **II I** Huhn
курье́р **IV II** Kurier
ку́хня **II I** Küche

Л

ла́герь *m.* **II I** Lager, Camp
ла́дно I I schon gut, OK
ла́мпа **II I** Lampe
ландша́фт **2С** Landschaft
лати́нский язы́к II I Latein
Лебеди́ное о́зеро II I Schwanensee *(berühmtes Ballett von Tschaikowski)*
Лев III II Löwe
леге́нда III II Legende
лёгкий [-ёхк-] **5ТА** leicht
ледяно́й столб III II Eissäule
лёд **I I** Eis
лежа́ть *uv.* **I I** liegen
лека́рство **III II** Arznei, Medikament
лес; *Nom. Pl.* **леса́** **II I** Wald
лет *Gen. Pl. von* **год** **I I** Jahre
лета́ть *unbest., uv.;*
лете́ть *best., uv.* **I I** fliegen
ле́тний **II I** sommerlich, Sommer-
ле́то **I I** Sommer
ле́том **I I** im Sommer
лётчик **IV II** Flieger
лечь *vo.* **3УВ** sich (hin)legen; schlafen gehen
ли **3УВ** ob **5С** *Partikel in Entscheidungsfragen (wird nicht übersetzt)*
лимо́н **I I** Zitrone
лимона́д **I I** Limonade
лине́йка **I I** Lineal
лиса́ IV II Fuchs
лист; *Nom. Pl.* **ли́стья** **5ТБ** Blatt *(bei Pflanzen)*
литерату́ра **I I** Literatur

литр II I Liter
лицéй III II Lyzeum
лицó III II Gesicht
ли́чность *f.* **1УА** Persönlichkeit
лови́ть *uv.* II I fangen
лови́ть ры́бу II I angeln
лóвкий 1ТБ geschickt
ложи́ться *uv.* **3УВ** sich (hin) legen; schlafen gehen
лóжка III II Löffel
ломáть *uv.* III II (zer-)brechen
лóшади *Pl. (Sg.* **лóшадь** *f.)* I I Pferde
лук *nur Sg.* II I Zwiebel(n)
лу́чше I I besser
лу́чший I I besser III II bester
лы́жа III II Ski
люби́мый I I Lieblings-
люби́ть *uv.* I I lieben, mögen, gern haben
любóвь *f.* III II Liebe
лю́ди *Pl.* I I Leute, Menschen

М

магази́н II I Laden, Geschäft
май I I Mai
майонéз I I Mayonnaise
мáклер IV II Makler
мал, -á, -ó, -ы́ IV II zu klein
мáленький I I klein
мáло *(+ Gen.)* II I wenig(e)
мáльчик II I Junge *(bis 14 Jahre)*
мáма I I Mama, Mutti
манифéст IV II Manifest
мáркер I I (Text-)Marker
Марс 2ТБ Mars
март I I März
маршру́тка I I Sammeltaxi, Linienkleinbus
Мáсленица III II russischer Karneval
мáсло I I Butter
мáссовый тури́зм 4ТБ Massentourismus
математик IV II Mathematiker(in)
матемáтика I I Mathematik
материáл IV II Material
матрёшка I I Matrjoschka *(Holzpuppe in der Puppe)*
мать *f.* III II Mutter
маунтинбáйк II I Mountainbike
маши́на I I Auto
мéбель *f., nur Sg.* II I Möbel *Pl.*
мегапóлис 2ТБ Megacity
медбрáт/медсестрá IV II Krankenpfleger/Krankenschwester
медвéдь *m.* III II Bär
медкабинéт I I Krankenstation
мéдленный IV II langsam
мéжду *(+ Instr.)* III II zwischen
междунарóдный III II international
мелодрáма IV II Melodram
мéнеджер IV II Manager(in)
мéнее *(zur Bildung des Komparativs)* III II weniger
мéньше IV II kleiner, weniger
меню́ *n., indekl.* III II Speisekarte
меня́ зову́т I I ich heiße
мéстный жи́тель III II Einheimischer
мéсто II I Ort, Platz
мéсяц I I Monat
метеорóлог IV II Meteorologe(-in)
метр (м) III II Meter
метрó *indekl.* I I U-Bahn, Metro
мех; *Nom. Pl.* **мехá 4ТА** Fell; Pelz
меховóй 3С Pelz-
мечéть *f.* III II Moschee
мечтá IV II Traum
мечтáть *uv.* **(о** *+ Präp.)* III II träumen
мешáть *uv. (+ Dat.)* **1ТГ** (jdn.) stören; hinderlich sein
мешóк III II Sack
милиционéр 2ТВ Polizist *(in Russland)*
мили́ция II I Polizei
миллиóн III II Million
миллионéр IV II Millionär
минерáльная водá II I Mineralwasser
ми́нус I I minus IV II Nachteil, Minus
мину́та I I Minute
мину́точку *Akk., Dim.* I I einen Moment, einen Augenblick
мир III II Welt; Frieden
Мисс ми́ра *indekl.* IV II Miss World
млáдше IV II jünger
млáдший III II jünger; jüngster
мнéние IV II Meinung
мнóгие *Pl.* **1УА** viele
мнóго *(+ Gen.)* II I viel(e)
многоэтáжный дом IV II Hochhaus
моби́льник I I Handy
мóда I I Mode
модéль *f.* IV II Model
мóдный I I modisch
мóжет быть I I vielleicht
мóжно II I man kann, man darf
мозг 1ТБ Gehirn
мой, моя́, моё, мои́ I I mein
молодёжный IV II Jugend-
молодёжь *f.* III II Jugend
Молодéц! I I Bravo! Toll!
молодóй I I jung
молóже IV II jünger
молокó I I Milch
монгóло-татáрское и́го IV II mongolisch-tatarische Gewaltherrschaft
монéтка II I kleine Münze
мóре II I Meer
морóженое I I (Speise-)Eis
москви́ч(ка) I I Moskauer(in)
москóвский IV II Moskauer
мост II I Brücke
моти́в 5ТБ Motiv
мотóр I I Motor
мочь *uv.* II I können, dürfen
муж; *Nom. Pl.* **мужья́** III II Ehemann
мужчи́на *m.* II I Mann
музéй I I Museum
му́зыка I I Musik
музыкáльный III II Musik-, musikalisch
музыкáльный центр II I Stereoanlage
музыкáнт I I Musiker
мукá III II Mehl
мультфи́льм IV II Zeichentrickfilm
мунди́р IV II Uniform
му́сор III II Müll
мусульмáнин III II Muslim
му́ха II I Fliege
мы I I wir
мы с *(+ Instr.)* II I ich und …
мысль *f.* **5С** Gedanke; Denken
мы́ться *uv.* **1ТБ** sich waschen
мышь *f.* IV II Maus
мэр II I Bürgermeister
мя́со II I Fleisch

Н

на I I *(+ Akk./Präp.)* in/im, auf III II *(+ Akk.)* um *(Differenz)*; für *(Zeit)*
на неме́цком (языке́) I I in deutscher Sprache/auf Deutsch
на ру́сском (языке́) I I in russischer Sprache/auf Russisch
на сего́дня I I für heute
наве́рное I I wahrscheinlich
навсегда́ 2УБ für immer
над *(+ Instr.)* II I über
надева́ть/наде́ть IV II anziehen
наде́яться III II hoffen
на́до *unpers.* II I nötig sein, müssen
наза́д IV II vor *(zeitl.)*
назва́ние I I Name, Benennung, Bezeichnung
называ́ть/назва́ть *(+ Akk. + Instr.)* **1УА** (jdn. wie) nennen
называ́ться *uv.* I I heißen
наизу́сть 3УБ auswendig
найти́ *vo.* II I finden
наконе́ц II I endlich, schließlich
накра́ситься *vo.* **3УБ** sich schminken
нале́во I I nach links
намно́го I I um vieles, viel
написа́ть *vo.* II I schreiben **5ТБ** malen
напи́ток I I Getränk
напра́во I I nach rechts
наприме́р III II zum Beispiel
напро́тив *(+ Gen.)* I I gegenüber
нарисова́ть *vo.* IV II zeichnen **3УВ** malen
наро́д **2С** Volk
населе́ние **2С** Bevölkerung
на́сморк III II Schnupfen
настоя́щий III II wahr, echt
настрое́ние **5ТБ** Stimmung, Laune
научи́ться *vo.* **1ТБ** (er)lernen
находи́ть *uv.* IV II finden
находи́ться *uv.* I I sich befinden
национа́льность *f.* 5ТВ Nationalität
нача́ло III II Anfang
нача́льная шко́ла III II Grundschule
начина́ть/нача́ть III II anfangen, beginnen
начина́ться/нача́ться III II anfangen, beginnen
наш, на́ша, на́ше, на́ши I I unser
не I I nicht
не́ за что I I *hier:* keine Ursache, nichts zu danken
не́бо; *Nom. Pl.* **небеса́** **5ТБ** Himmel
неве́жливый IV II unhöflich
невероя́тный **5ТА** unwahrscheinlich; unglaublich
невозмо́жно **1УА** unmöglich
негати́вный 1УА negativ
неда́вно III II neulich, vor kurzem
недалеко́ *(**от** + Gen.)* I I nicht weit weg (von)
неде́ля I I Woche
не́которые *Pl.* **2ТА** einige, manche
некраси́вый III II hässlich
нелега́льный III II illegal
нельзя́ *(+ uv. Inf.)* III II man darf nicht, es ist nicht erlaubt
не́мец/не́мка III II Deutsche(r)
неме́цкий III II deutsch
неме́цкий язы́к I I deutsche Sprache/Deutsch
немно́го *(+ Gen.)* III II etwas, ein wenig
необы́чный I I ungewöhnlich
непло́хо I I nicht schlecht, gut
непоня́тный IV II unverständlich
непра́вильно I I nicht richtig, falsch
не́рвничать *uv.* IV II nervös sein
нереа́льный **4УБ** irreal, unwirklich; unrealistisch
не́рпа III II Baikal-Robbe
не́сколько *(+ Gen.)* II I einige, ein paar
несча́стный III II unglücklich
несча́стье **3С** Unglück
нет I I nein
нече́стно II I *hier:* ungerecht
нечётный **3С** ungerade *(Zahlen)*
ни …, ни IV II weder … noch
-нибу́дь IV II irgend-
нигде́ IV II nirgends
ни́же IV II niedriger, kleiner
ни́зкий III II niedrig
ник III II Nickname
ника́к **5ТА** auf keine Weise; überhaupt nicht
никако́й IV II kein(erlei)
никогда́ IV II nie(mals)
никто́ IV II niemand
никуда́ IV II nirgendwohin
ничего́ [-ево́] **3УБ** *hier:* macht nichts; (ganz) OK
ничто́ (ничего́) IV II nichts
но I I aber, jedoch III II sondern
Но́белевская пре́мия IV II Nobelpreis
но́вость *f.* III II Neuigkeit; Nachricht
но́вый I I neu
Но́вый год I I Neujahr/Silvester
нога́ III II Bein; Fuß
нож III II Messer
но́мер; *Nom. Pl.* **номера́** I I Nummer
норма́льно I I normal
нос III II Nase
носи́ть *uv.* II I tragen
но́та I I (Musik-)Note
ноутбу́к IV II Notebook
ночь *f.* II I Nacht
но́чью II I nachts
ноя́брь *m.* I I November
нра́виться *uv.* I I gefallen
ну I I nun
Ну и что? I I na und?
ну́жен, нужна́, ну́жно, нужны́ III II brauchen
ну́жно *unpers.* **1УВ** müssen
ня́ня I I Kindermädchen

О

о *(+ Präp.)* I I über, von
о себе́ I I über sich selbst
о чём? I I worüber?
обе́д I I Mittagessen
обе́дать *uv.* I I Mittag essen
обита́емый IV II bewohnt
о́блако **1ТА** Wolke
о́бласть *f.* **4ТА** Gebiet; Bereich
обме́н III II Austausch
о́браз **1УГ** Art, Weise
образова́ние **1ТВ** (Aus-)Bildung
обра́тно I I zurück
обща́ться *uv.* *(**с** + Instr.)* IV II in Verbindung/Kontakt stehen (mit), kommunizieren, Zeit verbringen (mit)
обще́ственный тра́нспорт **4С** öffentliche Verkehrsmittel
объе́кт I I Objekt

объявле́ние 1ТВ Anzeige, Annonce
объясне́ние 5С Erklärung
объясня́ть/объясни́ть III II erklären
обы́чно I I gewöhnlich
обяза́тельный 1ТВ obligatorisch, Pflicht-; unbedingt
О́вен III II Widder
о́вощи *Pl.* **II I** Gemüse
овощно́й III II Gemüse-
огоро́д 2ТБ Gemüsegarten
огро́мный II I riesig
огуре́ц II I Gurke
оде́жда I I Kleidung
оди́н, одна́, одно́, одни́ IV II *hier:* allein
одина́ковый 3С gleich, identisch
одино́кий IV II einsam
одна́жды IV II eines Tages
одни́ ..., други́е ... IV II die einen ..., die anderen ...
одновре́менно 2ТА gleichzeitig
однокла́ссник/однокла́ссница I I Mitschüler(in)
ожида́ть *nur uv.* **5ТА** erwarten
о́зеро II I See *m.*
окно́ I I Fenster
о́коло *(+ Gen.)* **II I** neben, bei **2УБ** etwa, ungefähr
окружа́ющая среда́ III II Umwelt
октя́брь *m.* **I I** Oktober
Октя́брьская револю́ция IV II Oktoberrevolution
Олимпи́йские и́гры IV II Olympische Spiele
омле́т I I Omelett, Eierkuchen
он, она́, оно́, они́ I I er, sie, es, sie
опа́здывать/опозда́ть II I sich verspäten
опа́сность *f.* **4ТА** Gefahr
опа́сный 3УБ gefährlich
о́перный 5ТВ Opern-
опозда́ние III II Verspätung
о́пыт 1ТВ Erfahrung
опя́ть II I wieder, noch einmal
ора́нжевый IV II orange
организа́ция IV II Organisation
организо́вывать/организова́ть III II organisieren
оригина́льный II I original, originell
орке́стр II I Orchester
осе́нний II I herbstlich, Herbst-
о́сень *f.* **I I** Herbst
о́сенью I I im Herbst
осма́тривать/осмотре́ть 5С betrachten; besichtigen
основа́ние IV II Gründung
осно́вывать/основа́ть IV II gründen
осо́бенно I I besonders
остава́ться/оста́ться 2С bleiben, zurückbleiben
остана́вливать/останови́ть III II aufhalten, stoppen
остано́вка 4ТБ Halt, Haltestelle
Осторо́жно! I I Achtung! Vorsicht!
о́стров; *Nom. Pl.* **острова́ II I** Insel
от *(+ Gen.)* **I I** von
отвеча́ть/отве́тить III II antworten
отдава́ть/отда́ть 1ТГ ab-, zurück-, weggeben; opfern
о́тдых II I Erholung, Entspannung
отдыха́ть/отдохну́ть II I sich erholen, (sich) ausruhen
оте́ц I I Vater
оте́чественный IV II vaterländisch, Vaterlands-
открыва́ть/откры́ть III II öffnen; einweihen
откры́тие I I Eröffnung
откры́тка II I Postkarte
откры́тый III II offen
отку́да II I woher
отли́чный II I ausgezeichnet, hervorragend
отменя́ть/отмени́ть IV II abschaffen, aufheben
относи́ться/отнести́сь к *(+ Dat.)* **IV II** sich verhalten; Einstellung haben (zu, gegenüber)
отправле́ние III II Abfahrt
отправля́ться/отпра́виться III II abfahren
о́тпуск IV II Urlaub
отража́ться/отрази́ться 5ТБ sich widerspiegeln
отсю́да III II von hier
о́тчество II I Vatersname
отчёт IV II Bericht
о́фис IV II Büro
офице́р IV II Offizier
официа́льный IV II offiziell
официа́нт(ка) III II Kellner(in)
охо́та III II Jagd
охо́тник 2ТА Jäger
охра́нник I I Wachmann
оце́нка II I (Schul-)Note
о́чень I I sehr

П

па́дать *uv.* **III II** (hin)fallen
паке́т 4С Tüte
пала́тка II I Zelt
па́лец III II Finger; Zehe
па́льма II I Palme
пальто́ *indekl.* **I I** Mantel
па́мятник *(+ Dat.)* **II I** Denkmal
па́па I I Papa, Vati
папиро́са II I Zigarette
па́пка I I Schnellhefter, Aktenordner
па́ра 1С Paar
па́рень *m.* **III II** junger Mann **1С** (fester) Freund
парикма́хер IV II Friseur(in)
парк I I Park
паркова́ть *uv.* 3УВ parken
партнёр III II Partner
парфюме́рия II I Parfümerie
па́спорт; *Nom. Pl.* **паспорта́ 1УВ** (Reise-)Pass
пасса́жир III II Passagier
Па́сха I I Ostern
пацие́нт I I Patient
пев́ец/певи́ца III II Sänger(in)
пейза́ж 5ТБ Landschaft(sbild)
пельме́ни *Pl.* **III II** Pelmeni *(gefüllte Teigtaschen)*
пена́л I I Federmappe
пе́ние III II Singen
пе́рвый I I der erste
пе́рвый раз II I *hier:* zum ersten Mal
переводи́ть/перевести́ IV II übersetzen
перево́дчик/перево́дчица IV II Übersetzer(in)
перевози́ть/перевезти́ IV II transportieren, bringen
пе́ред *(+ Instr.)* **II I** vor
передава́ть/переда́ть 5ТБ übergeben; mitteilen; wiedergeben
переда́ча IV II Sendung
переезжа́ть/перее́хать 2С umziehen
переселе́ние IV II Übersiedlung, Auswanderung

перестáть *vo.* IV II aufhören
перестрóйка IV II Perestrojka
пéсня III II Lied
петь *uv.* III II singen
петь под *(+ Akk.)* 3УБ singen zu *(Instrument)*
печь *uv.* III II backen
пешкóм I I zu Fuß
пианúно *indekl.* I I Klavier
пианúст(ка) **5ТВ** Pianist(in)
пúво III II Bier
пилóт IV II Pilot(in)
пирамúда I I Pyramide
пирожóк III II Pastete mit Füllung
писáтель/писáтельница IV II Schriftsteller(in)
писáть *uv.* I I schreiben **5ТБ** malen
пúсьменный стол II I Schreibtisch
письмó I I Brief
питáние **1УГ** Ernährung
пить *uv.* II I trinken
пúцца I I Pizza
плáвать *unbest., uv.* III II schwimmen
плáвки *nur Pl.* III II Badehose
плáзма IV II Flachbild-Fernseher
плакáт **4ТА** Plakat
план II I Plan
на зáднем плáне **5ТБ** im Hintergrund
на перéднем плáне **5ТБ** im Vordergrund
планéта **4С** Planet
планúровать *uv.* **4ТА** planen
плáстик **4С** Plastik
пластúковый **4С** Plastik-
платúть *uv.* III II bezahlen
платфóрма III II Bahnsteig
плáтье IV II Kleid
плацкáртный вагóн III II Großraumwagen
плóхо *Adv.* II I schlecht
плохóй II I schlecht
плóщадь *f.* I I Platz III II Fläche
плыть *best., uv.* III II schwimmen
плюс I I plus IV II Vorteil, Plus
пляж II I Strand
по I I *(+ Dat.)* in, durch
III II *(+ Akk.)* je, jeweils
III II *(+ Dat.)* nach, gemäß
по *(+ Wochentag im Dat. Pl.)* III II montags, dienstags, ...
по следáм I I auf den Spuren
побéда IV II Sieg
победúтель/победúтельница III II Sieger(in)
побоя́ться *vo. (+ Gen.)* IV II Angst haben (vor)
по-вáшему IV II eurer/Ihrer Meinung nach
повéрить *vo.* (**в** *+ Akk.)* IV II glauben (an)
повторя́ть/повторúть III II wiederholen
(Тебé) повезлó. III II (Du hast) Glück gehabt.
погибáть/погúбнуть IV II umkommen
поговорúть *vo.* III II (eine Zeit lang) sprechen
погóда II I Wetter
погуля́ть *vo.* III II (eine Zeit lang) spazieren
под *(+ Instr.)* II I unter
подарúть *vo.* III II schenken
подáрок I I Geschenk
подвáл **1ТА** Keller
подготáвливать/подготóвить **3УБ** vorbereiten
подготóвиться *vo.* II I sich vorbereiten
пóдпись *f.* **4УА** Unterschrift
подрýга I I Freundin
по-другóму *Adv.* IV II anders
подýмать *vo.* IV II denken
подходúть/подойтú 5ТА herantreten, herankommen
подъéзд **1С** Treppenaufgang; Hauseingang
пóезд; *Nom. Pl.* **поездá** I I Zug
поéздка II I Reise
Поéхали! IV II Los geht's!
поéхать *vo.* II I fahren, losfahren
пожáлуйста I I bitte
пожáр IV II Brand
позабóтиться *vo.* (**о** *+ Präp.)* III II sich kümmern/sorgen (um)
позáвтракать *vo.* IV II frühstücken
позвонúть *vo.* II I anrufen III II klingeln
пóздний III II spät
поздорóваться *vo.* (**с** *+ Instr.)* **3УА** (jdn.) grüßen, sich begrüßen
поздрáвить *vo. (+ Akk.* **с** *+ Instr.)* **3УБ** (jdm. zu etw.) gratulieren
поздравлéние I I Glückwunsch
поздравля́ть *uv. (+ Akk.* **с** *+ Instr.)* I I (jdm. zu etw.) gratulieren
пóзже **2ТВ** später
позитúвный 1УА positiv
познакóмиться *vo.* (**с** *+ Instr.)* III II kennenlernen, sich bekannt machen
пойтú *vo.* II I gehen, losgehen
Покá! I I Tschüss!
покá (не) IV II bisher, noch (nicht)
покáз I I Schau, Vorführung
показáться *vo.* III II scheinen
покáзывать/показáть II I zeigen
поклóнник I I Verehrer
поколéние **1УА** Generation
покупáтель/покупáтельница II I Käufer(in)
покупáть *uv.* I I kaufen
покýпка II I Einkauf, Kauf
покурúть *vo.* **1С** rauchen
пол II I Fußboden
пол- *(+ Ordnungszahl im Genitiv)* **3УВ** halb *(Uhrzeit)*
полагáться/положúться на *(+ Akk.)* **1УА** sich verlassen auf
пóле **5ТБ** Feld
полéзть *vo.* III II klettern
полетéть *vo.* IV II (los)fliegen
полёт IV II Flug
полúтик IV II Politiker(in)
полúтика IV II Politik
полицéйский *Subst. m.* **3УБ** Polizist *(in Deutschland)*
пóлка II I Regal
полкилó II I halbes Kilo, Pfund
половúна **3УВ** Hälfte; halb *(Uhrzeit)*
положéние II I Lage
положúть *vo.* **5ТА** legen; stecken; (hinein)tun
полотéнце III II Handtuch
полуóстров; *Nom. Pl.* **полуостровá** **2ТА** Halbinsel
получáть/получúть II I bekommen, erhalten
полчасá **4С** halbe Stunde
пóльзоваться *uv. (+ Instr.)* IV II (be)nutzen
помешáть *vo. (+ Dat.)* **1ТГ** (jdn.) stören; hinderlich sein
помидóр II I Tomate

помогáть/помóчь III II helfen
по-мóему II I meiner Meinung nach
пóмощь *f.* III II Hilfe
помы́ться *vo.* **1ТБ** sich waschen
понедéльник I I Montag
понимáть/поня́ть III II verstehen
понрáвиться *vo.* II I gefallen
пообéдать *vo.* IV II Mittag essen
поп(-мýзыка) II I Pop(musik)
попрóбовать *vo.* II I probieren, versuchen
попроси́ть *vo.* IV II bitten
попугáй II I Papagei
популя́рный IV II beliebt
порá I I es ist Zeit
порóг **3УА** Türschwelle
порт III II Hafen
портрéт IV II Porträt
по-рýсски I I auf Russisch
поря́док III II Ordnung
посети́тель *m.* IV II Besucher
посещáть/посети́ть II I besuchen
посидéть *vo.* III II (eine Zeit lang) sitzen
пóсле *(+ Gen.)* I I nach
пóсле тогó, как IV II nachdem
послéдний II I letzter
послéдствие **4ТБ** Folge, Auswirkung
послýшать *vo.* III II (zu-, an-) hören
посмотрéть *vo.* II I (an)schauen
посовéтовать *vo.* II I raten, empfehlen
поспеши́ть *vo.* IV II eilen; es eilig haben
пóстер II I Poster
постоя́нно **4ТБ** ständig, dauernd
постро́ить *vo.* II I bauen, errichten
поступáть/поступи́ть *(в + Akk.)* **5ТВ** *hier:* sich einschreiben (an); ein Studium aufnehmen (an)
посýда III II Geschirr
по-твóему IV II deiner Meinung nach
потеря́ть *vo.* **2ТВ** verlieren
потóм I I dann, danach
потомý что II I weil
по-турéцки II I auf Türkisch
потусовáться *vo. ugs.* **1С** abhängen, Party machen *ugs.*
похóд IV II Ausflug

похóж, -а, -е, -и на *(+ Akk.)* III II ähneln, ähnlich sein
похóжий IV II ähnlich
почемý II I warum
почи́стить *vo.* III II sauber machen, putzen
пóчта II I Post
почти́ III II fast
почтóвая мáрка **5С** Briefmarke
почýвствовать себя́ *vo.* III II sich fühlen
поэ́т/поэтéсса **5С** Dichter(in)
поэ́тому I I deshalb, deswegen
появля́ться/появи́ться **1ТБ** erscheinen, auftauchen; entstehen, aufkommen
прав, -á, -о, -ы IV II recht haben
прáвда IV II Wahrheit
прáвда? II I nicht wahr?
прáвило I I Regel
прáвильно I I richtig
прáво IV II Recht
прáздник I I Fest, Feiertag
Прáздник Весны́ и Трудá I I Tag der Arbeit
прáздничный III II Fest-, festlich
прáздновать *uv.* III II feiern
предлагáть/предложи́ть **1УГ** vorschlagen, anbieten
предложéние II I Satz, Vorschlag
предмéт II I (Unterrichts-)Fach; Gegenstand
предпочитáть/предпочéсть **5С** vorziehen, bevorzugen
представлéние **(о** *+ Präp.)* **3С** Vorstellung (von, über)
представля́ешь! II I stell dir vor!
представля́ть/представить себé IV II sich etw. vorstellen
прéжде всегó **5С** vor allem
презентáция II I Präsentation
президéнт I I Präsident(in)
прекрáсный II I wunderschön; hervorragend
премьéра 5ТВ Premiere
преподавáтель/преподавáтельница **5ТВ** Dozent(in), Lektor(in)
прести́ж **1ТА** Ansehen, Prestige
при *(+ Präp.)* IV II unter, zur Zeit von
приблизи́тельно III II ungefähr
прибывáть/прибы́ть **(в** *+ Akk.)* III II ankommen (in)

прибы́тие **(в** *+ Akk.)* III II Ankunft (in)
Привéт! I I Hallo!
приглашáть/пригласи́ть II I einladen
приглашéние I I Einladung
приготóвить *vo.* **3УА** zubereiten, kochen
придýмывать/придýмать **4УБ** sich ausdenken, erfinden
приéзд: С приéздом! I I Willkommen!
приезжáть/приéхать III II (an) kommen
приз II I Preis
прийти́ *vo.* III II (an)kommen
приключéние III II Abenteuer
прилетáть/прилетéть III II heranfliegen
примéта **3С** Vorzeichen, Omen
принимáть/приня́ть III II (ein) nehmen
принимáть/приня́ть душ III II duschen
приноси́ть/принести́ III II bringen
принцéсса IV II Prinzessin
при́нцип **3УБ** Prinzip
при́нято **3С** üblich sein *vo.*
припарковáть *vo.* 3УВ parken
прирóда III II Natur
присылáть/прислáть IV II schicken, senden
приходи́ть *uv.* III II (an)kommen
приходи́ться/прийти́сь *unpers.* 1ТГ müssen
прия́тно I I angenehm
Прия́тного аппети́та! I I Guten Appetit!
прóбка **2С** Stau
проблéма I I Problem
прóбовать *uv.* II I probieren, versuchen
проводи́ть/провести́ IV II verbringen; durchführen
проводни́к/проводни́ца III II Zugbegleiter(in), Schaffner(in)
прогрáмма I I Programm
программи́ст IV II Programmierer(in)
продавáть/продáть III II verkaufen
продавéц/продавщи́ца II I Verkäufer(in)

продолжа́ть/продо́лжить 5TA, 5TB fortsetzen, weitermachen
продолжа́ться/продо́лжиться IV II (an)dauern
проду́кты *Pl.* **II I** Lebensmittel
прое́кт IV II Projekt
произведе́ние 5C Werk *(Kunst)*
происходи́ть/произойти́ IV II geschehen, sich abspielen
промо́утер IV II Promoter
проси́ть *uv.* **IV II** bitten
проспа́ть *vo.* **II I** verschlafen
про́сто I I einfach
просыпа́ться/просну́ться IV II aufwachen
проте́ст 4TA Protest
протестова́ть *uv.* II I protestieren
про́тив *(+ Gen.)* **II I** gegen
профессиона́льный I I professionell, beruflich, Berufs-
профе́ссия II I Beruf
проходи́/те *Imp. Sg./Pl.* II I komm herein/kommt herein, kommen Sie herein
проходи́ть/пройти́ III II stattfinden **IV II** verlaufen **4TБ** vergehen, verstreichen *(Zeit)*
проходи́ть/пройти́ пра́ктику IV II Praktikum absolvieren
проце́нт 1C Prozent
прочита́ть *vo.* **II I** lesen
про́шлое *Subst. n.* **IV II** Vergangenheit
про́шлый II I vergangen
про́ще III II einfacher
пря́мо I I geradeaus
прямо́й III II direkt; geradeaus
пря́ник II I Lebkuchen
пря́таться *uv.* 2УA sich verstecken
психо́лог IV II Psychologe(-in)
пти́ца III II Vogel
пу́блика III II Publikum
публика́ция IV II Publikation
пуга́ть *uv.* **5TA** erschrecken
пульт IV II Fernbedienung
пунктуа́льный 3УB pünktlich
путеше́ствие III II Reise
путеше́ствовать III II reisen
путь *m.* **III II** Gleis, Weg
пюре́ *indekl.* **I I** (Kartoffel-)Püree
пятёрка II I Fünf *(russ. Schulnote)*
пя́тница I I Freitag

Р

рабо́та III II Arbeit
рабо́та на кани́кулах IV II Ferienjob
рабо́тать *(над + Instr.) uv.* **IV II** arbeiten (an), funktionieren
рабо́тник/рабо́тница II I Arbeiter(in)
ра́д, -а, -ы *(+ Dat.)* **IV II** froh sein (über), sich freuen (über)
ра́дио *indekl.* I I Radio
радиоста́нция II I Radiosender
ра́дость *f.* **5TA** Freude
раз I I mal
три ра́за в день III II drei Mal täglich
ра́зве I I etwa
разведены́ *Pl.* **III II** geschieden
развива́ться/разви́ться 1TБ sich entwickeln
разви́тие 1TБ Entwicklung
разгова́ривать *uv.* **II I** sprechen, reden, sich unterhalten
разгово́р II I Gespräch
разгово́р по телефо́ну I I Telefongespräch
ра́зница 2C Unterschied
разно́счик/разно́счица газе́т IV II Zeitungsausträger(in)
ра́зный III II verschieden
разруша́ть/разру́шить IV II zerstören
рай 1TГ Paradies
райо́н II I Stadtviertel
Рак III II Krebs
ра́но I I früh
ра́ньше IV II früher
расписа́ние II I Plan; Fahrplan
располо́жен, -а, -о, -ы II I liegt, liegen *(sich befinden)*
расска́з IV II Erzählung
расска́зывать/рассказа́ть II I erzählen
расстоя́ние 2C Entfernung, Abstand
растя́ять *vo.* **4C** schmelzen, tauen
расти́ *uv.* **1TБ** wachsen, aufwachsen
ра́туша II I Rathaus
ра́фтинг II I Rafting
реаги́ровать *uv.* II I reagieren
реа́ктор 4TA Reaktor
реа́кция IV II Reaktion

реализова́ть *uv. und vo.* **4TA** realisieren, verwirklichen
реали́ст IV II Realist(in)
реалисти́ческий 5TБ realistisch
реа́лити-шо́у *n., indekl.* IV II Reality-Show
реа́льность *f.* **1TБ** Realität, Wirklichkeit
реа́льный 1TБ real, wirklich
ребёнок IV II Kind
ребя́та *Pl.* **I I** Jugendliche
револю́ция IV II Revolution
ре́гги *m., indekl.* III II Reggae
регио́н III II Region
регуля́рный III II regelmäßig
реда́кция 1TB Redaktion
ре́дкий 2УA selten
режиссёр IV II Regisseur
результа́т III II Resultat, Ergebnis
резюме́ 1TB *hier:* Bewerbung(sunterlagen)
ре́йтинг IV II Hitliste
Рейхста́г II I Reichstag
река́ II I Fluss
рекла́ма I I Reklame, Werbung
реко́рд III II Rekord
рели́гия II I Religion
ремонти́ровать *uv.* II I reparieren
рентге́н III II Röntgenaufnahme
репети́ция I I Probe, Theaterprobe
репорта́ж 1TB Reportage
репре́ссия IV II Repression
респу́блика III II Republik
реставра́тор IV II Restaurator(in)
рестора́н I I Restaurant
рефера́т I I Referat
рефо́рма IV II Reform
реформи́ровать IV II reformieren
реце́пт III II Rezept
реша́ть/реши́ть II I lösen; entscheiden, beschließen
реше́ние 2УB Entscheidung; Lösung
рис III II Reis
рискова́ть/рискну́ть *(+ Instr.)* **1УA** riskieren
рисова́ние II I Zeichnen
рисова́ть *uv.* **IV II** zeichnen **3УB** malen
рису́нок I I Zeichnung
ри́фма I I Reim
ро́дина IV II Heimat
роди́тели *Pl.* **I I** Eltern

роди́ться III II geboren werden
родно́й II I Heimat-
Рождество́ I I Weihnachten
ро́за 3C Rose
ро́зовый I I rosa
рок(му́зыка) I I Rockmusik
ро́лики *m. Pl.* **3УБ** Rollschuhe
роль *f.* III II Rolle
рома́н IV II Roman
Росси́йская Федера́ция IV II Russische Föderation
рост III II (Körper-)Größe
рот III II Mund
руба́шка I I Hemd
рубль *m.* I I Rubel
с вас … рубль/рубля́/рубле́й I I (ich bekomme) von Ihnen … Rubel
руга́ть *uv.* 5ТВ (be)schimpfen
рука́ III II Hand; Arm
ру́сский I I russisch
ру́сский/ру́сская III II Russe/Russin
ру́сский не́мец IV II Russlanddeutscher
ру́чка I I Füller
ры́ба II I Fisch
рыба́к 2ТА Fischer
Ры́бы III II Fische
ры́жий III I rothaarig
ры́нок II I Markt
рэп I I Rap
рэ́пер I I Rapper
рюкза́к I I Rucksack
ряд III II Reihe
ря́дом с *(+ Instr.)* II I neben

С

с III II *(+ Gen.)* von, seit, ab I I *(+ Instr.)* mit
с II I *(+ Gen.)* **… по** *(+ Akk.)* von … bis (einschließlich)
с вас … рубль/рубля́/рубле́й I I (ich bekomme) von Ihnen … Rubel
с одно́й стороны́, … с друго́й (стороны́) 2С einerseits … andererseits
С приє́здом! I I Willkommen!
с тех пор IV II seither, seitdem
С уваже́нием IV II Mit freundlichen Grüßen *(in Briefen)*
с удово́льствием I I gern
с утра́ до ве́чера II I von morgens bis abends
сад II I Garten
са́дик *Dim.* I I Kindergarten
сади́ться *uv.* **3С** sich setzen, Platz nehmen
саксофо́н III II Saxofon
сала́т I I Salat
сам, -а́, -о́, -и IV II selbst
самова́р I I Samowar
самолёт I I Flugzeug
самостоя́тельный IV II selbstständig
са́мый III II *bei Adjektiven zur Bildung des Superlativs*
сантиме́тр II I Zentimeter
са́хар I I Zucker
сва́дьба IV II Hochzeit
све́жий 1УГ frisch
свет 2ТА Licht; Welt
свети́ть *uv.* II I scheinen, leuchten
све́тлый III II hell; blond
свида́ние 1УА Verabredung, Rendezvous
сви́тер I I Pullover
свобо́да 1УА Freiheit
свобо́дное вре́мя I I Freizeit
свобо́дный I I frei, Frei-
сво́дная сестра́ III II Stiefschwester
сво́дный брат III II Stiefbruder
свой, своя́, своё, свои́ IV II *reflexives Possessivpronomen*
свя́зан, -о, -а, -ы с *(+ Instr.)* **1ТБ** zusammenhängen mit
сгора́ть/сгоре́ть IV II verbrennen
сде́лать *vo.* II I tun, machen
се́вер II I Norden
се́верный: Се́верная Вене́ция II I Venedig des Nordens
Се́верные острова́ II I Nördliche Inseln
сего́дня I I heute
сейча́с I I jetzt, gleich
секре́т 3С Geheimnis
семья́ I I Familie
сентя́брь *m.* I I September
(теле)сериа́л IV II (TV-)Serie
се́рый III II grau
серьёзный IV II ernst
сестра́ I I Schwester
сесть *vo.* **3С** sich setzen, Platz nehmen
сжига́ть *uv.* III II verbrennen
Сиби́рь *f.* III II Sibirien
сигаре́та 1С Zigarette
сигна́л IV II Signal
сиде́ть *uv.* I I sitzen
си́льный IV II stark
си́мвол I I Symbol
симпати́чный II I sympathisch, nett
си́ний III II dunkelblau
систе́ма I I System
ситуа́ция 1УА Situation
сказа́ть *vo.* II I sagen
ска́зка IV II Märchen
скаме́йка II I (Sitz-)Bank
сканда́л 5ТВ Skandal
скача́ть *vo.* IV II herunterladen, downloaden
скейтбо́рд I I Skateboard
скетч I I Sketch
сковорода́ III II Pfanne
ско́лько? *(+ Gen.)* I I wie viel?
Ско́лько вре́мени? *ugs.* **3УВ** Wie viel Uhr/Wie spät ist es?
ско́рая по́мощь III II Krankenwagen
ско́ро *Adv.* I I bald
Скорпио́н III II Skorpion
ско́рый 5ТБ baldig; schnell
скри́пка III II Geige
скуча́ть III II *hier:* sich langweilen
ску́чный IV II langweilig
сла́дкий 1ТГ süß
сла́дость *f.* III II Süßigkeit
сле́ва *(от + Gen.)* I I links (von)
сле́дующий II I nächster, folgender
сли́шком 4С zu (sehr)
сло́во I I Wort
сло́ган 4С Slogan, Parole
сло́жный II I kompliziert, schwierig
слома́ть *vo.* III II (zer)brechen
случа́йный IV II zufällig
случа́ться/случи́ться IV II passieren, geschehen
слу́шать *uv.* I I (zu-, an-)hören
слы́шать *uv.* III II (zufällig) hören, vernehmen
сме́нка II I *hier:* Wechselschuhe
смерть *f.* IV II Tod
смета́на III II saure Sahne
смеша́ть *vo.* III II vermischen
смешно́й I I lustig, komisch
смея́ться *uv.* IV II (aus)lachen

СМИ (сре́дства ма́ссовой информа́ции) IV II (Massen-) Medien
смотре́ть *uv.* I I anschauen
смотре́ть телеви́зор IV II fernsehen
смочь *vo.* I I können, dürfen
снача́ла I I zuerst, zunächst 1ТБ von Anfang an, noch einmal
снег II I Schnee
снег идёт/шёл II I es schneit/hat geschneit
Снегу́рочка I I Schneeflöckchen, Schneemädchen
снежо́к III II Schneeball
снима́ть/снять II I aufnehmen, filmen
сноубо́рдинг I I Snowboarding
соба́ка I I Hund
собира́ть/собра́ть III II sammeln IV II packen
собо́р *uv.* I I Kathedrale
собы́тие IV II Ereignis
сове́товать II I raten, empfehlen
сове́тский IV II sowjetisch
Сове́тский Сою́з IV II Sowjetunion
совреме́нный III II modern, zeitgenössisch
совсе́м I I überhaupt, ganz, völlig
согла́сен, согла́сна, согла́сно, согла́сны (**с** + *Instr.*) III II einverstanden sein (mit)
созна́ние 2ТВ Bewusstsein
сок I I Saft
солда́т IV II Soldat
солда́тик IV II Spielzeugsoldat
со́лнечные очки́ *nur Pl.* III II Sonnenbrille
со́лнце II I Sonne
соль *f.* III II Salz
соля́нка III II Soljanka *(Fisch-/Fleischsuppe)*
сон 2УБ Traum, Schlaf
со́ня *m./f.* I I Schlafmütze
сообще́ние III II Mitteilung; Durchsage
сортирова́ть *uv.* III II sortieren
сосе́д; *Nom. Pl.* **сосе́ди** I I, **1ТГ** Nachbar
сосе́дка I I Nachbarin
соси́ска II I Würstchen
составля́ть/соста́вить 2С bilden, betragen; zusammenstellen
сотру́дник III II Mitarbeiter
со́ус I I Soße
социа́льный IV II sozial
социа́льный рабо́тник 1УГ Sozialarbeiter
сочине́ние II I Aufsatz
спаге́тти *nur Pl., indekl.* I I Spaghetti
спа́льня II I Schlafzimmer
спаса́ть/спасти́ 2ТВ retten
спаси́бо I I danke
спать *uv.* I I schlafen
спекта́кль *m.* **5С** Vorstellung, Aufführung; Stück *(Theater)*
спеть *vo.* III II singen
специали́ст I I Spezialist
спеши́ть *uv.* IV II eilen; es eilig haben
спина́ III II Rücken
споко́йный 2ТБ ruhig
спо́нсор II I Sponsor
спорт I I Sport
спорти́вный II I sportlich, Sport-
спортклу́б II I Fitnessstudio
спортплоща́дка II I Sportplatz
спортсме́н(ка) III II Sportler(in)
спорттова́ры II I Sportwaren
спра́ва (**от** + *Gen.*) I I rechts (von)
спра́шивать/спроси́ть II I fragen
спря́таться *vo.* 2УА sich verstecken
спу́тник III II Sputnik, Satellit
сра́зу III II sofort
среда́ I I Mittwoch
среди́ (+ *Gen.*) **4ТБ** unter; mitten (in)
сре́дний III II Mittel-, mittlerer
сре́дняя шко́ла III II Mittelschule
СССР (Сою́з Сове́тских Социалисти́ческих Респу́блик) IV II UdSSR (Union der Sozialistischen Sowjetrepubliken)
стадио́н I I Stadion
стажиро́вка 1ТВ Praktikum
стака́н III II Glas
станови́ться *uv.* (+ *Instr.*) IV II werden
ста́нция IV II Station
старт I I Start
ста́рше IV II älter
ста́рший III II älter; ältester
ста́рый I I alt
стати́стика 1С Statistik
стать *vo.* (+ *Instr.*) IV II werden
статья́ IV II Artikel
стена́ II I Mauer, Wand
стереоти́п 3С Stereotyp, Klischee
стиль *m.* III II Stil
стихи́ *Pl.* I I Reime, Gedicht
стихотворе́ние 1ТА Gedicht
сто́ить *uv.* I I kosten IV II sich lohnen
стол I I Tisch
столи́ца I I Hauptstadt
столо́вая II I Esszimmer; Kantine
сто́лько (+ *Gen.*) IV II so viel(e)
стоп II I Stopp
стоя́ть *uv.* I I stehen
страна́ II I Land
стра́нный III II seltsam, merkwürdig
страте́гия I I Strategie
стра́шный 4ТБ schrecklich, furchtbar
Стреле́ц III II Schütze
стресс 2ТБ Stress
стро́гий 3УБ streng
стро́ить *uv.* II I bauen, errichten
стро́чка 1УА Zeile
студе́нт(ка) I I Student(in)
стул; *Nom. Pl.* **сту́лья** II I Stuhl
стю́ард/стюарде́сса IV II Steward(ess)
суббо́та I I Samstag
субъе́кт I I Subjekt
сувени́ры *Pl.* I I Souvenirs
суеве́рие 3С Aberglaube
суеве́рный 3С abergläubisch
су́мка III II Tasche
су́мма I I Summe
суп III II Suppe
су́пер I I super
супера́кция II I Sonderangebot
суперма́ркет II I Supermarkt
сфотографи́ровать *vo.* II I fotografieren
схе́ма 1ТБ Schema; Skizze
сце́на I I Szene, Bühne
сце́нка I I (Theater-)Szene
Счастли́вого пути́! III II Gute Reise!
счастли́вый IV II glücklich
сча́стье I I Glück
Э́то к сча́стью. 3С Das bringt Glück.

счёт III II Rechnung
считать *uv.* IV II meinen IV II (*+ Akk. + Instr.*) (jdn. für etw.) halten I I rechnen, zählen
съесть *vo.* III II (auf)essen
сыграть *vo.* 5TB spielen
сын; *Nom. Pl.* **сыновья** III II Sohn
сыр IV II Käse
сырник III II Quarkpfannkuchen
сэкономить *vo.* III II sparen
сюда III II hierher
сюрприз I I Überraschung

Т

тайга III II Taiga
так I I also, so
так себе I I es geht so, so lala
также II I auch, ebenso
такой IV II solch ein, so ein
такой же ..., как 2TA ebenso ... wie
такси *n., indekl.* I I Taxi
таксист I I Taxifahrer
такт I I Takt
талант III II Talent
талантливый III II talentiert
талисман III II Maskottchen
там I I dort (ist)
танец IV II Tanz
танцевать *uv.* II I tanzen
тапочки *Pl.* IV II Pantoffeln, Hausschuhe
тарелка III II Teller
таять *uv.* 4C schmelzen, tauen
твой, твоя, твоё, твои I I dein
творчество 5C Schaffen, Werk
театр I I Theater
тебя зовут I I du heißt
текст I I Text
телевидение IV II Fernsehen
телевизор I I Fernseher
тележурнал IV II Fernsehzeitung
телепрограмма IV II Fernsehprogramm
(теле)сериал IV II (TV-)Serie
телефон I I Telefon
Телец III II Stier
тема II I Thema
тёмный III II dunkel
температура III II Temperatur III II Fieber
теннис I I Tennis
теперь I I jetzt
тепло *Adv.* II I warm
тёплый III II warm
территория 2C Territorium, Gebiet
террор IV II Terror
терять *uv.* 2TB verlieren
тесный III II eng
тест IV II Test
тётя III II Tante
техника IV II Technik
техно *indekl.* I I Techno (*Musikrichtung*)
тигр III II Tiger
тинейджер 1TБ Jugendlicher, Teenager
тип 1TБ Typ, Art
типичный 3C typisch
титул III II Titel
тихий IV II still, leise
тише IV II leiser
тишина 2TБ Stille
то IV II dann
-то IV II irgend-
товар 2TB Ware
тогда I I so, dann
тоже I I auch
токшоу *n., indekl.* IV II Talk-Show
только I I nur
тонна IV II Tonne
торт III II Torte
тост 3УA Trinkspruch
тот, та, то, те III II jener, jene, jenes, jene
точно *Adv.* 2TБ genau; sicher
традиционный 3УB traditionell
традиция III II Tradition
трактор I I Traktor
трамвай I I Straßenbahn
транспорт I I Verkehrsmittel
Транссиб III II Transsibirische Eisenbahn
требование 1TB (An-)Forderung
тренер I I Trainer
тренировка I I Training
третий I I dritter
триллер IV II Thriller
тройка II I Drei (*russ. Schulnote*) III II Troika (*Pferdeschlitten*)
троллейбус I I O(berleitungs)-Bus
тротуар 2УБ Trottoir, Bürgersteig
труд II I Arbeit; Werkunterricht, Arbeitslehre
трудно I I schwierig, schwer
трэк I I Track
туалет II I Toilette
туда I I dahin, dorthin
тульский II I Tulaer, aus Tula stammend
тундра III II Tundra
тур II I Tour
турецкий III II türkisch
туризм 4TБ Tourismus
турист I I Tourist
Турция II I Türkei
тусоваться *uv. ugs.* 1C abhängen, Party machen *ugs.*
тусовка *ugs.* 1C Party; Treff; Clique
тут 5TA hier
туфли *Pl.* I I Schuhe
ты I I du
Ты что!? II I Spinnst du?
тянуть *uv.* III II ziehen

У

у (*+ Gen.*) I I bei
у меня, у тебя, ... I I ich habe, du hast, ...
убегать/убежать 2УB weglaufen, wegrennen
убивать/убить IV II umbringen
убийца 4TA Mörder
убирать/убрать II I aufräumen, in Ordnung bringen
уважаемый IV II sehr geehrter (*Anrede*)
уверенный IV II sicher
увидеть *vo.* II I sehen
увлекаться/увлечься (*+ Instr.*) IV II sich begeistern (für)
угол 3УA Ecke
удалось IV II es gelang
ударные (инструменты) III II Schlagzeug
удивлять/удивить 3УБ erstaunen, überraschen
удивляться *uv.* I I staunen, sich wundern
удобно *Adv.* II I bequem
удовольствие: с удовольствием I I gern
уезжать/уехать III II wegfahren
ужас! I I entsetzlich!, schrecklich!
ужасный IV II schrecklich, furchtbar
уже I I schon

у́жин I I Abendessen
у́жинать *uv.* I I Abend essen
узнава́ть/узна́ть II I erfahren
III II erkennen
уйти́ *vo.* III II weggehen
украи́нец/украи́нка 4ТБ Ukrainer(in)
украи́нский 4УБ ukrainisch
украша́ть *uv.* I I schmücken
улета́ть/улете́ть III II wegfliegen
у́лица I I Straße
улыба́ться/улыбну́ться 3УБ lächeln
улы́бка 3УБ Lächeln
уме́ть *uv.* III II können; verstehen (zu tun)
умира́ть/умере́ть IV II sterben
у́мница *m./f.* III II „kluger Kopf"
у́мный III II klug
универма́г I I Kaufhaus
университе́т 1ТВ Universität
уника́льный 4ТА einzigartig
упако́вка 4С Verpackung
упа́сть *vo.* III II (hin)fallen
употребля́ть/употреби́ть нарко́тики 1УГ Drogen nehmen
уро́к I I Lektion; Unterrichtsstunde
услы́шать *vo.* III II (zufällig) hören, vernehmen
успе́х I I Erfolg
успе́шный III II erfolgreich
уста́л, -а, -о, -и III II müde sein
у́тро I I Morgen
у́тром I I morgens, am Morgen
у́хо; *Nom. Pl.* **у́ши** III II Ohr
уходи́ть *uv.* III II weggehen
уча́ствовать *uv.* **(в +** *Präp.*) II I teilnehmen (an)
уча́стник/уча́стница 2УА Teilnehmer(in)
уче́бник I I Lehrbuch
учени́к/учени́ца I I Schüler(in)
учёный IV II Wissenschaftler(in)
учи́тель/учи́тельница I I Lehrer(in)
учи́ть *uv.* I I lernen
учи́ться *uv.* II I lernen, studieren
ую́тный IV II gemütlich

Ф

факт III II Tatsache
фами́лия II I Familienname, Nachname
фанта́зия 1ТБ Fantasie
фантасти́ческий фильм IV II Science-Fiction-Film
февра́ль *m.* I I Februar
фейерве́рк II I Feuerwerk
фестива́ль *m.* II I Festival
фи́зик IV II Physiker(in)
фи́зика II I Physik
физкульту́ра II I Sport *(Schulfach)*
фикти́вный IV II fiktiv
филармо́ния 5ТВ Philharmonie
филосо́фия IV II Philosophie
фильм I I Film
фина́нсовый 5ТВ finanziell
фи́рма IV II Firma
фи́тнес I I Fitness
фле́йта III II Flöte
фле́шка II I USB-Stick
флешмо́б III II Flashmob
фолькло́р III II Folklore
фон 5ТБ Hintergrund
фонд IV II Stiftung
фонта́н II I Springbrunnen
фо́рма II I (Schul-)Uniform
фортепиа́но *indekl.* 5ТВ Klavier
фо́то *indekl.* I I Foto
фотоаппара́т 4УА Fotoapparat, Kamera
фото́граф IV II Fotograf
фотографи́ровать *uv.* II I fotografieren
фотогра́фия II I Foto
Фра́нция II I Frankreich
францу́зский III II französisch
францу́зский язы́к II I Französisch
фру́кты *Pl.* II I Früchte, Obst
футбо́л I I Fußball
футболи́ст(ка) III II Fußballer(in)
футбо́лка I I T-Shirt
футбо́льный II I Fußball-
фэ́нтези *n., indekl.* IV II Fantasy

Х

хао́с I I Chaos
хара́ктер III II Charakter
хард-ро́к III II Hardrock
хи́мик IV II Chemiker(in)
хи́мия II I Chemie
хлеб I I Brot
хо́бби *n., indekl.* I I Hobby
ходи́ть *unbest., uv.* I I gehen
ходи́ть в го́сти *unbest.*; **идти́ в го́сти** *best.* III II besuchen
хокке́й 2УБ (Eis-)Hockey
холоди́льник III II Kühlschrank
хо́лодно *Adv.* II I kalt
холо́дный II I kalt
хому́с III II Maultrommel *(jakutisches Musikinstrument)*
хор I I Chor
хоро́ший II I gut
хорошо́ *Adv.* I I gut
хо́стел II I Jugendherberge
хоте́ть *uv.* II I wollen
(мне) хо́чется IV II (ich) möchte/würde gern
хотя́ IV I obwohl
худо́жественный фильм IV II Spielfilm
худо́жник/худо́жница 3УВ Künstler(in), Maler(in)
ху́дший III II schlechter; schlechtester
ху́же III II schlechter

Ц

царь *m.*/**цари́ца** IV II Zar(in)
цвет; *Nom. Pl.* **цвета́** I I Farbe
цвето́к; *Nom. Pl.* **цветы́** I I Blume
Це́зарь *m.* I I Cäsar
Целу́ю I I *hier:* Mit lieben Grüßen
це́лый III II ganz
цель *f.* 1УВ Ziel
цена́ II I Preis
це́нность *f.* 1УА Wert
цент 5С Cent
центр I I Zentrum, Mitte
цепо́чка I I *hier:* Kettenübung
ци́ркуль *m.* I I Zirkel
ци́фра I I Ziffer, Zahl
цифрово́й 1ТБ Ziffern-, Zahlen-; digital

Ч

чай *m.* I I Tee
час I I Stunde; Uhr *(Zeitangabe)*
час пик 2С Hauptverkehrszeit

часово́й по́яс; *Nom. Pl.* **часовы́е пояса́ 2С** Zeitzone
ча́сто I I oft, häufig
часть *f.* **IV II** Teil
часы́ *nur Pl.* **3УВ** Uhr
чат I I Chat
ча́шка III II Tasse
ча́ще 3УБ öfter
чей, чья, чьё, чьи 4ТА wessen
челове́к I I Mensch
челове́чество 1УБ Menschheit
чем I I womit, wofür **III II** als *(Vergleich)*
чемода́н III II Koffer
чемпио́н 2УБ Champion
чемпиона́т II I Meisterschaft
че́рез *(+ Akk.)* **II I** über, durch; nach, in
Чёрное мо́ре II I Schwarzes Meer
чёрный I I schwarz
че́стность *f.* 1УБ Ehrlichkeit
че́стный III II ehrlich, fair
четве́рг I I Donnerstag
четвёрка II I Vier *(russ. Schulnote)*
че́тверть *f.* **3УВ** Viertel; viertel *(Uhrzeit)*
чётный 3С gerade *(Zahlen)*
число́ I I Zahl, Datum
чи́стить *uv.* **III II** sauber machen, putzen
чи́сто *Adv.* **II I** sauber
чистота́ III II Sauberkeit
чита́тель/чита́тельница II I Leser(in)
чита́ть *uv.* **I I** lesen
чте́ние 5С Lesen
что IV II dass
что? I I was?
Что де́лать? I I Was (ist zu) tun?
что тако́е IV II was ist (das)
что́бы III II *(+ Inf.)* um zu **IV II** *(+ Prät.)* damit; dass
чу́вствовать себя́ *uv.* **III II** sich fühlen
чу́до; *Nom. Pl.* **чудеса́ 2ТА** Wunder
чу́кча 2ТА Tschuktsche

Ш

шама́н III II Schamane
шанс II I Chance
ша́пка I I Mütze
ша́рик III II Luftballon
шарф I I Schal
шахмати́ст(ка) III II Schachspieler(in)
ша́хматный клуб III II Schachclub
ша́хматы *nur Pl.* **III II** Schach
шашлы́к II I Schaschlik; Fleischspieß
шве́дский IV II schwedisch
Швейца́рия 5ТВ Schweiz
шика́рный II I schick
широ́кий I I weit, breit
шкату́лка I I Schatulle, Kästchen
шкаф II I Schrank
шко́ла I I Schule
шко́ла-партнёр IV II Partnerschule
шко́льник 1ТВ Schüler
шко́льный II I Schul-
шля́па 3УВ Hut
шни́цель *m.* I I Schnitzel
шок 3УБ Schock
шокола́дка *Dim.* I I Schokoriegel
шо́пинг I I Shopping
шо́у-програ́мма I I Show
шпарга́лка IV II Spickzettel
штраф III II Strafe
штурм II I Erstürmung
шу́ба 3С Pelzmantel
шу́тка I I Scherz

Щ

щёлкать пу́льтом *uv.* **IV II** zappen
щи III II Schtschi *(Kohlsuppe)*

Э

эвакуи́ровать *uv. und vo.* **4ТБ** evakuieren
экза́мен IV II Prüfung, Examen
экодере́вня 2УБ Ökodorf
экологи́чески чи́стый 4С Bio-; umweltfreundlich
экологи́ческий III II ökologisch, Umwelt-
эколо́гия II I Ökologie
эконо́мить *uv.* **III II** sparen
экофана́т III II Ökofreak
экску́рсия II I Exkursion, Ausflug
экспеди́ция III II Expedition
экспериме́нт IV II Experiment
экспона́т II I Exponat, Ausstellungsgegenstand
экстрема́льный тури́зм 4УБ Extremtourismus
экстри́м II I Extremsport
элега́нтный III II elegant
эле́ктрик IV II Elektriker(in)
электри́чество III II Strom
электри́чка I I Vorortbahn, S-Bahn
эне́ргия 4С Energie
эпо́ха IV II Epoche
эскала́тор 2ТВ Rolltreppe
эта́ж II I Stockwerk, Etage
эта́п IV II Etappe
э́тика II I Ethik
э́то I I das ist, dies ist
Э́то к сча́стью. 3С Das bringt Glück.
э́тот, э́та, э́то, э́ти I I dieser, diese, dieses, diese
эфи́р: в эфи́ре II I auf Sendung

Ю

ю́бка I I Rock
юг II I Süden
ю́жный IV II südlich, Süd-
юла́ I I (Holz-)Kreisel
юриди́ческий факульте́т 5ТВ juristische Fakultät
юри́ст IV II Jurist(in)

Я

я I I ich
я́блоко I I Apfel
я́блочный сок III II Apfelsaft
я́года 4УБ Beere
яи́чница IV II Rührei
яйцо́ II I Ei
янва́рь *m.* **I I** Januar
янта́рный IV II Bernstein-
янта́рь *m.* **IV II** Bernstein
я́ркий 2УБ hell, grell; leuchtend
я́рмарка 4ТА Messe
я́сно I I klar

A

ab III II с *(+ Gen.)*
Abend I I вéчер; *Nom. Pl.* вечерá
abendlich, Abend- II I вечéрний
abends, am Abend I I вéчером
von morgens bis abends II I с утрá до вéчера
Abend essen I I ýжинать *uv.*
Abendessen I I ýжин
Abenteuer III II приключéние
aber I I но, а
Aberglaube 3C суевéрие; *Nom. Pl.* суевéрия
abergläubisch 3C суевéрный
abfahren III II отправля́ться/отпрáвиться
Abfahrt III II отправлéние
abfliegen III II вылетáть/вы́лететь
abgeben 1TГ отдавáть/отдáть
abhängen *ugs.* 1C тусовáться/потусовáться *ugs.*
abhängen (von) 1TБ зави́сеть *nur uv.* (от + *Gen.*)
Abhängigkeit 1TБ зави́симость *f.*
abholen 4TA встречáть/встрéтить I I забирáть *uv.*
Absatz 3УБ каблýк
abschaffen IV II отменя́ть/отмени́ть
absolut IV II абсолю́тный
sich **abspielen** IV II происходи́ть/произойти́
Abstand 2C расстоя́ние
Abteil III II купé *n., indekl.*
Achtung! III II внимáние I I Осторóжно!
Adresse II I áдрес
aggressiv 1TБ агресси́вный
Aggressivität 1УБ агресси́вность *f.*
Ägypten II I Еги́пет
ähneln, ähnlich sein III II похóж, -а, -е, -и на *(+ Akk.)*
ähnlich IV II похóжий
Akrobat III II акробáт
Aktenordner I I пáпка
Aktion III II áкция
aktiv II I акти́вный
aktiv sein 2TA дéйствовать
Aktivist(in) 4TA активи́ст(ка)
aktuell 3C актуáльный
Alkohol 1УГ алкогóль *m.*
alle III II все *Pl.* II I кáждые
allein IV II оди́н, однá, однó, одни́
alles III II всё *n.*
alles Gute I I всегó хорóшего I I всегó дóброго
Alphabet I I алфави́т
als III II когдá III II чем *(Vergleich)*
also I I так; итáк
alt I I стáрый
Alter 2УБ вóзраст
älter III II стáрший IV II стáрше
ältester III II стáрший
Amerika III II Амéрика
amerikanisch 4TБ америкáнский
Amputation 2TB ампутáция
Amur- III II амýрский
sich **amüsieren** III II весели́ться *uv.*
an IV II за *(+ Instr.)*
anbieten 1УГ предлагáть/предложи́ть
andauern IV II продолжáться/продóлжиться
anderer II I другóй
anders IV II по-другóму *Adv.*
sich ändern 4УБ изменя́ться/измени́ться
Änderung 4C изменéние
Anfang III II начáло
von Anfang an 1TБ сначáла
anfangen III II начинáться/начáться III II начинáть/начáть
Anforderung 1TB трéбование
Angelegenheit 1TБ дéло
angeln II I лови́ть ры́бу
angenehm I I прия́тно
Angina III II анги́на
Angst haben (vor) IV II боя́ться/побоя́ться *(+ Gen.)*
ankommen (in) III II прибывáть/прибы́ть (в *+ Akk.)*
III II приезжáть/приéхать
III II приходи́ть/прийти́
Ankunft (in) III II прибы́тие (в *+ Akk.)*
Annonce 1TB объявлéние
anrufen II I звони́ть/позвони́ть *(+ Dat.)*
anschauen II I смотрéть/посмотрéть
anschreien 1TA кричáть/кри́кнуть (на *+ Akk.*)
Ansehen 1TA прести́ж
Ansicht 3C взгляд
anstelle 1TГ вмéсто *(+ Gen.)*
antworten III II отвечáть/отвéтить
Anzeige 1TB объявлéние
anziehen IV II надевáть/надéть
Anzug I I костю́м
Apfel I I я́блоко
Apfelsaft III II я́блочный сок
Apotheke I I аптéка
Appetit: Guten Appetit! I I Прия́тного аппети́та!
April I I aпрéль *m.*
Arbeit III II рабóта I I труд 2УA заня́тие
Tag der Arbeit I I Прáздник Весны́ и Трудá
arbeiten (an) IV II рабóтать (над + *Instr.)*
Arbeiter(in) I I рабóтник/рабóтница
arbeitsfrei: arbeitsfreie Tage II I выходны́е (дни)
Arbeitsgemeinschaft II I кружóк
Arbeitslehre II I труд
arbeitslos IV II безрабóтный
Arbeitszimmer II I кабинéт
Archäologe(-in) IV II археóлог
Argument III II аргумéнт
Arm III II рукá; *Nom. Pl.* рýки
arm 3C бéдный
Armee IV II áрмия
Art IV II вид 1TБ тип
1УГ óбраз
Artikel IV II статья́; *Gen. Pl.* статéй
Arznei III II лекáрство
Arzt/Ärztin I I врач
Asphalt 4TБ асфáльт
Atomkraftwerk (AKW) 4TA áтомная электростáнция (АЭС)
auch I I тóже, и II I тáкже
Audioguide 5C аудиоги́д
auf I I на *(+ Akk./Präp.)* **3УA** за *(+ Akk.) (bei Trinksprüchen)*
auf keine Weise 5TA никáк
aufessen III II съесть *vo.*
Aufführung *(Theater)* 5C спектáкль *m.*
Aufgabe I I задáние
aufgeregt sein II I волновáться/взволновáться
aufgesetztes Lächeln 3УБ дежýрная улы́бка

aufhalten III II остана́вливать/остановить
aufheben *(abschaffen)* IV II отменя́ть/отмени́ть
aufhören IV II переста́ть *vo.*
aufkommen 1ТБ появля́ться/появи́ться
aufmerksam I I внима́тельно
Aufmerksamkeit III II внима́ние
aufnehmen II I снима́ть/снять
aufräumen II I убира́ть/убра́ть
sich **aufregen** II I волнова́ться/взволнова́ться
Aufregung III II волне́ние
Aufsatz II I сочине́ние
Aufstand IV II восста́ние
aufstehen I I, **5ТА** встава́ть/встать
auftauchen 1ТБ появля́ться/появи́ться
auftreten III II выступа́ть/вы́ступить
aufwachen IV II просыпа́ться/просну́ться
aufwachsen 1ТБ расти́/вы́расти
Auge III II глаз; *Nom. Pl.* глаза́
Augenblick: einen Augenblick I I мину́точку *Akk., Dim.*
August I I а́вгуст
Aula I I а́ктовый зал
aus I I из *(+ Gen.)*
Ausbildung 1ТВ образова́ние
sich **ausdenken** 4УБ приду́мывать/приду́мать
Ausflug II I экску́рсия IV II похо́д
ausführen 5С исполня́ть/испо́лнить
ausgerechnet 3С и́менно
ausgezeichnet I I отли́чный IV II замеча́тельный
auslachen IV II смея́ться
im **Ausland** II I за грани́цей
ins **Ausland** IV II за грани́цу
Ausländer IV II иностра́нец; *Gen.* иностра́нца
ausländisch II I иностра́нный
Auslands- 1ТВ зарубе́жный
ausmachen *(vereinbaren)* **3УВ** догова́риваться/договори́ться
sich **ausruhen** II I отдыха́ть/отдохну́ть
ausschalten IV II выключа́ть/вы́ключить
Aussehen III II вне́шность *f.*
aussehen III II вы́глядеть *uv.*
Außenseiter I I аутса́йдер
außer IV II кро́ме *(+ Gen.)*
außerdem IV II кро́ме того́
Äußeres III II вне́шность *f.*
aussteigen III II выходи́ть/вы́йти
Ausstellung II I вы́ставка
Ausstellungsgegenstand II I экспона́т
Austausch III II обме́н
austrinken 3УА вы́пить *vo.*
Auswahl III II вы́бор
auswählen IV II выбира́ть/вы́брать
Auswanderung IV II переселе́ние
auswendig 3УБ наизу́сть
Auswirkung 4ТБ после́дствие
Auto I I маши́на
Autobus I I авто́бус
Autor(in) IV II а́втор

B

backen III II печь/испе́чь
Bad(ezimmer) II I ва́нная
Badehose III II пла́вки *nur Pl.; Gen.* пла́вок
baden II I купа́ться *uv.*
Badewanne II I ва́нна
Bahnhof II I вокза́л
Bahnsteig III II платфо́рма
Baikal(see) II I Байка́л
Baikal-Robbe III II не́рпа
Balalaika I I балала́йка
bald I I ско́ро *Adv.*
baldig 5ТБ ско́рый
Ballerina 5С балери́на
Ballett II I бале́т
Banane II I бана́н
Band *(Gruppe)* I I гру́ппа
Bank II I *(Sitz-)* скаме́йка I I банк
Bar 4УА бар
Bär III II медве́дь *m.*
Basketball I I баскетбо́л
Bauch III II живо́т
bauen II I стро́ить/постро́ить
Bauer IV II крестья́нин; *Nom. Pl.* крестья́не, *Gen. Pl.* крестья́н
Bauern- IV II крестья́нский
Baum IV II де́рево; *Nom. Pl.* дере́вья
Bayer(in) 3УВ бава́рец/бава́рка
Bayern **3УВ** Бава́рия
bayrisch 3УВ бава́рский
bedeuten: das bedeutet IV II зна́чит
bedeutend IV II вели́кий
Bedeutung III II значе́ние
beenden III II конча́ть/ко́нчить
Beere 4УБ я́года
sich **befinden** I I находи́ться *uv.*
befreundet sein (mit) IV II дружи́ть *(с + Instr.)*
begegnen III II встреча́ть/встре́тить
sich **begeistern** (für) IV II увлека́ться/увле́чься *(+ Instr.)*
Begeisterung 3УБ восто́рг
beginnen III II начина́ться/нача́ться III II начина́ть/нача́ть
sich **begrüßen** 3УА здоро́ваться/поздоро́ваться *(с + Instr.)*
bei II I у *(+ Gen.)* II I о́коло *(+ Gen.)* IV II за *(+ Instr.)*
Beilage III II гарни́р
Bein III II нога́; *Nom. Pl.* но́ги
zum **Beispiel** III II наприме́р
bekannt III II изве́стный **3УБ** знако́мый
sich **bekannt machen** III II знако́миться/познако́миться *(с + Instr.)*
Bekannter 3УБ знако́мый
Bekanntheit 1УБ изве́стность *f.*
bekommen II I получа́ть/получи́ть
belegtes Brot III II бутербро́д
beliebt IV II популя́рный
bemerken 2ТВ замеча́ть/заме́тить
sich **benehmen** 3С вести́ себя́ *uv.*
Benennung I I назва́ние
benutzen IV II по́льзоваться *uv.* *(+ Instr.)*
bequem II I удо́бно *Adv.*
Bereich 4ТА о́бласть *f.*
bereit II I гото́вый
Berg II I гора́
Bericht IV II отчёт
Bernstein IV II янта́рь *m.; Gen.* янтаря́
Bernstein- IV II янта́рный
Beruf II I профе́ссия
beruflich, Berufs- I I профессиона́льный
berühmt I I знамени́тый

sich **beschäftigen** **I I** занима́ться *uv.* (+ *Instr.*)
Beschäftigung 2УА заня́тие
beschimpfen 5ТВ руга́ть *uv.*
beschließen **II I** реша́ть/реши́ть
besichtigen 5C осма́тривать/осмотре́ть
besonders **I I** осо́бенно
besser **I I** лу́чше **III II** лу́чший
bestellen **III II** зака́зывать/заказа́ть
bester **III II** лу́чший
Besuch: zu Besuch sein (bei) **II I** быть в гостя́х (у + *Gen.*)
besuchen **II I** посеща́ть/посети́ть **III II** ходи́ть в го́сти *unbest.*; идти́ в го́сти *best.* I I *(besuchen fahren)* е́здить в го́сти *unbest.*; е́хать в го́сти *best.*
Besucher **IV II** посети́тель *m.*
betrachten 5C осма́тривать/осмотре́ть
betragen 2C составля́ть/соста́вить
betreten **III II** входи́ть/войти́
Bett **II I** крова́ть *f.*
Bevölkerung 2C населе́ние
bevorzugen 5C предпочита́ть/предпоче́сть
Bewerbung(sunterlagen) 1TB резюме́
bewohnt IV II обита́емый
Bewusstsein 2TB созна́ние
bezahlen **III II** плати́ть/заплати́ть
Bezeichnung I I назва́ние
Bibliothek **I I** библиоте́ка
Bier III II пи́во
Bikini **III II** бики́ни
Bild **II I** карти́на **IV II** *(Filmszene)* кадр
bilden 2C составля́ть/соста́вить
Bilder- 5C карти́нный
Bildung 1TB образова́ние
billig **II I** дешёвый; дёшево *Adv.*
billiger **IV II** деше́вле
Bingo *(Spiel)* I I би́нго *indekl.*
Bio- 4C экологи́чески чи́стый
Biografie **IV II** биогра́фия
Biologe(-in) IV II био́лог
Biologie **II I** биоло́гия
Birke 5ТБ берёза
bis **I I** до (+ *Gen.*)
bis jetzt **IV II** до сих пор
Bis morgen! **I I** До за́втра!
bisher **IV II** пока́ (не)
Bistro **III II** бистро́
bitte **I I** пожа́луйста
bitten **IV II** проси́ть/попроси́ть
Blatt *(bei Pflanzen)* **5ТБ** лист; *Nom. Pl.* ли́стья, *Gen. Pl.* ли́стьев
bleiben 2C остава́ться/оста́ться
Bleistift **I I** каранда́ш
Blick 3C взгляд
Blog IV II блог
blond **III II** све́тлый
Blume **I I** цвето́к; *Nom. Pl.* цветы́
Boden **III II** земля́
Boeuf Stroganoff *(geschnetzeltes Rindfleisch)* **III II** бефстро́ганов
Bolschewik *(Parteimitglied, Anhänger Lenins)* **IV II** большеви́к
Bonbon 1УГ конфе́та
Boom 1ТБ бум
Bord II I борт
Borschtsch *(Rote-Bete-Suppe)* **III II** борщ
Bouillon I I бульо́н
Boutique **II I** бути́к
Brand IV II пожа́р
brauchen **III II** ну́жен, нужна́, ну́жно, нужны́
braun **I I** кори́чневый **III II** *(Augen)* ка́рий
Bravo! **I I** Молоде́ц!
Breakdancer II I брейк-да́нсер
brechen III II лома́ть/слома́ть
breit **I I** широ́кий
Brief **I I** письмо́
Briefmarke 5C почто́вая ма́рка
bringen **III II** приноси́ть/принести́ **IV II** *(transportieren)* перевози́ть/перевезти́
Brot **I I** хлеб
Brötchen 2УБ бу́лочка
Brücke **II I** мост
Bruder **I I** брат; *Nom. Pl.* бра́тья
Buch **I I** кни́га
Buchhalter IV II бухга́лтер
Buchhandlung **II I** кни́жный магази́н
Büfett I I буфе́т
Bühne **I I** сце́на
Bulette **III II** котле́та
Bundesland **II I** земля́
Bürgermeister I I мэр
Bürgersteig 2УБ тротуа́р
Büro **II I** кабине́т **IV II** о́фис I I бюро́ *indekl.*
Butter **I I** ма́сло

C

Café **I I** кафе́ *n., indekl.*
Camp **II I** ла́герь *m.*
Cappuccino I I капучи́но *indekl.*
Cäsar I I Це́зарь *m.*
CD-Player II I CD-пле́ер
Cent 5C цент
Champion 2УБ чемпио́н
Chance II I шанс
Chaos I I хао́с
Charakter **III II** хара́ктер
Chat I I чат
Chemie **II I** хи́мия
Chemiker(in) IV II хи́мик
Chor I I хор
(Video-)Clip IV II клип
Clique 1C тусо́вка *ugs.*
Cocktail 4C кокте́йль *m.*
Collage I I колла́ж
Comic I I ко́микс
Computer **I I** компью́тер
Computerraum **I I** кабине́т информа́тики
Computerspiel **II I** компью́терная игра́
Cousin(e) **III II** двою́родный брат/двою́родная сестра́

D

da (ist) **I I** вот
dahin **I I** туда́
damals **IV II** в то вре́мя
Dame **IV II** да́ма
damit **IV II** что́бы (+ *Prät.*)
danach **I I** пото́м
dankbar **IV II** благода́рный
Dankbarkeit 1УБ благода́рность *f.*
danke **I I** спаси́бо
danken: nichts zu danken I I не́ за что
dann **I I** пото́м, тогда́ **IV II** то
darstellen 5ТБ изобража́ть/изобрази́ть
das ist **I I** э́то
dass **IV II** что́бы (+ *Prät.*) **IV II** что

Datscha II I да́ча
Datum I I число́
dauern IV II продолжа́ться/продо́лжиться
dauernd 4ТБ постоя́нно
Daumen 1ТБ большо́й па́лец; *Gen.* па́льца
dein I I твой, твоя́, твоё, твои
Dekabrist *(Teilnehmer am Dezemberaufstand 1825)* IV II декабри́ст
Denken 5С мысль *f.*
denken IV II ду́мать/поду́мать
Denkmal II I па́мятник *(+ Dat.)*
denn I I же
dennoch IV II всё-таки
deshalb I I поэ́тому
Designer(in) I I диза́йнер
Dessert III II десе́рт
deswegen I I поэ́тому
deutsch III II неме́цкий
Deutsch *(Sprache)* I I неме́цкий язы́к
auf Deutsch I I на неме́цком (языке́)
Deutsche(r) III II не́мец/не́мка
Dezember I I дека́брь *m.*
Diagramm 1ТБ гра́фик
Dialekt 3УВ диале́кт
Dichter(in) 5С поэ́т/поэте́сса
Dieb II I вор
Dienst *(Aufräum-)* II I дежу́рство
Dienst haben II I дежу́рить
Dienstag I I вто́рник
diensthabend II I дежу́рный
dies ist I I э́то
dieser I I э́тот, э́та, э́то, э́ти
digital 1ТБ цифрово́й
1ТБ дигита́льный
Ding III II вещь *f.*
direkt III II прямо́й
Direktor(in) II I дире́ктор
Dirigent IV II дирижёр
Diskothek I I дискоте́ка
Diskussion IV II диску́ссия
diskutieren II I дискути́ровать *uv.*
Disziplin II I дисципли́на
diszipliniert III II дисциплини́рованный
doch II I ведь, же
Dokument I I докуме́нт
Dokumentarfilm IV II документа́льный фильм
Donnerstag I I четве́рг
Dorf II I дере́вня
Dorf-, dörflich 2С дереве́нский
dort (ist) I I там
dorthin I I туда́
downloaden IV II скача́ть *vo.*
Dozent(in) 5ТВ преподава́тель/преподава́тельница
Drama IV II дра́ма
Drei *(russ. Schulnote)* II I тро́йка
drittens IV II в-тре́тьих
dritter I I тре́тий
Drogen nehmen 1УГ употребля́ть/употреби́ть нарко́тики
du I I ты
dumm III II глу́пый
dunkel III II тёмный
dunkelblau III II си́ний
durch I I по *(+ Dat.)*; че́рез *(+ Akk.)*
Durcheinander 4УА беспоря́док; *Gen.* беспоря́дка
durchführen IV II проводи́ть/провести́
durchgehend geöffnetes Geschäft II I круглосу́точный магази́н
Durchsage III II сообще́ние
dürfen II I мочь/смочь
man darf II I мо́жно
man darf nicht III II нельзя́ *(+ uv. Inf.)*
Dusche II I душ
duschen III II принима́ть/приня́ть душ

E

ebenso II I та́кже
ebenso ... wie 2ТА тако́й же ..., как
echt III II настоя́щий
Ecke 3УА у́гол; *Gen.* угла́
egal 1ТБ всё равно́
Ehefrau III II жена́; *Nom. Pl.* жёны
Ehemann III II муж; *Nom. Pl.* мужья́
ehrlich III II че́стный
Ehrlichkeit 1УБ че́стность *f.*
Ei I I яйцо́
Eierkuchen I I омле́т
Eigenschaft 1ТВ ка́чество
eilen, es eilig haben IV II спеши́ть/поспеши́ть
einander IV II друг дру́га
Eindruck 3УБ впечатле́ние
die einen ..., die anderen ... IV II одни́ ..., други́е ...
einerseits ... andererseits 2С с одно́й стороны́, ... с друго́й (стороны́)
einfach I I про́сто
einfacher III II про́ще
Eingang I I вход
Einheimischer III II ме́стный жи́тель
einige 2ТА не́которые *Pl.*
einige, ein paar II I не́сколько *(+ Gen.)*
Einkauf II I поку́пка
einladen II I приглаша́ть/пригласи́ть
Einladung I I приглаше́ние
einnehmen III II принима́ть/приня́ть
Eins *(russ. Schulnote)* II I едини́ца
einsam IV II одино́кий
einschalten IV II включа́ть/включи́ть
sich einschreiben (an) 5ТВ поступа́ть/поступи́ть (в *+ Akk.)*
einsetzen IV II испо́льзовать *uv. und vo.*
Einstellung haben (zu, gegenüber) IV II относи́ться/отнести́сь к *(+ Dat.)*
Eintrittskarte II I биле́т
einverstanden sein (mit) III II согла́сен, согла́сна, согла́сно, согла́сны (с *+ Instr.)*
einweihen III II открыва́ть/откры́ть
Einwohner III II жи́тель *m.*
einzigartig 4ТА уника́льный
Eis I I *(Speise-)* моро́женое
I I лёд
Eisbär III II бе́лый медве́дь *m.*
Eiscafé II I кафе́-моро́женое
Eisenbahn III II желе́зная доро́га
Eishockey 2УБ хокке́й
Eissäule III II ледяно́й столб
elegant III II элега́нтный
Elektriker(in) IV II эле́ктрик
Eltern I I роди́тели *Pl.*
E-Mail I I име́йл
empfangen 4ТА встреча́ть/встре́тить

empfehlen II I сове́товать/посове́товать
Ende II I коне́ц; *Gen.* конца́
enden, zu Ende gehen/sein III II конча́ться/ко́нчиться
endlich II I наконе́ц
Energie 4C эне́ргия
eng III II те́сный
England III II А́нглия
englisch II I англи́йский
Englisch *(Sprache)* II I англи́йский язы́к
Enkel(in) III II внук/вну́чка
Entfernung 2C расстоя́ние
entscheiden II I реша́ть/реши́ть
Entscheidung 2УВ реше́ние
Entschuldigt!, Entschuldigen Sie! I I Извини́те!
Entschuldigung! I I Извини́ меня́!
entsetzlich! I I у́жас!
Entspannung II I о́тдых
entstehen 1ТБ появля́ться/появи́ться
entweder … oder IV II и́ли …, и́ли
sich **entwickeln** 1ТБ развива́ться/разви́ться
Entwicklung 1ТБ разви́тие
Epoche IV II эпо́ха
er I I он
Erdbeere 2ТБ клубни́ка
Erde III II земля́
Erdkunde II I геогра́фия
Ereignis IV II собы́тие
erfahren II I узнава́ть/узна́ть
Erfahrung 1ТВ о́пыт
erfinden 4УБ приду́мывать/приду́мать
Erfolg I I успе́х
erfolgreich III II успе́шный
erforschen III II изуча́ть/изучи́ть
erfüllen 5C исполня́ть/испо́лнить
Ergebnis III II результа́т
erhalten II I получа́ть/получи́ть
sich **erholen** II I отдыха́ть/отдохну́ть
Erholung II I о́тдых
sich **erinnern** (an) IV II вспомина́ть/вспо́мнить *(+ Akk.)*
erkennen III II узнава́ть/узна́ть
erklären III II объясня́ть/объясни́ть
Erklärung 5C объясне́ние
erlauben: es ist nicht erlaubt III II нельзя́ *(+ uv. Inf.)*
erlernen 1ТБ учи́ться/научи́ться
Ernährung 1УГ пита́ние
ernst IV II серьёзный
Eröffnung I I откры́тие
erreichen 2ТА добира́ться/добра́ться (до *+ Gen.)*
errichten II I стро́ить/постро́ить
erscheinen IV II выходи́ть/вы́йти **1ТБ** появля́ться/появи́ться
Erscheinungsjahr IV II год вы́хода
erschrecken 5ТА пуга́ть/испуга́ть
erstaunen 3УБ удивля́ть/удиви́ть
erstens IV II во-пе́рвых
erster I I пе́рвый
Erstürmung I I штурм
erwarten 5ТА ожида́ть *nur uv.*
erzählen II I расска́зывать/рассказа́ть
Erzählung IV II расска́з
es I I оно́
essen III II есть/съесть
Essen 2ТБ еда́
Esszimmer II I столо́вая
Etage II I эта́ж
Etappe IV II эта́п
Ethik II I э́тика
etwa 2УБ о́коло *(+ Gen.)* I I ра́зве
etwas III II немно́го *(+ Gen.)*
euer II I ваш, ва́ша, ва́ше, ва́ши
Euro I I е́вро *m., indekl.*
evakuieren 4ТБ эвакуи́ровать *uv. und vo.*
Examen IV II экза́мен
Exkursion II I экску́рсия
Expedition III II экспеди́ция
Experiment IV II экспериме́нт
Exponat II I экспона́т
Extremsport II I экстри́м
Extremtourismus 4УБ экстрема́льный тури́зм

F

Fabrik III II заво́д
Fach *(Unterrichts-)* II I предме́т
fahren I I е́здить *unbest., uv.;* е́хать *best., uv.* II I пое́хать *vo.* I I ката́ться *uv.* (на *+ Präp.) (zum Vergnügen)*
Fahrkarte II I биле́т
Fahrplan II I расписа́ние
Fahrrad I I велосипе́д
fair III II че́стный
fallen III II па́дать/упа́сть
falls III II е́сли
falsch I I непра́вильно
Familie I I семья́
Familienname II I фами́лия
fangen II I лови́ть *uv.*
Fantasie 1ТБ фанта́зия
Fantasy IV II фэ́нтези *n., indekl.*
Farbe I I цвет; *Nom. Pl.* цвета́
fast III II почти́
Februar I I февра́ль *m.*
Federmappe I I пена́л
feiern III II пра́здновать *uv.*
Feiertag I I выходно́й день I I пра́здник
Feld 5ТБ по́ле
Fell 4ТА мех
Fenster I I окно́
Ferien II I кани́кулы *nur Pl.*
Ferienjob IV II рабо́та на кани́кулах
Fernbedienung IV II пульт
ferner III II да́лее
fernsehen IV II смотре́ть телеви́зор
Fernsehen IV II телеви́дение
Fernseher I I телеви́зор
Fernsehprogramm IV II телепрогра́мма
Fernsehzeitung IV II тележурна́л
fertig II I гото́вый
Fest II I вечери́нка I I пра́здник
Festival I I фестива́ль *m.*
festlich, Fest- III II пра́здничный
Festung II I кре́пость *f.*
Feuerwerk I I фейерве́рк
Fieber III II температу́ра
fiktiv IV II фикти́вный
Film I I фильм
filmen II I снима́ть/снять
Filmszene IV II кадр
finanziell 5ТВ фина́нсовый
finden IV II находи́ть/найти́
Finger III II па́лец; *Gen.* па́льца
Firma IV II фи́рма
Fisch II I ры́ба
Fische III II Ры́бы
Fischer 2ТА рыба́к; *Gen.* рыбака́
Fitness I I фи́тнес
Fitnessstudio II I спортклу́б

Flachbild-Fernseher IV II пла́зма
Fläche **III** **II** пло́щадь *f.*
Flasche **II** **I** буты́лка
Flashmob **III** **II** флешмо́б
Fleisch **II** **I** мя́со
Fleischspieß **II** **I** шашлы́к
Fliege **II** **I** му́ха
fliegen **I** **I** лета́ть *unbest., uv.;* лете́ть *best., uv.*
(los)fliegen **IV** **II** полете́ть *vo.*
Flieger **IV** **II** лётчик
Flöte **III** **II** фле́йта
Flug IV II полёт
Flug- IV II авиацио́нный
Flügel **2ТВ** крыло́; *Nom. Pl.* кры́лья, *Gen. Pl.* кры́льев
Flughafen **I** **I** аэропо́рт
Flugzeug **I** **I** самолёт
Flur **II** **I** коридо́р
Fluss **II** **I** река́
Folge **4ТБ** после́дствие
folgender **II** **I** сле́дующий
Folklore III II фолькло́р
Forderung **1ТВ** тре́бование
fortsetzen **5ТА, 5ТВ** продолжа́ть/продо́лжить
Foto **I** **I** фо́то *indekl.* **II** **I** фотогра́фия
Fotoapparat **4УА** фотоаппара́т
Fotograf **IV** **II** фото́граф
fotografieren **II** **I** фотографи́ровать/сфотографи́ровать
Frage **IV** **II** вопро́с
fragen **II** **I** спра́шивать/спроси́ть
Frankreich **II** **I** Фра́нция
französisch **III** **II** францу́зский
Französisch *(Sprache)* II I францу́зский язы́к
Frau **III** **II** же́нщина **IV** **II** госпожа́ *(Anrede)*
Frauentag **I** **I** Же́нский день
frei, Frei- **I** **I** свобо́дный
Freiheit **1УА** свобо́да
Freitag **I** **I** пя́тница
Freizeit **I** **I** свобо́дное вре́мя
Freude **5ТА** ра́дость *f.*
sich **freuen** (über) **IV** **II** рад, -а, -ы *(+ Dat.)*
Freund **I** **I** друг; *Nom. Pl.* друзья́
fester **Freund** **1С** па́рень *m.; Gen. Sg.* па́рня
Freundeskreis **1С** компа́ния
Freundin **I** **I** подру́га
feste **Freundin** **1С** де́вушка
freundlich **3УБ** дружелю́бный
Freundschaft **1УА** дру́жба
Frieden **III** **II** мир
Frikadelle **III** **II** котле́та
frisch **1УГ** све́жий
Friseur(in) IV II парикма́хер
froh sein, erfreut sein (über) **IV** **II** рад, -а, -ы *(+ Dat.)*
Früchte **II** **I** фру́кты *Pl.*
früh **I** **I** ра́но
früher **IV** **II** ра́ньше
Frühling **I** **I** весна́
im Frühling **I** **I** весно́й
Frühlings- **II** **I** весе́нний
Frühstück **I** **I** за́втрак
frühstücken **I** **I**, **IV** **II** за́втракать/поза́втракать
Fuchs IV II лиса́
sich **fühlen** **III** **II** чу́вствовать себя́/почу́вствовать себя́
Führer **II** **I** гид
Füller **I** **I** ру́чка
Fünf *(russ. Schulnote)* **II** **I** пятёрка
funktionieren **I** **I** рабо́тать *uv.*
für **II** **I** за *(+ Akk.)*; для *(+ Gen.)* **III** **II** на *(+ Akk.) (Zeit)*
furchtbar **IV** **II** ужа́сный **4ТБ** стра́шный
Fuß **III** **II** нога́; *Nom. Pl.* но́ги
zu Fuß **I** **I** пешко́м
Fußball **I** **I** футбо́л
Fußball- II I футбо́льный
Fußballer(in) **III** **II** футболи́ст(ка)
Fußboden **II** **I** пол

G

Gabel **III** **II** ви́лка; *Gen. Pl.* ви́лок
Galerie **5С** галере́я
ganz **III** **II** весь, вся, всё, все **III** **II** це́лый I I совсе́м
Garderobe **II** **I** гардеро́б
Gardine II I гарди́на
Garten **II** **I** сад
Gast I I гость *m.*
Gastspiel **5ТВ** гастро́ли *Pl.*
Gebäude **III** **II** зда́ние
geben **III** **II**, **IV** **II** дава́ть/дать
es gibt **I** **I** есть
Gebiet **2С** террито́рия **4ТА** о́бласть *f.*
geboren werden **III** **II** роди́ться
Geburtstag **I** **I** день рожде́ния
Gedanke **5С** мысль *f.*
Gedicht **1ТА** стихотворе́ние I I стихи́ *Pl.*
geehrt: sehr geehrter *(Anrede)* **IV** **II** уважа́емый
Gefahr **4ТА** опа́сность *f.*
gefährlich **3УБ** опа́сный
gefallen **II** **I** нра́виться/понра́виться
gegen **II** **I** про́тив *(+ Gen.)*
Gegenstand **II** **I** предме́т
gegenüber **I** **I** напро́тив *(+ Gen.)*
Gehalt **IV** **II** зарпла́та
Geheimnis **3С** оокре́т
gehen **I** **I** ходи́ть *unbest., uv.;* идти́ *best., uv.* **II** **I** пойти́ *vo.*
Gehirn **1ТБ** мозг
Geige **III** **II** скри́пка
gelangen **2ТА** добира́ться/добра́ться *(до + Gen.)*
gelb **I** **I** жёлтый
Geld **II** **I** де́ньги *nur Pl.; Gen.* де́нег
gelingen: es gelang IV II удало́сь
Gemälde **II** **I** карти́на
Gemälde- 5С карти́нный
gemäß **III** **II** по *(+ Dat.)*
Gemüse **II** **I** о́вощи *Pl.*
Gemüse- **III** **II** овощно́й
Gemüsegarten **2ТБ** огоро́д
gemütlich **IV** **II** ую́тный
genau **2ТБ** то́чно *Adv.*
Generation **1УА** поколе́ние
Genie IV II ге́ний
Genre IV II жанр
Geografie **II** **I** геогра́фия
Geologe(-in) **IV** **II** гео́лог
Gepäck **III** **II** бага́ж; *Gen.* багажа́
gerade **3С** чётный *(Zahlen);* и́менно
geradeaus **I** **I** пря́мо *Adv.* **III** **II** прямо́й
Gericht **III** **II** блю́до
gern **I** **I** с удово́льствием
(ich) würde gern **IV** **II** (мне) хо́чется
gern haben **I** **I** люби́ть *uv.*
Geruch IV II за́пах
Geschäft **II** **I** магази́н
Geschäftsmann **IV** **II** бизнесме́н
geschehen **IV** **II** случа́ться/случи́ться **IV** **II** происходи́ть/произойти́
Geschenk **I** **I** пода́рок

Geschichte II I исто́рия
geschickt 1ТБ ло́вкий
geschieden III II разведены́ *Pl.*
Geschirr III II посу́да
Gesellschaft 1С компа́ния
Gesicht III II лицо́
Gespräch II I разгово́р
gestern II I вчера́
gesund 1УГ здоро́вый
Gesundheit I I здоро́вье
Getränk I I напи́ток
gewöhnlich I I обы́чно
Geysir 2ТА ге́йзер
gigantisch II I гига́нтский
Gitarre I I гита́ра
Gitarrist I I гитари́ст
Glas III II стака́н
Glaube IV II ве́ра
glauben (an) IV II ве́рить/ пове́рить *(в + Akk.)*
gleich I I сейча́с *(zeitlich)*
  3С одина́ковый *(identisch)*
  ist gleich I I бу́дет
gleichzeitig 2ТА одновреме́нно
Gleis III II путь *m.*
Glück I I сча́стье
  Das bringt Glück. 3С
  Э́то к сча́стью.
  (Du hast) Glück gehabt. III II
  (Тебе́) повезло́.
glücklich IV II счастли́вый
Glückwunsch I I поздравле́ние
Gold IV II зо́лото
aus **Gold, golden** 5ТБ золото́й
Goldener Ring *(altruss. Städte um Moskau)* III II Золото́е кольцо́
Grad II I гра́дус
Graffiti *Pl.* 2УВ граффи́ти *nur Pl., indekl.*
Gramm II I грамм
Grammatik I I грамма́тика
(jdm. zu etw.) **gratulieren** I I, 3УБ поздравля́ть/поздра́вить *(+ Akk.* с *+ Instr.)*
grau III II се́рый
grell 2УБ я́ркий
Grenze II I грани́ца
Grippe I I грипп
groß I I большо́й III II высо́кий *(hoch)* IV II вели́кий *(bedeutend)*
  zu groß IV II вели́к, -á, -ó, -и́
großartig I I здо́рово
Größe *(Körper-)* III II рост

größer III II бо́льше
  IV II вы́ше *(höher)*
Großmeister III II гроссме́йстер
Großmutter I I ба́бушка
Großraumwagen III II плацка́ртный ваго́н
Großvater I I де́душка
grün I I зелёный
gründen IV II осно́вывать/ основа́ть
Grundschule III II нача́льная шко́ла
Gründung IV II основа́ние
Gruppe I I гру́ппа
Gruß: Mit freundlichen Grüßen *(in Briefen)* IV II С уваже́нием
  Mit lieben Grüßen I I Целу́ю
(jdn.) **grüßen** 3УА здоро́ваться/ поздоро́ваться *(с + Instr.)*
Gulasch I I гуля́ш
Gurke II I огуре́ц
gut II I хоро́ший; хорошо́ *Adv.*
  I I непло́хо
Gymnasium II I гимна́зия
Gymnastik II I *(Morgen-)* заря́дка I I гимна́стика

H

Haar(e) III II во́лосы *Pl.; Gen. Pl.* воло́с *(Sg.* во́лос*)*
haben IV II име́ть I I **ich habe** у меня́; **du hast** у тебя́
Hafen III II порт
halb *(Uhrzeit)* 3УВ пол- *(+ Ordnungszahl im Genitiv)*; полови́на
Halbbruder I I сво́дный брат
halbe Stunde 4С полчаса́
halbes Kilo II I полкило́
Halbinsel 2ТА полуо́стров; *Nom. Pl.* полуострова́
Halbschuhe III II боти́нки *Pl.; Gen. Pl.* боти́нок
Hälfte 3УВ полови́на
Halle I I зал
Hallo! I I Приве́т!
Hallo? *(am Telefon)* I I Алло́?
Hals III II го́рло
Halt 4ТБ остано́вка
halten III II держа́ть *uv.*
  IV II *(jdn. für etw.)* счита́ть *(+ Akk. + Instr.)*
Haltestelle 4ТБ остано́вка
Hamburger I I га́мбургер

Hand III II рука́; *Nom. Pl.* ру́ки
handeln 2ТА де́йствовать
Handlung IV II де́йствие
Handtuch III II полоте́нце
Handy I I моби́льник
hängen II I висе́ть
Hardrock III II хард-ро́к
hässlich III II некраси́вый
häufig I I ча́сто
Haupt- I I гла́вный
Hauptsache III II гла́вное
Hauptstadt I I столи́ца
Hauptverkehrszeit 2С час пик
Haus II I дом; *Nom. Pl.* дома́
  nach Hause I I домо́й
  zu Hause I I до́ма
Haus- I I дома́шний
Hausaufgaben machen I I де́лать уро́ки *nur Pl.*
Hauseingang 1С подъе́зд
Hausschuhe IV II та́почки *Pl.*
Heimat IV II ро́дина
Heimat- II I родно́й
heiraten 3УА *(einen Mann)* выходи́ть/вы́йти за́муж *(за + Akk.)* **5ТВ** *(eine Frau)* жени́ться *uv. und vo.* *(на + Präp.)*
heiß III II горя́чий **4С** жа́ркий
heißen I I называ́ться *uv.* I I **ich heiße** меня́ зову́т; **du heißt** тебя́ зову́т; **das heißt** IV II зна́чит
Held(in) IV II геро́й/геро́иня
helfen III II помога́ть/помо́чь
hell II II све́тлый **2УБ** я́ркий
hellblau I I голубо́й
Hemd I I руба́шка
heranfliegen III II прилета́ть/ прилете́ть
herankommen, herantreten 5ТА подходи́ть/подойти́
herausfahren III II выезжа́ть/ вы́ехать
herausfliegen III II вылета́ть/ вы́лететь
herauskommen IV II выходи́ть/вы́йти
Herbst I I о́сень *f.*
  im Herbst I I о́сенью
herbstlich, Herbst- II I осе́нний
hereinkommen: komm herein/ kommt herein, kommen Sie herein II I проходи́/те *Imp. Sg./Pl.*

Herr *(Anrede)* **IV II** господи́н; *Nom. Pl.* господа́
herunterladen IV II скача́ть *vo.*
hervorragend I I прекра́сный *Adv.* **II I** отли́чный **IV II** замеча́тельный
herzlich: Herzlich Willkommen! I I Добро́ пожа́ловать! *(в/на + Akk.)*
heute I I сего́дня
für heute I I на сего́дня
hier I I здесь **5TA** тут
hier (ist) I I вот
hierher III II сюда́
Hilfe III II по́мощь *f.*
Himmel 5ТБ не́бо; *Nom. Pl.* небеса́, *Gen. Pl.* небе́с
hinausgehen III II выходи́ть/вы́йти
hinauswerfen III II выбра́сывать/вы́бросить
hinderlich sein 1ТГ меша́ть/помеша́ть *(+ Dat.)*
hineinfahren III II въезжа́ть/въе́хать
hineinfliegen III II влета́ть/влете́ть
hineingehen III II входи́ть/войти́
hineintun 5TA класть/положи́ть
hinfallen III II па́дать/упа́сть
sich **hinlegen 3УВ** ложи́ться/лечь
hinter II I за *(+ Instr.)*
Hintergrund 5ТБ фон
im Hintergrund 5ТБ на за́днем пла́не
Historiker(in) IV II исто́рик
historisch II I истори́ческий
Hitliste IV II ре́йтинг
Hobby I I хо́бби *n., indekl.*
hoch III II высо́кий
Hochhaus IV II многоэта́жный дом
Hochzeit IV II сва́дьба
Hockey 2УБ хокке́й
Hof II I двор
hoffen III II наде́яться
Höhe III II высота́
höher IV II вы́ше
Holz- 2C деревя́нный
aus **Holz 2C** деревя́нный
hören (an-, zu-) III II слу́шать/послу́шать **III II** слы́шать/услы́шать *(zufällig)*
Hose(n) I I брю́ки *nur Pl.*
Hotel II I гости́ница
hübsch I I краси́вый
Hubschrauber 2TA вертолёт
Huhn II I ку́рица
Hund I I соба́ка
Husten III II ка́шель *m.*; *Gen.* ка́шля
Hut 3УВ шля́па

I

ich I I я
ich und ... II I мы с *(+ Instr.)*
ideal IV II идеа́льный
Idee I I иде́я
identisch 3C одина́ковый
Idol III II кумир
ignorieren IV II игнори́ровать *uv. und vo.*
ihr I I вы **I I** *(3. Pers. f. Sg.)* её **I I** *(3. Pers. Pl.)* их
Ihr II I *(2. Pers. Pl.)* ваш, ва́ша, ва́ше, ва́ши
Ikone 5TA ико́на
illegal III II нелега́льный
Imbiss I I буфе́т
immer I I всегда́
immer (noch) 3УБ всё (ещё)
für immer 2УБ навсегда́
in (im) I I в *(+ Akk./Präp.)* **I I** на *(+ Akk./Präp.)* **I I** по *(+ Dat.)* **II I** че́рез *(+ Akk.)*
Industrialisierung IV II индустриализа́ция
Informatik I I информа́тика
Information(en) III II информа́ция *nur Sg.*
informieren II I информи́ровать *uv.*
Ingenieur(in) I I инжене́р
innerhalb 4C за *(+ Akk.)*
Insel II I о́стров; *Nom. Pl.* острова́
insgesamt IV II всего́
Institut IV II институ́т
Instrument III II инструме́нт
inszenieren IV II инсцени́ровать
interaktiv I I интеракти́вный
interessant II I интере́сный
Interesse II I интере́с
interessieren IV II интересова́ть
sich **interessieren (für) II I** интересова́ться *uv. (+ Instr.)*
es interessiert mich nicht I I мне не интере́сно
international II I интернациона́льный **III II** междунаро́дный
Internet I I Интерне́т
Internetforum II I интерне́т-фо́рум
Internetseite II I интерне́т-сайт
Internet-Surfen I I интерне́т-сёрфинг
interpretieren II I интерпрети́ровать *uv.*
Interview II I интервью́ *n., indekl.*
irgend- IV II -нибу́дь; -то
irreal 4УБ нереа́льный
Italien II I Ита́лия
Itelmene 2TA ительме́н
itelmenisch 2УА ительме́нский

J

ja I I да **I I** ведь
Jagd III II охо́та
Jäger 2TA охо́тник
Jahr I I год; *Gen. Pl.* лет
in diesem **Jahr II I** в э́том году́
Jahrhundert IV II век; *Nom. Pl.* века́
Jahrmarkt III II я́рмарка
Januar I I янва́рь *m.*
Jazz III II джаз
je III II по *(+ Akk.)*
Jeans I I джи́нсы *nur Pl.*
jeder II I ка́ждый
jedoch I I но
jener III II тот, та, то, те
jetzt I I сейча́с **I I** тепе́рь
jeweils III II по *(+ Akk.)*
joggen 2УБ бе́гать *unbest.;* бежа́ть *best.*
Joghurt I I йо́гурт
Jongleur III II жонглёр
Journalist(in) I I журнали́ст(ка)
journalistisch 1TB журнали́стский
Judo I I дзюдо́ *indekl.*
Jugend III II молодёжь *f.*
Jugend- IV II молодёжный
Jugendherberge II I хо́стел
Jugendliche I I ребя́та *Pl.*
Jugendlicher 1ТБ тине́йджер
Juli I I ию́ль *m.*
jung I I молодо́й
Junge *(bis 14 Jahre)* **II I** ма́льчик
jünger III II мла́дший **IV II** моло́же/мла́дше

Küche II I ку́хня
Kuh III II коро́ва
Kühlschrank III II холоди́льник
Kultur II I культу́ра
kulturell III II культу́рный
sich **kümmern** (um) III II заботиться/позаботиться *(о + Präp.)*
künftig 5ТВ бу́дущий
Kunst 5С иску́сство
Künstler(in) 3УВ худо́жник/худо́жница 5ТВ арти́ст(ка)
Kurier IV II курье́р
kurz III II коро́ткий
kürzer IV II коро́че
Kwass I I квас

L

Lächeln 3УБ улы́бка
lächeln 3УБ улыба́ться/улыбну́ться
lachen IV II смея́ться
Laden II I магази́н
Lage II I положе́ние
Lager II I ла́герь *m.*
Lagerfeuer III II костёр; *Gen.* костра́
Lampe II I ла́мпа
Land II I страна́
Landkarte I I ка́рта
Landschaft 2С ландша́фт
Landschaft(sbild) 5ТБ пейза́ж
lang III II дли́нный II I до́лго *Adv.*
Länge III II длина́
langsam IV II ме́дленный
längst, schon lange IV II давно́
sich **langweilen** III II скуча́ть
langweilig IV II ску́чный
Lastkahn III II ба́ржа
Latein II I лати́нский язы́к
Lauf 2УБ бег
laufen IV II идти́ 2УБ бе́гать *unbest.*; бежа́ть *best.*
Laune 5ТБ настрое́ние
laut III II гро́мкий 1ТГ вслух
Laute I I зву́ки *Pl.*
Läuten I I звоно́к
lauter IV II гро́мче
leben I I жить
Leben III II жизнь *f.*
lebendig III II живо́й
Lebenslauf IV II биогра́фия
Lebensmittel II I проду́кты *Pl.*
Lebkuchen II I пря́ник
lecker II I вку́сный
Lederhose(n) 3УВ ко́жаные брю́ки *nur Pl.*
legen 5ТА класть/положи́ть
sich **legen** 3УВ ложи́ться/лечь
Legende III II леге́нда
Lehrbuch I I уче́бник
Lehrer(in) I I учи́тель/учи́тельница
leibeigen; Leibeigener IV II крепостно́й
leicht 5ТА лёгкий [-ёхк-]
leid tun 2УВ жаль *unpers.*
leider I I к сожале́нию
leise IV II ти́хий
leiser IV II ти́ше
Lektion I I уро́к
Lektor(in) 5ТВ преподава́тель/преподава́тельница
lernen IV II учи́ть/вы́учить II I учи́ться *uv.* III II изуча́ть/изучи́ть 1ТБ *(erlernen)* учи́ться/научи́ться
lesen II I чита́ть/прочита́ть
Lesen 5С чте́ние
Leser(in) II I чита́тель/чита́тельница
letzter II I после́дний
leuchten II I свети́ть *uv.*
leuchtend 2УБ я́ркий
Leute I I лю́ди *Pl.*
Licht 2ТА свет
lieb I I дорого́й
Liebe III II любо́вь *f.; Gen.* любви́
lieben I I люби́ть *uv.*
Lieblings- I I люби́мый
Lied III II пе́сня
liegen I I лежа́ть *uv.* II I располо́жен, -а, -о, -ы *(sich befinden)*
Limonade I I лимона́д
Lineal I I лине́йка
Linienkleinbus I I маршру́тка
links (von) I I сле́ва *(от + Gen.)*
nach links I I нале́во
Liter II I литр
Literatur I I литерату́ра
Löffel III II ло́жка; *Gen. Pl.* ло́жек
sich **lohnen** IV II сто́ить
Los geht's! I I Дава́й/те! *Imp. Sg./Pl.* IV II Пое́хали!
lösen II I реша́ть/реши́ть
losfahren II I пое́хать *vo.*
losgehen II I пойти́ *vo.*
Lösung 2УВ реше́ние
Löwe III II Лев
Luft III II во́здух
Luftballon III II ша́рик
lustig I I смешно́й II I весёлый
Lyzeum III II лице́й

M

machen I I де́лать/сде́лать
macht nichts 3УБ ничего́
Macht IV II власть *f.*
Mädchen II I де́вочка III II *(ab 15 J.)* де́вушка
Mädel II I девчо́нка
Mai I I май
Makler IV II ма́клер
Mal I I раз
zum ersten Mal II I пе́рвый раз
drei Mal täglich III II три ра́за в день
malen 3УВ рисова́ть/нарисова́ть 5ТБ писа́ть/написа́ть
Maler(in) 3УВ худо́жник/худо́жница
Malerei 5С жи́вопись *f.*
Mama I I ма́ма
Manager(in) IV II ме́неджер
manche 2ТА не́которые *Pl.*
manchmal II I иногда́
Manifest IV II манифе́ст
Mann II I мужчи́на *m.*
junger Mann III II па́рень *m.; Gen.* па́рня
Mannschaft 1ТВ кома́нда
Mantel I I пальто́ *indekl.*
Märchen IV II ска́зка
Marker (Text-) I I ма́ркер
Markt II I ры́нок
Mars 2ТБ Марс
März I I март
Maskottchen III II талисма́н
Massentourismus 4ТБ ма́ссовый тури́зм
Material IV II материа́л
Mathematik I I матема́тика
Mathematiker(in) IV II матема́тик
Matrjoschka *(Holzpuppe in der Puppe)* I I матрёшка
Mauer II I стена́

Maultrommel *(jakutisches Musikinstrument)* III II хомýс
Maus IV II мышь *f.*
Mayonnaise I I майонéз
(Massen-)Medien IV II СМИ (срéдства мáссовой информáции)
Medikament III II лекáрство
Meer II I мóре
Megacity 2ТБ мегапóлис
Mehl III II мукá
mehr I I бóльше **III II** бóлее *(zur Bildung des Komparativs)*
Mehrheit 1УБ большинствó
mein I I мой, моя́, моё, мои́
meinen IV II считáть
Meinung IV II мнéние **3С** взгляд **meiner Meinung nach II I** по-мóему; **deiner Meinung nach IV II** по-твоéму; **eurer/Ihrer Meinung nach IV II** по-вáшему
Meisterschaft I I чемпионáт
Melodram IV II мелодрáма
Mensch I I человéк; *Nom. Pl.* лю́ди
Menschheit 1УБ человéчество
merkwürdig III II стрáнный
Messe 4ТА я́рмарка
Messer III II нож; *Gen.* ножá
Meteorologe(-in) IV II метеорóлог
Meter III II метр (м)
Metro I I метрó *indekl.*
Milch I I молокó
Million III II миллиóн
Millionär IV II миллионéр
Mineralwasser II I минерáльная водá
minus, Minus *(Nachteil)* **IV II** ми́нус
Minute I I минýта
Miss World IV II Мисс ми́ра *indekl.*
mit I I с *(+ Instr.)*
Mitarbeiter III II сотрýдник
Mitschüler(in) I I одноклáссник/одноклáссница
Mittag essen I I, IV II обéдать/пообéдать
Mittagessen I I обéд
Mitte I I центр
mitteilen 5ТБ передавáть/передáть
Mitteilung III II сообщéние
Mittelschule III II срéдняя шкóла
mitten (in) 4ТБ среди́ *(+ Gen.)*
mittlerer, Mittel- III II срéдний
Mittwoch I I средá
Möbel *Pl.* **II I** мéбель *f., nur Sg.*
möchten: (ich) möchte IV II (мне) хóчется
Mode I I мóда
Model IV II модéль *f.*
Moderator(in) IV II ведýщий/ведýщая
modern III II совремéнный
modisch I I мóдный
mögen I I люби́ть *uv.*
möglich: so ... wie möglich; möglichst ... IV II как мóжно *(+ Komp.)*
Möglichkeit IV II возмóжность *f.*
Moment: einen Moment I I минýточку *Akk., Dim.*
Monat I I мéсяц
mongolisch-tatarische Gewaltherrschaft IV II монгóло-татáрское и́го
Montag I I понедéльник
montags, dienstags, ... III II по *(+ Wochentag im Dat. Pl.)*
Mörder 4ТА уби́йца
morgen I I зáвтра
Morgen I I ýтро
morgens I I ýтром
Moschee III II мечéть *f.*
Moskauer IV II москóвский
Moskauer(in) I I москви́ч(ка)
Motiv 5ТБ моти́в
Motor I I мотóр
Mountainbike II I маунтинбáйк
MP3-Player III II MP3-плéер
müde sein III II устáл, -а, -о, -и
Müll III II мýсор
Mund III II рот; *Gen.* рта
Münze *(klein)* II I монéтка
Museum I I музéй
Musik I I мýзыка
musikalisch, Musik- III II музыкáльный
Musiker I I музыкáнт
Muslim III II мусульмáнин; *Nom. Pl.* мусульмáне, *Gen. Pl.* мусульмáн
müssen II I дóлжен, должнá, должнó, должны́ *(+ Inf.)* **II I** нáдо *unpers.* **1УВ** нýжно *unpers.* **1ТГ** приходи́ться/прийти́сь *unpers.*
Mutter III II мать *f.; Gen.* мáтери
Mutti I I мáма
Mütze I I шáпка

N

nach I I пóсле *(+ Gen.)*; чéрез *(+ Akk.)* **III II** по *(+ Dat.)*
Nachbar I I, 1ТГ сосéд; *Nom. Pl.* сосéди; *Gen. Pl.* сосéдей
Nachbarin I I сосéдка
nachdem IV II пóсле тогó, как
Nachname II I фами́лия
Nachricht III II нóвость *f.*
nächster II I слéдующий
Nacht II I ночь *f.*
Nachteil IV II ми́нус
Nachtisch III II десéрт
nachts II I нóчью
Name I I и́мя I I назвáние
nämlich 3С и́менно
Nase III II нос
Nationalität 5ТВ национáльность *f.*
Natur III II прирóда
natürlich I I конéчно
neben II I óколо *(+ Gen.)* **II I** ря́дом с *(+ Instr.)*
negativ 1УА негати́вный
nehmen III II брать/взять **III II** принимáть/приня́ть
nein I I нет
(jdn. wie) **nennen 1УА** называ́ть/назвáть *(+ Akk. + Instr.)*
nervös sein IV II нéрвничать *uv.*
nett II I симпати́чный
neu I I нóвый
Neuigkeit III II нóвость *f.*
Neujahr I I Нóвый год
neulich III II недáвно
nicht I I не
nichts IV II ничтó (ничегó)
Nickname III II ник
nie(mals) IV II никогдá
niedrig III II ни́зкий
niedriger IV II ни́же
niemand IV II никтó
nirgends IV II нигдé
nirgendwohin IV II никудá
Nobelpreis IV II Нóбелевская прéмия
noch (nicht) I I ещё (не) **IV II** покá (не)
noch einmal II I опя́ть 1ТБ сначáла

Norden II I сéвер
normal I I нормáльно
Not I I бедá
Note II I *(Schul-)* оцéнка
I I *(Musik-)* нóта
Notebook IV II ноутбýк
nötig sein II I нáдо *unpers.*
November I I ноябрь *m.*
Nummer I I нóмер;
Nom. Pl. номерá
nun I I ну I I итáк
nur I I тóлько
IV II всегó *(insgesamt)*
nutzen IV II пóльзоваться *uv.*
(+ Instr.)

O

O(berleitungs)-Bus I I
троллéйбус
ob 3УВ ли
obdachlos IV II бездóмный
Objekt I I объéкт
obligatorisch 1ТВ обязáтельный
Obst II I фрýкты *Pl.*
obwohl IV I хотя́
oder I I и́ли
offen III II откры́тый
öffentliche Verkehrsmittel 4С
общéственный трáнспорт
offiziell IV II официáльный
Offizier IV II офицéр
öffnen III II открывáть/откры́ть
oft I I чáсто
öfter 3УБ чáще
ohne II I без *(+ Gen.)*
Ohr III II ýхо; *Nom. Pl.* ýши,
Gen. Pl. ушéй
OK 3УБ *(ganz OK)* ничегó
I I лáдно
Ökodorf 2УБ экодерéвня
Ökofreak III II экофанáт
Ökologie II I экológия
ökologisch III II экологи́ческий
Oktober I I октя́брь *m.*
Oktoberrevolution IV II
Октя́брьская революция
Olympische Spiele IV II
Олимпи́йские и́гры
Oma I I бáбушка
Omelett I I омлéт
Omen 3С примéта
Onkel III II дя́дя *m.*;
Gen. Pl. дя́дей

Opa I I дéдушка
Opern- 5ТВ óперный
opfern 1ТГ отдавáть/отдáть
Orange II I апельси́н
orange IV II орáнжевый
Orangensaft II I апельси́новый
сок
Orchester II I оркéстр
Ordnung III II поря́док;
Gen. поря́дка
Organisation IV II организáция
organisieren III II
организóвывать/организовáть
original I I оригинáльный
originell I I оригинáльный
Ort II I мéсто
Osten II I востóк
Ostern I I Пáсха

P

Paar 1С пáра
packen IV II собирáть/собрáть
Palast II I дворéц
Palme II I пáльма
Pantoffeln IV II тáпочки *Pl.*
Papa I I пáпа
Papagei II I попугáй
Paradies 1ТГ рай
Parfümerie II I парфюмéрия
Park I I парк
parken 3УВ паркoвáть/
припаркoвáть
Parole 4С слóган
Partner III II партнёр
Partnerschule IV II шкóла-
партнёр
Party II I вечери́нка
1С тусóвка *ugs.*
Party machen *ugs.* **1С**
тусовáться/потусовáться *ugs.*
Pass 1УВ пáспорт;
Nom. Pl. паспортá
Passagier III II пассажи́р
passieren IV II случáться/
случи́ться
Pastete mit Füllung III II
пирожóк; *Gen.* пирожкá
Patient I I пациéнт
Pelmeni *(gefüllte Teigtaschen)*
III II пельмéни *Pl.*
Pelz 4ТА мех; *Nom. Pl.* мехá
Pelz- 3С меховóй
Pelzmantel 3С шýба

Perestrojka *(„Umbau", Schlagwort für die von Gorbatschow eingeleiteten Reformen)*
IV II перестрóйка
Persönlichkeit 1УА ли́чность *f.*
Pfanne III II сковородá
Pfannkuchen III II блин;
Gen. блинá
Pfannkuchen- III II бли́нный
Pferde I I лóшади *Pl.*
(Sg. лóшадь *f.)*
Pflicht- 1ТВ обязáтельный
Pfund II I полкилó
Philharmonie 5ТВ филармóния
Philosophie IV II филосóфия
Physik II I фи́зика
Physiker(in) IV II фи́зик
Pianist(in) 5ТВ пиани́ст(ка)
Pilot(in) IV II пилóт
Pilz II I гриб
Pizza I I пи́цца
Plakat 4ТА плакáт
Plan II I расписáние II I план
planen 4ТА плани́ровать/
заплани́ровать
Planet 4С планéта
Plastik 4С плáстик
Plastik- 4С плáстиковый
Platz I I плóщадь *f.* II I мéсто
Platz nehmen 3С сади́ться/сесть
Plinse III II блин; *Gen.* блинá
Plinsen- III II бли́нный
plötzlich II I вдруг
plus, Plus *(Vorteil)* IV II плюс
Politik IV II поли́тика
Politiker(in) IV II поли́тик
Polizei II I мили́ция
Polizist 3УБ *(in Deutschland)*
полицéйский *Subst. m.*
2ТВ *(in Russland)* милиционéр
Pool II I бассéйн
Pop(musik) II I поп(-мýзыка)
Porträt IV II портрéт
positiv 1УА позити́вный
Post II I пóчта
Poster II I пóстер
Postkarte II I откры́тка
Praktikum 1ТВ стажирóвка
ein Praktikum absolvieren IV II
проходи́ть/пройти́ прáктику
Präsentation II I презентáция
Präsident(in) I I президéнт
Preis II I *(Kauf-)* ценá II I приз
(in einem Wettbewerb)

Preisausschreiben II I ко́нкурс
Premiere 5ТВ премье́ра
Prestige 1ТА прести́ж
Prinzessin IV II принце́сса
Prinzip 3УБ при́нцип
Probe I I репети́ция
probieren II I про́бовать/попро́бовать
Problem I I пробле́ма
professionell I I профессиона́льный
Programm I I програ́мма
Programmierer(in) IV II программи́ст
Projekt IV II прое́кт
Promoter IV II промо́утер
Protest 4ТА проте́ст
protestieren II I протестова́ть *uv.*
Prozent 1С проце́нт
Prüfung IV II экза́мен
Psychologe(-in) IV II психо́лог
Publikation IV II публика́ция
Publikum III II пу́блика
Pullover I I сви́тер
pünktlich 3УВ пунктуа́льный
Puppe III II ку́кла
Püree *(Kartoffel-)* I I пюре́ *indekl.*
putzen III II чи́стить/почи́стить
Pyramide I I пирами́да

Q

Quadrat- 2С квадра́тный
quadratisch 2С квадра́тный
Qualität 1ТВ ка́чество
Quarkpfannkuchen III II сы́рник
Quiz III II виктори́на

R

Radio I I ра́дио *indekl.*
Radiosender II I радиоста́нция
Radsport I I велоспо́рт
Rafting II I ра́фтинг
Rand 2ТА край; *Nom. Pl.* края́
Rap I I рэп
Rapper I I рэ́пер
raten II I сове́товать/посове́товать
Rathaus II I ра́туша
Rätsel IV II зага́дка
Rauchen 1УГ куре́ние
rauchen 1С кури́ть/покури́ть
Raumschiff IV II косми́ческий кора́бль
reagieren II I реаги́ровать *uv.*
Reaktion IV II реа́кция
Reaktor 4ТА реа́ктор
real 1ТБ реа́льный
realisieren 4ТА реализова́ть *uv. und vo.*
Realist(in) IV II реали́ст
realistisch 5ТБ реалисти́ческий
Realität 1ТБ реа́льность *f.*
Reality-Show IV II реа́лити-шо́у *n., indekl.*
rechnen I I счита́ть *uv.*
Rechnung III II счёт
Recht IV II пра́во
recht haben IV II прав, -а́, -о, -ы
rechts *(von)* I I спра́ва (от + *Gen.)*
nach rechts I I напра́во
Redaktion 1ТВ реда́кция
reden II I разгова́ривать *uv.*
Referat I I рефера́т
Reform IV II рефо́рма
reformieren IV II реформи́ровать
Regal I I по́лка
Regel I I пра́вило
in der Regel I I как пра́вило
regelmäßig III II регуля́рный
Regen II I дождь *m.*
Regenschirm III II зонт
Reggae III II ре́гги *m., indekl.*
Region III II регио́н **2ТА** *(Verwaltungseinheit)* край; *Nom. Pl.* края́
Regisseur IV II режиссёр
regnen: es regnet/es hat geregnet II I дождь идёт/шёл
reich IV II бога́тый
Reichstag II I Рейхста́г
Reihe III II ряд
Reim I I ри́фма
Reime I I стихи́ *Pl.*
Reis III II рис
Reise II I пое́здка III II путеше́ствие
Gute Reise! III II Счастли́вого пути́!
reisen III II путеше́ствовать
Reisepass 1УВ па́спорт; *Nom. Pl.* паспорта́
reiten II I ката́ться на лошадя́х
Reklame I I рекла́ма
Rekord III II реко́рд
Religion II I рели́гия
Rendezvous 1УА свида́ние
Rennen 2УБ бег
rennen 2УБ бе́гать *unbest.*; бежа́ть *best.*
reparieren II I ремонти́ровать *uv.*
Reportage 1ТВ репорта́ж
Repression IV II репре́ссия
Republik III II респу́блика
Restaurant I I рестора́н
Restaurator(in) IV II реставра́тор
Resultat III II результа́т
retten 2ТВ спаса́ть/спасти́
Revolution IV II револю́ция
Rezept III II реце́пт
richtig I I пра́вильно
nicht **richtig** I I непра́вильно
riesig II I огро́мный
riskieren 1УА рискова́ть/рискну́ть *(+ Instr.)*
Rock I I ю́бка
Rockmusik II I рок(-му́зыка)
Rolle III II роль *f.*
Rollschuhe 3УБ ро́лики *m. Pl.*
Rolltreppe 2ТВ эскала́тор
Roman IV II рома́н
Röntgenaufnahme III II рентге́н
rosa I I ро́зовый
Rose 3С ро́за
rot I I кра́сный
rothaarig III II ры́жий
Rubel I I рубль *m.*
(ich bekomme) von Ihnen … Rubel II I с вас … рубль/рубля́/рубле́й
Rücken III II спина́
Rucksack I I рюкза́к
rufen III II вы́звать *vo.*
ruhig 2ТБ споко́йный
Rührei IV II яи́чница
rund III II кру́глый
Russe(-in) III II ру́сский/ру́сская
russisch I I ру́сский
auf Russisch I I по-ру́сски
I I на ру́сском (языке́)
Russische Föderation IV II Росси́йская Федера́ция
Russlanddeutscher IV II ру́сский не́мец

S

Saal I I зал
Sache III II вещь *f.* **1ТБ** дéло
Sack III II мешóк; *Gen.* мешкá
Saft I I сок
sagen II I говори́ть/сказáть
Salat I I салáт
Salz III II соль *f.*
sammeln III II собирáть/собрáть
Sammeltaxi I I маршрýтка
Sammlung **5C** коллéкция
Samowar I I самовáр
Samstag I I суббóта
Sänger(in) III II певéц/певи́ца
Satz II I предложéние
sauber II I чи́сто *Adv.*
sauber machen III II чи́стить/почи́стить
Sauberkeit III II чистотá
saure Sahne III II сметáна
Saxofon III II саксофóн
S-Bahn I I электри́чка
Schach III II шáхматы *nur Pl.*
Schachclub III II шáхматный клуб
Schachspieler(in) III II шахмати́ст(ка)
schade I I жаль
Schaffen **5C** твóрчество
Schaffner(in) III II проводни́к/проводни́ца
Schal I I шарф
Schamane III II шамáн
Schaschlik II I шашлы́к
Schatulle I I шкатýлка
Schau I I покáз
Schaubild **1ТБ** грáфик
schauen II I смотрéть/посмотрéть
Schaufenster 2ТВ витри́на
Schauspieler(in) III II актёр/актри́са
scheinen II I свети́ть *uv.*
III II казáться/показáться
Schema **1ТБ** схéма
schenken III II дари́ть/подари́ть
Scherz I I шýтка
schick II I шикáрный
schicken IV II присылáть/прислáть
Schiff II I корáбль *m.*
schimpfen 5ТВ ругáть *uv.*
Schirmmütze I I кéпка
Schlaf **2УБ** сон; *Gen.* сна
schlafen I I спать *uv.*
schlafen gehen **3УВ** ложи́ться/лечь
Schlafmütze I I сóня *m./f.*
Schlafwagen *(mit vier-Plätze-Abteilen)* III II купéйный вагóн
Schlafzimmer II I спáльня
Schlagzeug III II удáрные (инструмéнты)
schlecht II I плохóй; плóхо *Adv.*
nicht schlecht I I неплóхо
schlechter III II хýже; хýдший
schlechtester III II хýдший
schließen II I закрывáть/закры́ть
schließlich II I наконéц
Schlittschuhe III II коньки́ *Pl.*
schmelzen **4C** тáять/растáять
Schmerz 1ТА боль *f.*
schmerzen III II болéть
sich **schminken** **3УБ** крáситься/накрáситься
schmücken I I украшáть *uv.*
Schnee II I снег
Schneeball III II снежóк
Schneeflöckchen I I Снегýрочка
schneien: es schneit/hat geschneit II I снег идёт/шёл
schnell III II бы́стрый
5ТБ скóрый
Schnellhefter I I пáпка
Schnitzel I I шни́цель *m.*
Schnupfen III II нáсморк
Schock **3УБ** шок
Schokoriegel I I шоколáдка *Dim.*
schon I I ужé
schon gut I I лáдно
schön I I краси́вый
Schönheit **4C** красотá
Schrank II I шкаф
schrecklich IV II ужáсный
I I ýжас! **4ТБ** стрáшный
schreiben II I писáть/написáть
Schreibtisch II I пи́сьменный стол
schreien **1ТА** кричáть/кри́кнуть
Schriftsteller(in) IV II писáтель/писáтельница
Schtschi *(Kohlsuppe)* III II щи
Schuhe I I тýфли *Pl.*
Schul- II I шкóльный
schuldig, schuld sein IV II винователь
Schule I I шкóла
Schüler(in) I I учени́к/учени́ца
1ТВ шкóльник
Schulkabarett I I капýстник
Schutz III II защи́та
Schütze III II Стрелéц
schützen III II защищáть/защити́ть
Schwanensee *(berühmtes Ballett von Tschaikowski)*
II I Лебеди́ное óзеро
schwarz I I чёрный
schwarz fahren III II
éздить зáйцем *unbest., uv.;* éхать зáйцем *best., uv.*
Schwarzes Meer II I Чёрное мóре
schwedisch IV II швéдский
Schweiz **5ТВ** Швейцáрия
schwer I I трýдно
Schwester I I сестрá
schwierig I I трýдно *Adv.*
II I слóжный
Schwimmbad II I бассéйн
schwimmen III II плáвать *unbest., uv.;* плыть *best., uv.*
Science-Fiction-Film IV II фантасти́ческий фильм
See *m.* II I óзеро
Seele **5C** душá
sehen II I ви́деть/уви́деть
Sehenswürdigkeit I I достопримечáтельность *f.*
sehr I I óчень
sein I I быть
I I *(3. Pers. Sg.)* егó
seit III II с *(+ Gen.)*
seitdem/seither IV II с тех пор
selbst IV II сам, -á, -ó, -и
selbstständig IV II самостоя́тельный
selten **2УА** рéдкий
seltsam III II стрáнный
senden IV II присылáть/прислáть
Sendung IV II передáча
auf Sendung II I в эфи́ре
Senf II I горчи́ца
September I I сентя́брь *m.*
(TV-)**Serie** IV II (теле)сериáл
Sessel II I крéсло
sich **setzen** **3C** сади́ться/сесть
Shopping I I шóпинг
Show II I шóу-прогрáмма
Sibirien III II Сиби́рь *f.*
sicher IV II увéренный
2ТБ тóчно *Adv.*
Sie I I вы

sie I I *(3. Pers. Sg.)* она́
I I *(3. Pers. Pl.)* они́
Sieg IV II побе́да
Sieger(in) III II победи́тель/победи́тельница
Signal IV II сигна́л
Silvester I I Но́вый год
Singen III II пе́ние
singen III II петь/спеть
singen zu *(Instrument)* 3УБ петь под *(+ Akk.)*
Situation 1УА ситуа́ция
sitzen I I сиде́ть *uv.* III II посиде́ть *vo. (eine Zeit lang)*
Skandal 5ТВ сканда́л
Skateboard I I скейтбо́рд
Sketch I I скетч
Ski III II лы́жа
Skizze 1ТБ схе́ма
Skorpion III II Скорпио́н
Slogan 4С сло́ган
Snowboarding I I сноубо́рдинг
so I I так I I тогда́
so ein/solch ein IV II тако́й
so lala, es geht so I I так себе́
Sofa II I дива́н
sofort III II сра́зу
sogar II I да́же
Sohn III II сын; *Nom. Pl.* сыновья́
Soldat IV II солда́т
Soljanka *(Fisch-/Fleischsuppe)* III II соля́нка
sollen II I до́лжен, должна́, должно́, должны́ *(+ Inf.)*
Sommer I I ле́то
im Sommer I I ле́том
sommerlich, Sommer- II I ле́тний
Sonderangebot I I суперáкция
sondern III II но
Sonne II I со́лнце
sich **sonnen** II I загора́ть *uv.*
Sonnenbrille III II со́лнечные очки́ *nur Pl.; Gen.* очко́в
Sonnencreme III II крем от со́лнца
Sonntag I I воскресе́нье
sich **sorgen (um)** III II забо́титься/позабо́титься *(о + Präp.)*
sortieren III II сортирова́ть *uv.*
Soße I I со́ус
Souvenirs I I сувени́ры *Pl.*
sowieso 1ТБ всё равно́

sowjetisch IV II сове́тский
Sowjetunion IV II Сове́тский Сою́з
sowohl ... als auch IV II и ..., и
sozial IV II социа́льный
Sozialarbeiter 1УГ социа́льный рабо́тник
Spaghetti I I спаге́тти *nur Pl., indekl.*
Spanien II I Испа́ния
spanisch III II испа́нский
Spanisch *(Sprache)* II I испа́нский язы́к
sparen III II эконо́мить/сэконо́мить
Spaß haben III II весели́ться *uv.*
spät III II по́здний
später 2ТВ по́зже
spazieren gehen I I гуля́ть III II погуля́ть *vo. (eine Zeit lang)*
Speise III II блю́до
Speisekarte III II меню́ *n., indekl.*
Speisesaal I I буфе́т
Sperrgebiet 4ТБ закры́тая зо́на
Spezialist I I специали́ст
Spickzettel IV II шпарга́лка
Spiel I I игра́
spielen I I, 5ТВ игра́ть/сыгра́ть 5С исполня́ть/испо́лнить
Spielfilm IV II худо́жественный фильм
Spielzeug 4ТБ игру́шка
Spielzeugsoldat IV II солда́тик
Spinnst du? II I Ты что!?
Sponsor II I спо́нсор
Sport I I спорт
II I физкульту́ра *(Schulfach)*
Sportler(in) III II спортсме́н(ка)
sportlich, Sport- II I спорти́вный
Sportplatz II I спортплоща́дка
Sportwaren II I спорттова́ры
sprechen I I говори́ть *uv.* *(reden)* II I разгова́ривать *uv.* *(sich unterhalten)* III II поговори́ть *vo. (eine Zeit lang)*
Springbrunnen II I фонта́н
Spur: auf den Spuren I I по следа́м
Sputnik, Satellit III II спу́тник
Staat IV II госуда́рство
Stadion I I стадио́н
Stadt I I го́род (г.); *Nom. Pl.* города́
Stadtviertel II I райо́н

Stamm- 2ТА коренно́й
Standardtänze I I ба́льные та́нцы *Pl.*
ständig 4ТБ постоя́нно
Star 1ТА звезда́; *Nom. Pl.* звёзды, *Gen. Pl.* звёзд
stark IV II си́льный
Start I I старт
Station IV II ста́нция
Statistik 1С стати́стика
statt 1ТГ вме́сто *(+ Gen.)*
stattfinden III II проходи́ть/пройти́
Stau 2С про́бка
staunen I I удивля́ться *uv.*
Stechmücke III II кома́р; *Gen.* комара́
stecken 5ТА класть/положи́ть
stehen I I стоя́ть *uv.*
Steinbock III II Козеро́г
sterben IV II умира́ть/умере́ть
Stereoanlage II I музыка́льный центр
Stereotyp 3С стереоти́п
Stern 1ТА звезда́; *Nom. Pl.* звёзды, *Gen. Pl.* звёзд
Sternzeichen III II знак зодиа́ка
Steward(ess) IV II стю́ард/стюарде́сса
Stiefbruder III II сво́дный брат
Stiefschwester III II сво́дная сестра́
Stier III II Теле́ц
Stiftung IV II фонд
Stil III II стиль *m.*
still IV II ти́хий
Stille 2ТБ тишина́
Stimme 1УГ го́лос; *Nom. Pl.* голоса́
Stimmung 5ТБ настрое́ние
Stockwerk II I эта́ж
Stopp II I стоп
stoppen III II остана́вливать/останови́ть
(jdn.) **stören** 1ТГ меша́ть/помеша́ть *(+ Dat.)*
Störfall 4ТБ ава́рия
Strafe III II штраф
Strand II I пляж
Straße I I у́лица 2ТБ доро́га
Straßenbahn I I трамва́й
Strategie I I страте́гия
Streber(in) II I зубри́ла *m./f.*
streng 3УБ стро́гий

Stress **2ТБ** стресс
Strom **III** **II** электри́чество
Stück *(Theater)* **5C** спекта́кль *m.*
Student(in) I I студе́нт(ка)
studieren **II** **I** учи́ться *uv.*
III **II** изуча́ть/изучи́ть
ein **Studium aufnehmen (an)**
5ТВ поступа́ть/поступи́ть
(в + *Akk.*)
Stuhl **II** **I** стул; *Nom. Pl.* сту́лья
Stunde **I** **I** час
Subjekt I I субъе́кт
suchen **IV** **II** иска́ть
Süden **II** **I** юг
südlich, Süd- IV II ю́жный
Summe I I су́мма
super **I** **I** су́пер
Supermarkt **II** **I** суперма́ркет
Suppe **III** **II** суп; *Nom. Pl.* супы́
süß **1ТГ** сла́дкий
Süßigkeit **III** **II** сла́дость *f.*
Symbol **I** **I** си́мвол
sympathisch **II** **I** симпати́чный
System I I систе́ма
Szene **I** **I** сце́на
I I *(Theater-)* сце́нка

T

Tafel **II** **I** доска́
Tag **I** **I** день *m.*
Guten Tag! **I** **I** До́брый день!
I **I** Здра́вствуй/те!
eines Tages **IV** **II** одна́жды
Tagebuch **III** **II** дневни́к;
Gen. дневника́
tagsüber **II** **I** днём
Taiga **III** **II** тайга́
Takt I I такт
Tal **2ТА** доли́на
Talent III II тала́нт
talentiert **III** **II** тала́нтливый
Talk-Show IV II ток-шо́у *n.,*
indekl.
Tante **III** **II** тётя; *Gen. Pl.* тётей
Tanz IV II та́нец; *Gen.* та́нца
tanzen **II** **I** танцева́ть *uv.*
Tasche **III** **II** су́мка **5ТА** карма́н
(in Kleidungsstücken)
Taschenrechner **IV** **II** калькуля́тор
Tasse **III** **II** ча́шка; *Gen. Pl.* ча́шек
Tatsache III II факт
tatsächlich I I действи́тельно
taubstumm IV II глухонемо́й

tauen **4C** та́ять/раста́ять
Taufe IV II креще́ние
Taxi **I** **I** такси́ *n., indekl.*
Taxifahrer I I таксист
Team **1ТВ** кома́нда
Technik **IV** **II** те́хника
Techno *(Musikrichtung)* I I
те́хно *indekl.*
Tee **I** **I** чай *m.*
Teenager **1ТБ** тине́йджер
Teil **IV** **II** часть *f.*
teilnehmen (an) **II** **I** уча́ствовать
uv. (в + *Präp.)*
Teilnehmer(in) **2УА** уча́стник/
уча́стница
Telefon **I** **I** телефо́н
Telefongespräch I I разгово́р по
телефо́ну
telefonieren **II** **I** звони́ть/
позвони́ть *(+ Dat.)*
Teller **III** **II** таре́лка;
Gen. Pl. таре́лок
Temperatur **III** **II** температу́ра
Tennis **I** **I** те́ннис
Teppich **II** **I** ковёр
Territorium **2C** террито́рия
Terror IV II терро́р
Test IV II тест
teuer **II** **I** дорого́й; до́рого *Adv.*
teurer **IV** **II** доро́же
Text **I** **I** текст
Theater **I** **I** теа́тр
Theaterprobe I I репети́ция
Thema **II** **I** те́ма
Thriller **IV** **II** три́ллер
tief **III** **II** глубо́кий
Tiefe **III** **II** глубина́
Tier **II** **I** живо́тное
Tierarzt(-ärztin) **IV** **II** ветерина́р
Tiger **III** **II** тигр
Tisch **I** **I** стол
Titel III II ти́тул
Tochter **III** **II** дочь *f.; Gen.* до́чери
Tod **IV** **II** смерть *f.*
Toilette **II** **I** туале́т
toll **II** **I** кла́ссно *Adv.*
I **I** Молоде́ц!
Tomate **II** **I** помидо́р
Tonne IV II то́нна
Torte **III** **II** торт
Tour II I тур
Tourismus **4ТБ** тури́зм
Tourist **I** **I** тури́ст
Touristenführer **II** **I** гид

Track I I трэк
Tradition **III** **II** тради́ция
traditionell **3УВ** традицио́нный
tragen **II** **I** носи́ть *uv.*
Trainer **I** **I** тре́нер
Training **I** **I** трениро́вка
Traktor I I тра́ктор
transportieren **IV** **II** перевози́ть/
перевезти́
Transsibirische Eisenbahn **III** **II**
Трансси́б
Traum **IV** **II** мечта́ **2УБ** сон;
Gen. сна
träumen **III** **II** мечта́ть (о + *Präp.*)
traurig **IV** **II** гру́стный
Treff **1C** тусо́вка *ugs.*
Treffen **III** **II** встре́ча
sich **treffen** **II** **I** встреча́ться/
встре́титься **III** **II** встреча́ть/
встре́тить *(zufällig)*
treiben **I** **I** занима́ться *uv.*
(+ Instr.)
Treidler **III** **II** бурла́к;
Gen. бурлака́
Treppenaufgang **1C** подъе́зд
trinken **II** **I**, **3УА** пить/вы́пить
1C *(meist Alkohol)* выпива́ть *uv.*
Trinkspruch **3УА** тост
Troika *(Pferdeschlitten)* **III** **II**
тро́йка
Trottoir 2УБ тротуа́р
trotzdem **IV** **II** всё-таки
1ТБ всё равно́
Tschuktsche 2ТА чу́кча
Tschüss! **I** **I** Пока́!
T-Shirt **I** **I** футбо́лка
Tulaer/aus Tula stammend I I
ту́льский
tun **II** **I** де́лать/сде́лать **5ТА**
(hineintun) класть/положи́ть
Tundra **III** **II** ту́ндра
Tür **II** **I** дверь *f.*
Die Türen schließen! I I Две́ри
закрыва́ются!
Türcode **IV** **II** код
Türkei **II** **I** Ту́рция
türkisch **III** **II** туре́цкий
auf Türkisch II I по-туре́цки
Turm **II** **I** ба́шня
Turnen **I** **I** гимна́стика
Türschwelle **3УА** поро́г
Tüte **4C** паке́т
Typ 1ТБ тип
typisch **3C** типи́чный

U

U-Bahn I I метро́ *indekl.*
über I I о *(+ Präp.)* I I че́рез *(+ Akk.)* II I над *(+ Instr.)*
über sich selbst I I о себе́
überall 2ТБ везде́
übergeben 5ТБ передава́ть/переда́ть
überhaupt IV II вообще́ I I совсе́м
überhaupt nicht 5ТА ника́к
überraschen 3УБ удивля́ть/удиви́ть
Überraschung I I сюрпри́з
übersetzen IV II переводи́ть/перевести́
Übersetzer(in) IV II перево́дчик/перево́дчица
Übersiedlung IV II переселе́ние
üblich sein 3С при́нято
übrigens III II кста́ти
UdSSR (Union der Sozialistischen Sowjetrepubliken) IV II СССР (Сою́з Сове́тских Социалисти́ческих Респу́блик)
Ufer I I бе́рег; *Nom. Pl.* берега́
Uhr I I час *(Zeitangabe)* **3УВ** часы́ *nur Pl.*
Ukrainer(in) 4ТБ украи́нец/украи́нка
ukrainisch 4УБ украи́нский
um *(Differenz)* III II на *(+ Akk.)*
um vieles I I намно́го
Um wieviel Uhr? III II Во ско́лько?
um zu III II что́бы *(+ Inf.)*
umbringen IV II убива́ть/уби́ть
umkommen IV II погиба́ть/поги́бнуть
Umwelt III II окружа́ющая среда́
Umwelt- III II экологи́ческий
umweltfreundlich 4С экологи́чески чи́стый
umziehen 2С переезжа́ть/перее́хать
unbedingt 1ТВ обяза́тельный
und I I и I I а *(als Gegensatz)*
Unfall 4ТБ ава́рия
ungefähr III II приблизи́тельно **2УБ** о́коло *(+ Gen.)*
ungerade *(Zahlen)* **3С** нечётный
ungerecht II I нече́стно
ungewöhnlich I I необы́чный
unglaublich 5ТА невероя́тный
Unglück 3С несча́стье I I беда́
unglücklich III II несча́стный
unhöflich IV II неве́жливый
Uniform II I *(Schul-)* фо́рма IV II мунди́р
Universität 1ТВ университе́т
unmöglich 1УА невозмо́жно
Unordnung 4УА беспоря́док; *Gen.* беспоря́дка
unrealistisch 4УБ нереа́льный
unser II I наш, на́ша, на́ше, на́ши
unter II I под *(+ Instr.)* IV II при *(+ Präp.) (zur Zeit von)* **4ТБ** среди́ *(+ Gen.)*
sich **unterhalten** II I разгова́ривать *uv.*
Unterrichtsraum II I кабине́т
Unterrichtsstunde I I уро́к
Unterschied 2С ра́зница
Unterschrift 4УА по́дпись *f.*
unverständlich IV II непоня́тный
unwahrscheinlich 5ТА невероя́тный
unwirklich 4УБ нереа́льный
Ur- 2ТА коренно́й
Urlaub IV II о́тпуск; *Nom. Pl.* отпуска́
Ursache: keine Ursache I I не́ за что
USB-Stick II I флэ́шка

V

Valentinstag I I День свято́го Валенти́на
Vater I I оте́ц
vaterländisch, Vaterlands- IV II оте́чественный
Vatersname II I о́тчество
Vati I I па́па
(sich) **verabreden 3УВ** догова́риваться/ договори́ться
Verabredung 1УА свида́ние
sich **verändern 4УБ** изменя́ться/измени́ться
Veränderung 4С измене́ние
Verbindung: in Verbindung stehen (mit) IV II обща́ться *uv.* *(с + Instr.)*
verbrennen III II сжига́ть *uv.* IV II сгора́ть/сгоре́ть
verbringen IV II проводи́ть/провести́
verdienen III II зараба́тывать/зарабо́тать
Verehrer I I покло́нник
vereinbaren 3УВ догова́риваться/ договори́ться
vergangen II I про́шлый
Vergangenheit IV II про́шлое *Subst. n.*
vergehen *(Zeit)* **4ТБ** проходи́ть/пройти́
vergessen II I забыва́ть/забы́ть
sich **verhalten** (zu, gegenüber) IV II относи́ться/отнести́сь к *(+ Dat.)* **3С** вести́ себя́ *uv.*
verkaufen III II продава́ть/прода́ть
Verkäufer(in) II I продаве́ц/продавщи́ца
Verkaufsstand II I кио́ск
Verkehrsmittel I I тра́нспорт
sich **verlassen auf 1УА** полага́ться/положи́ться на *(+ Akk.)*
verlaufen IV II проходи́ть/пройти́
sich **verlieben** (in) IV II влюбля́ться/влюби́ться *(в + Akk.)*
verliebt (in) 1С влюблён/влюблена́ *(в + Akk.)*
verlieren 2ТВ теря́ть/потеря́ть
vermischen III II смеша́ть *vo.*
vernehmen III II слы́шать/услы́шать
Verpackung 4С упако́вка
verschieden III II ра́зный
verschlafen II I проспа́ть *vo.*
verschmutzen III II загрязня́ть/загрязни́ть
Verschmutzung III II загрязне́ние
sich **verspäten** II I опа́здывать/опозда́ть
Verspätung III II опозда́ние
sich verstecken 2УА пря́таться/спря́таться
verstehen III II *(zu tun)* уме́ть III II понима́ть/поня́ть
verstreichen *(Zeit)* **4ТБ** проходи́ть/пройти́
versuchen II I про́бовать/попро́бовать
verteidigen III II защища́ть/защити́ть
Verwaltung 4ТА администра́ция

verwenden IV II испóльзовать *uv. und vo.*
verwirklichen 4TA реализовáть *uv. und vo.*
Video II I вúдео *indekl.*
Videoclip IV II клип
viel (um vieles) I I намнóго
viel(e) II I мнóго *(+ Gen.)*
viele 1УА мнóгие *Pl.*
so viel(e) IV II стóлько *(+ Gen.)*
vielleicht I I мóжет быть
Vier *(russ. Schulnote)* II I четвёрка
viertel *(Uhrzeit)* 3УВ чéтверть *f.*
Viertel 3УВ чéтверть *f.*
Visitenkarte I I визúтная кáрточка
Visum 1УВ вúза
Vitrine 2ТВ витрúна
Vogel III II птúца
Volk 2C нарóд
Volleyball I I волейбóл
völlig I I совсéм
von I I от *(+ Gen.)* I I о *(+ Präp.)* III II с *(+ Gen.)*
von … bis (einschließlich) II I с *(+ Gen.)* … по *(+ Akk.)*
von … her I I из *(+ Gen.)*
von hier III II отсю́да
vor II I пéред *(+ Instr.)* IV II назáд *(zeitl.)*
sieben Wochen vor III II за семь недéль до *(+ Gen.)*
vor allem 5C прéжде всегó
vor kurzem III II недáвно
vorbereiten I I готóвить *uv.* 3УБ подготáвливать/подготóвить
sich **vorbereiten** II I готóвиться/подготóвиться
im **Vordergrund** 5ТБ на перéднем плáне
Vorführung I I покáз
Vorhang II I гардúна
Vorname I I úмя
Vorortbahn I I электрúчка
Vorschlag II I предложéние
vorschlagen 1УГ предлагáть/предложúть
Vorsicht! I I Осторóжно!
Vorspeise III II закýска
sich etw. **vorstellen** IV II представлять/представить себé
sich vorstellen: stell dir vor! II I представляéшь!
Vorstellung 5C *(Theater)* спектáкль *m.* 3C *(von, über)* представлéние (о *+ Präp.)*
Vorteil IV II плюс
Vortrag III II доклáд
vortragen 5C исполнять/испóлнить
Vorwärts! I I Вперёд!
Vorzeichen 3C примéта
vorziehen 5C предпочитáть/предпочéсть
Vulkan 2TA вулкáн

W

Waage III II Весы́
Wachmann I I охрáнник
wachsen 1ТБ расти́/вы́расти
Wagen III II вагóн
Waggon III II вагóн
wahr III II настоящий
nicht wahr? II I прáвда?
wählen IV II выбирáть/вы́брать
während II I во врéмя *(+ Gen.)*
Wahrheit IV II прáвда
wahrscheinlich I I навéрное
Wald II I лес; *Nom. Pl.* лесá
Wand II I стенá
wann I I когдá
Wann? *(Uhrzeit)* III II Во скóлько?
Ware 2ТВ товáр
Wareniki *(gefüllte Teigtaschen)* III II варéники
warm II I теплó *Adv.* III II тёплый
warten (auf) I I ждать *uv. (+ Akk.)*
warum II I почемý
was? I I что?
was für ein? I I какóй?
was ist (das) IV II что такóе
Was (ist zu) tun? I I Что дéлать?
sich **waschen** 1ТБ мы́ться/помы́ться
Wasser II I водá
Wasserfall 2TA водопáд
Wasserleitung 2ТБ водопровóд
Wassermann III II Водолéй
Wassermelone III II арбýз
Wechselschuhe II I смéнка
weder … noch IV II ни …, ни
Weg III II путь *m.* IV II дорóга
wegen 2ТВ из-за *(+ Gen.)*
wegfahren III II выезжáть/вы́ехать III II уезжáть/уéхать
wegfliegen III II улетáть/улетéть
weggeben 1ТГ отдавáть/отдáть
weggehen III II уходúть/уйтú
weglaufen 2УВ убегáть/убежáть
wegnehmen IV II забирáть *uv.*
wegrennen 2УВ убегáть/убежáть
wegwerfen III II выбрáсывать/вы́бросить
weh tun III II болéть
Weihnachten I I Рождествó
Weihnachtsbaum I I ёлка
Weihnachtsmann I I Дед Морóз
weil II I потомý что
Wein III II винó
Weintraube(n) II I виногрáд *nur Sg.*
Weise *(Art)* 1УГ óбраз
auf keine Weise 5TA никáк
weiß I I бéлый
Weiße Nächte II I Бéлые нóчи
weit I I далекó *Adv.* I I ширóкий *(breit)*
nicht weit weg (von) I I недалекó (от *+ Gen.)*
weiter I I дáльше III II дáлее
weitermachen 5TA, 5ТВ продолжáть/продóлжить
welcher II I котóрый
welcher? I I какóй?
Welt III II мир 2TA свет
wenig(e) II I мáло *(+ Gen.)*
ein **wenig** III II немнóго *(+ Gen.)*
weniger III II мéнее *(zur Bildung des Komparativs)* IV II мéньше
wenn I I когдá III II éсли
wer? I I кто?
Werbung I I реклáма
werden IV II становúться/стать *(+ Instr.)*
werfen 2УА бросáть/брóсить
Werk 5C *(Kunst)* произведéние; *(Schaffen)* твóрчество
Werkunterricht II I труд
Wert 1УА цéнность *f.*
wessen 4TA чей, чья, чьё, чьи
Westen II I зáпад
Wettbewerb II I кóнкурс
Wetter II I погóда
Wettrennen 2УБ бег
wichtig III II вáжный
das Wichtigste III II глáвное
Widder III II Óвен
sich **widerspiegeln** 5ТБ отражáться/отразúться

wie? I I как?
Wie geht's? I I Как дела́?
Wie spät ist es? 3УВ Ско́лько вре́мени? *ugs.*
wie viel? I I ско́лько? *(+ Gen.)*
Wie viel Uhr (ist es)? I I Кото́рый час? 3УВ Ско́лько вре́мени? *ugs.*
wieder II I опя́ть
Wiederaufbau IV II восстановле́ние
wiederaufbauen IV II восстана́вливать/восстанови́ть
wiedergeben 5ТБ передава́ть/переда́ть
wiederholen III II повторя́ть/повтори́ть
Auf **Wiedersehen!** I I До свида́ния!
wild 4ТБ ди́кий
Willkommen! I I С прие́здом!
Wind 4С ве́тер; *Gen.* ве́тра
Winter I I зима́
im Winter I I зимо́й
winterlich, Winter- II I зи́мний
wir I I мы
wirklich 1ТБ реа́льный
Wirklichkeit 1ТБ реа́льность *f.*
Wissen 1ТВ зна́ние
wissen I I знать *uv.*
Wissenschaftler(in) IV II учёный
wo? I I где?
Woche I I неде́ля
Wochenende II I выходны́е (дни)
Wochenendhaus II I да́ча
wofür I I чем
woher? II I отку́да
wohin? I I куда́?
wohnen I I жить
Wohnung II I кварти́ра
Wohnzimmer II I гости́ная
Wolf III II волк
Wolke 1ТА о́блако; *Nom. Pl.* облака́, *Gen. Pl.* облако́в
wollen II I хоте́ть *uv.*
womit I I чем
Wort I I сло́во
mit anderen Worten IV II други́ми слова́ми
worüber? I I о чём?
wozu IV II заче́м
Wunder 2ТА чу́до; *Nom. Pl.* чудеса́, *Gen. Pl.* чуде́с
Wunderkind IV II вундерки́нд
sich wundern I I удивля́ться *uv.*
wunderschön II I прекра́сный
Wunsch III II жела́ние
(jdm. etw.) **wünschen** I I жела́ть *uv. (+ Dat. + Gen.)*
Würfel I I ко́сти *Pl.*
Wurst II I колбаса́
Würstchen II I соси́ска
wütend sein IV II зли́ться *uv.*

Z

Zahl I I число́ I I ци́фра
Zahlen- 1ТБ цифрово́й
zählen I I счита́ть *uv.*
Zahn III II зуб
Zahnpasta III II зубна́я па́ста
zappen IV II щёлкать пу́льтом *uv.*
Zar(in) IV II царь *m.*/цари́ца
Zehe III II па́лец; *Gen.* па́льца
Zeichentrickfilm IV II мультфи́льм
Zeichnen II I рисова́ние
zeichnen IV II рисова́ть/нарисова́ть
Zeichnung I I рису́нок
zeigen II I пока́зывать/показа́ть
Zeile 1УА стро́чка
Zeit I I вре́мя *n.*
es ist Zeit I I пора́
Zeit verbringen (mit) IV II обща́ться *uv.* (с *+ Instr.)*
zur Zeit von IV II при *(+ Präp.)*
zeitgenössisch III II совреме́нный
Zeitschrift I I журна́л
Zeitung I I газе́та
Zeitungsausträger(in) IV II разно́счик/разно́счица газе́т
Zeitzone 2С часово́й по́яс; *Nom. Pl.* часовы́е пояса́
Zelt II I пала́тка
Zentimeter II I сантиме́тр
Zentrum I I центр
zerbrechen III II лома́ть/слома́ть
zerstören IV II разруша́ть/разру́шить
ziehen III II тяну́ть *uv.*
Ziel 1УВ цель *f.*
Ziffer I I ци́фра
Ziffern- 1ТБ цифрово́й
Zigarette 1С сигаре́та II I папиро́са
Zimmer I I ко́мната
Zirkel I I ци́ркуль *m.*
Zitrone I I лимо́н
zu I I к *(+ Dat.)*
zu (sehr) 4С сли́шком
zubereiten I I, 3УА гото́вить/пригото́вить
Zucker I I са́хар
zuerst I I снача́ла
zufällig IV II случа́йный
zufrieden (mit) IV II дово́льный *(+ Instr.)*
Zug I I по́езд; *Nom. Pl.* поезда́
Zugbegleiter(in) III II проводни́к/проводни́ца
Zukunft IV II бу́дущее *Subst. n.*
zukünftig 5ТВ бу́дущий
zumachen II I закрыва́ть/закры́ть
zunächst I I снача́ла
zurück I I обра́тно
zurückbleiben 2С остава́ться/оста́ться
zurückdenken (an) IV II вспомина́ть/вспо́мнить *(+ Akk.)*
zurückgeben 1ТГ отдава́ть/отда́ть
zurückkehren 4УБ возвраща́ться/верну́ться
zusammen I I вме́сте
zusammenhängen mit 1ТБ свя́зан, -о, -а, -ы с *(+ Instr.)*
zusammenstellen 2С составля́ть/соста́вить
zusätzlich III II дополни́тельный
Zuschauer IV II зри́тель *m.*
Zwei *(russ. Schulnote)* II I дво́йка
zweitens IV II во-вторы́х
Zweizimmerwohnung II I двухко́мнатная кварти́ра
Zwiebel(n) II I лук *nur Sg.*
Zwillinge III II Близнецы́
zwischen III II ме́жду *(+ Instr.)*

Известные люди – Berühmte Personen

Гага́рин, Ю́рий Алексе́евич	**4 С**	sowjetischer Kosmonaut, erster Mensch im Weltraum (1934–1968)
Достое́вский, Фёдор Миха́йлович	**4 С**	russischer Schriftsteller (1821–1881)
Земфи́ра (Земфи́ра Талга́товна Рамаза́нова)	**1 ТГ**	russische Sängerin und Songschreiberin (*1976)
Канди́нский, Васи́лий Васи́льевич	**3 УВ, 5 ТБ**	russischer Maler, Grafiker und Kunsttheoretiker (1866–1944)
Левита́н, Исаа́к Ильи́ч	**5 ТБ**	russischer Maler (1860–1900)
О́мбыш-Кузнецо́в, Михаи́л Серге́евич	**5 С**	russischer Maler (*1947)
Пи́менов, Ю́рий Ива́нович	**5 ТБ**	sowjetischer Maler und Grafiker (1903–1977)
Плисе́цкая, Ма́йя Миха́йловна	**5 С**	russische Balletttänzerin und Choreografin (*1925)
Пу́шкин, Алекса́ндр Серге́евич	**5 С**	russischer Nationaldichter und Begründer der modernen russischen Literatur (1799–1837)
Реше́тников, Фёдор Па́влович	**5 С**	sowjetischer Maler (1906–1988)
Серебряко́ва, Зинаи́да Евге́ньевна	**5 ТБ**	russische Malerin (1884–1967)
Страви́нский, И́горь Фёдорович	**5 ТВ**	russisch-französisch-amerikanischer Komponist (1882–1971)
Третьяко́в, Па́вел Миха́йлович	**5 С**	russischer Kaufmann, Kunstmäzen und Kunstsammler (1832–1898)
Чайко́вский, Пётр Ильи́ч	**5 ТВ**	russischer Komponist (1840–1893)
Че́хов, Анто́н Па́влович	**4 С, 5 С, 5 ТА**	russischer Schriftsteller und Dramatiker (1860–1904)
Шага́л, Марк Заха́рович	**5 ТБ**	russisch-französischer Maler, Grafiker und Dichter (1887–1985)

Страны и народы

Росси́я
ру́сский/ру́сская
ру́сский

Азербайджа́н
азербайджа́нец/
азербайджа́нка
азербайджа́нский

Арме́ния
армяни́н/армя́нка
армя́нский

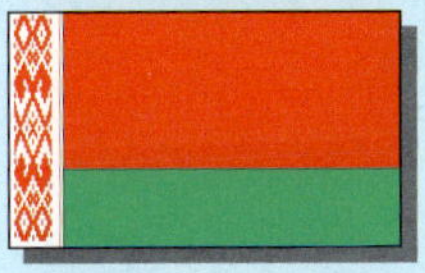

Белару́сь
белору́с/белору́ска
белору́сский

Казахста́н
каза́х/каза́шка
каза́хский

Узбекиста́н
узбе́к/узбе́чка
узбе́кский

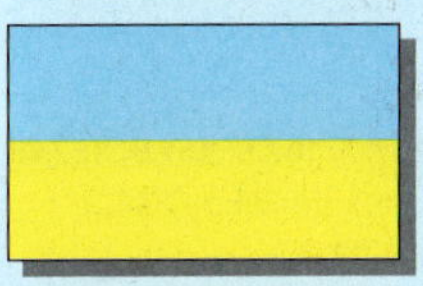

Украи́на
украи́нец/украи́нка
украи́нский

Ла́твия
латви́ец/латви́йка
латви́йский

Литва́
лито́вец/лито́вка
лито́вский

Эсто́ния
эсто́нец/эсто́нка
эсто́нский

Герма́ния
не́мец/не́мка
неме́цкий

А́встрия
австри́ец/австри́йка
австри́йский

А́нглия
англича́нин/англича́нка
англи́йский

Гре́ция
грек/греча́нка
гре́ческий

Испа́ния
испа́нец/испа́нка
испа́нский

Ита́лия
италья́нец/италья́нка
италья́нский

По́льша
поля́к/по́лька
по́льский

Ту́рция
ту́рок/турча́нка
туре́цкий

Фра́нция
францу́з/францу́женка
францу́зский

Швейца́рия
швейца́рец/швейца́рка
швейца́рский

Bildquellennachweis

Umschlag: laif, Köln (Lori)
AKG, Berlin © VG Bild Kunst, Bonn 2010: (Juri Pimenow: Das neue Moskau) **60.1**, (Wassily Kandinsky: Moskau) (Pirozzi) **60.3**, (Ria Nowosti) **62.2**; Artothek, Weilheim: **60.4**; Corel Corporation Deutschland, Unterschleissheim: **81.2**; ddp images GmbH, Hamburg: (dapd/Norbert Millauer) **55.2**; Dream Maker Software, Colorado: **167.1**, **167.2**, **167.3**, **167.4**, **167.5**, **167.7**, **167.8**, **167.9**, **167.10**, **167.11**, **167.13**, **167.14**, **167.15**, **167.16**, **167.17**, **167.19**, **167.20**; Dreamstime LLC, Brentwood, TN: (Vaeenma) **82.1**, (Alex Varlakov) **34.2**, (Alexander Chembarisov) **27.1**, (Angelaostafichuk) **U3.14**, (Boris Akhunov) **U3.11**, (Dmitryp) **24.1**, (Dpsmedia9) **23.3**, (Edward Bartel) **64.1**, (Iakov Filimonov) **68.1**, (Isabel Poulin) **72.1**, (Konstantin Sutyagin) **70.1**, (Monkeybusinessimages) **37.2**, (Nikolay Krutikov) **67.1**, (Ozenina) **27.2**, (Pavel Mitrofanov) **77.1**, (Phillip Gray) **86.1**, (Prometeus) **37.1**; Fotolia LLC, New York: (gena96) **85.1**, (Ivan Polushkin) **79.1**, (Pavel Losevsky) **35.3**, (Pavel Parmenov) **22.3**, (Sergey Yakovlev) **29.2**; Geoatlas, Hendaye: **167.6**; **U4.1**; Getty Images, München: (François Guillot/AFP) **11.1**, (Valery Titievsky/AFP) **34.1**; Interfoto, München © VG Bild-Kunst, Bonn 2010: (Wassily Kandinsky: Murnau mit Kirche II) **43.1**; iStockphoto, Calgary, Alberta: (Ilya Terentyev) **35.4**, (Bottazzini) **29.1**; Klett-Archiv, Stuttgart: **8.1**, **78.1**, **167.18**, (Alina Klumbis) **35.2**, (Maximow) **10.1**, (Monika Brosch) **8.2**; laif, Köln: (Arcticphoto) **22.2**, **23.2**, (Dominik Butzmann) **9.2**, (Martin Roemers) **23.1**; Legion Media, Moscow: **22.1**, **34.4**, **35.1**, **U3.1**, **U3.2**, **U3.4**, **U3.6**, **U3.7**, **U3.8**, **U3.10**, **U3.12**, **U3.13**; Logo, Stuttgart: **75.1**; © Masoud Ziaei Zardkhashoei: **73.2**; Mauritius Images, Mittenwald: **74.1**; MEV Verlag GmbH, Augsburg: **29.3**, **81.1**; Ombysh-Kuznecov, Michail, Novosibirsk: **54.2**; Picture-Alliance, Frankfurt: **11.2**, **57.2**, (dpaweb) **53.1**; PIM – Russische Föderation, Murmansk: **46.1**, **46.2**, **46.3**, **48.1**; shutterstock, New York, NY: (Anyka) **21.1**, (Doroshin Oleg) **34.3**, (DPS) **83.1**, (Elena Rostunova) **31.1**, (Ilja Majík) **81.3**, (Juan Ibaceta Rojas) **90.1**, (Konstantin Shevtsov) **U3.5**, (Sergey Petrov) **55.1**, (TEA) **U3.3**, (withGod) **U3.9**; Stadt Soest: (Vector-Images.com, Moskau) **U4.2**; Thinkstock, München: (Hemera) **9.1**; Tretjakow Gallerie, Moskau: **54.3**; Ullstein Bild (Granger Collection), Berlin © VG Bild Kunst, Bonn 2010: (Marc Chagall: Der Geburtstag) **60.2**; Ullstein Bild GmbH, Berlin: **61.1**, (Bernhard Classen) **13.1**, (Nowosti) **19.1**; VISUM Foto GmbH, Hamburg: **50.1**, **50.2**; Wikimedia Foundation Inc., St. Petersburg FL: (Andrey) **57.1**, (PD) **54.1**, **57.3**, **62.1**, **63.1**, (Sergey Saurskiy – CC-BY-SA-3) **80.1**; www.cartoonstock.com, Bath: (Fran) **73.3**, (Polyp – Paul Fitzgerald) **73.1**

Sollte es in einem Einzelfall nicht gelungen sein, den korrekten Rechteinhaber ausfindig zu machen, so werden berechtigte Ansprüche selbstverständlich im Rahmen der üblichen Regelungen abgegolten.